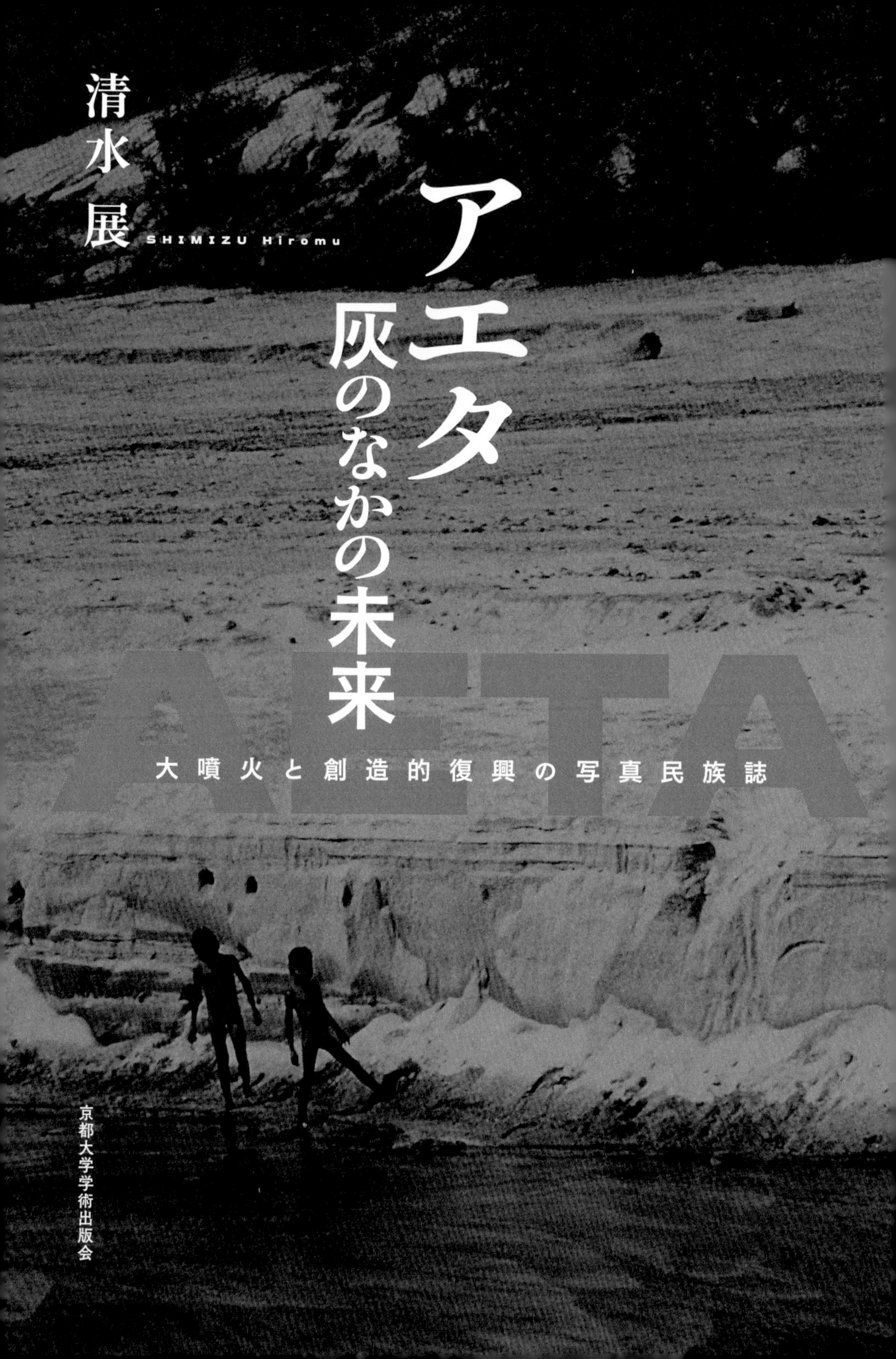

清水展
SHIMIZU Hiromu

アエタ 灰のなかの未来

AETA

大噴火と創造的復興の写真民族誌

京都大学学術出版会

目次

第Ⅱ部 人類学と私たちの生き方の新しい転回／展開 209

Chapter 7

いま、ここ、の物語から人類の未来へ

序

旧カキリガン集落とサント・トーマス川をはさんで対岸に位置するイバッド集落で子供達と一緒に写真を撮る。イバッドは噴火時の降灰が30センチほど積もったが、川から少し離れているためにラハール(土石流氾濫)による埋没を免れた。
子供達は、日本人ボランティアの玉井咲季さんが2019年から始めた小学校の放課後や週末に、初歩の算数や英語を教える補習校兼学童保育の参加者たち。小学校の教師は平地キリスト教民で金曜の午後に町の自宅に戻り月曜の午前中に戻ってくるため、勉強をしたい子たちに補習校は人気があった。時々、日本からの小物やお菓子を配るのも喜ばれた。2020年1月。

カキリガン村アエタと私の長く深い関わり

私は大学で文化人類学を学び、以来半世紀の間、研究者として生きてきた。大学教員として、また一時期は学会の長として、後ろ指を指されることのないように心して仕事をしてきたとは思う。しかしそれだけで良かったのか？という強い自省が、本書を編んだ動機である。

人類学者として最も心掛けたのは、長期のフィールドワークでお世話になった村人たちとの関係を大切にすることだった。彼ら彼女らから親切にされ助けてもらえたおかげで調査研究がうまくできた。私は抽象的な議論が苦手だし理論家にはなれないことを自覚していた。多少は体力と健康に自信があったのと好奇心は強かったので、フィールドワークは人並みにできるかなと多少の自信はあった。でもなによりも村人たちの親切と手助けのおかげで研究者になることができた。

そもそも文化人類学の目的と理想は、異文化との比較によって自文

化の独自性とともに狭隘さを自覚し、そこから抜け出るための方途を探ることである、と学部生時代の私は固く信じていた。そして実際、フィリピンに留学し、三年弱を異文化のなかで暮らすことによって、日本の常識と偏見で凝り固まった頭をほぐしてもらった。人間の感性や常識が文化によって大きく異なること、それゆえに社会のあり方が大きく異なることを感覚的に体得した。とりわけ、留学後半の二〇ヶ月のフィールドワーク、そしてそれ以後、思いがけずほぼ半世紀近くお付き合いを続けることになった西ルソンのピナトゥボ山系で暮らすアエタの人たちからは、日本とは大きく異なる人間と自然とのかかわり方の魅力や、環境世界についての新しい見方と関り方を教えてもらった。それによって蒙を啓かれたという意味では、村人たちは私にとっては野に生きる啓蒙思想家であった。

　彼らについて何も知らない私は、好奇心いっぱいの子供のように「あれは何?」とかいっぱい質問を発した。彼らの教え子や弟子ともいえる私は、実際にはフィールドワークのときにはニコニコと人畜無害の顔をして彼らの私生活を覗き見したり噂話に聞き耳を立てたり、立ち入った質問をしたりした。そうしたことを嫌がりもせず、親切に協力してくれたおかげで何も知らない私の調査研究が可能と

なった。彼らの知識や情報、世界観を教えてもらい、何度も聞き直したりすることをとおして、少しずつ彼らの考えや生き方が分かってきた。たとえて言えば日本の受験生が何人もの家庭教師について、毎日、時間をかけて丁寧に教えてもらうことに似ている。

それだけ多くの恩を受けながら、それに対してどれほどの恩返しができたのだろうかと思うと、胸を張って答えることは難しい。

確かに私の研究スタイルや私が「応答の人類学」と自称する様々な取り組みが認められたことは素直にうれしく喜んだ。しかし所詮それはアカデミズムという狭い世間での「業績」に対する評価に過ぎない。二〇世紀の半ばから今日に至る、いわゆる地球の危機といわれる時代に、他ならぬ人類学の専門家として何が出来たか、何を伝えてきたのか、専門家としての使命をいかに果たしてきたのかという点から振り返ると、まったく足りていない。特に私が関わってきた人々の物語を人類学の学会員ではない多くの人々に伝えられていないという反省がある。

「危機の時代」と聞けば、温暖化をはじめとした大規模な環境変動や戦争を頂点とした動乱が、真っ先に思い浮かぶだろう。実は、私が人類学者として関わってきた人々は、この一〇〇年で最大規模の

火山爆発の災害を被り、噴火前の生活様式と社会の姿をいったんはほぼ完全に失いながらも、しかし「新しい人間、新しい社会」として再生してきた人々である。彼らは、一九九五年一月の阪神淡路大震災からの復興プランで唱えられた「創造的復興」を実際に成し遂げてきた。だから、彼らの苦難と奮闘の経験から私たちはこの危機の時代を乗り越えるためのヒントや手がかりが得られるのではないだろうか。

民族誌としては型破りなこの本は、もちろん人類学や地域研究の専門の研究者に役立つとは思う。が、同時に、またそれ以上に、防災や開発、ケアや福祉といった領域で活躍されている方々、さらには持続的な社会とは何か、生きることの豊やさや幸せとは何かを今ここで立ち止まってラディカルに（根本的に過激に）考えようとしている方々のための一助になることを願っている。言葉では説明しきれない現場の様子をリアルに伝え読者の理解を深め想像力を引き出そうとして写真を多用する本書は、フィールドワークの現場からそして具体的な事例や素材をとおして考えようとする点で、人類学の初心と初志を受け継ぐものである。しかし先人たちが蓄えてきた人類学の知見を単に遺産相続して受け取るだけでない。その豊かなスト

ックを私たちが生きる今、この社会へと還元し活用していただくために、ささやかな共有財としようとする試みでもある。実験的で実践的な私の企てが、地球上の各地でヒトが環境の制約を受けつつ最大限に適応し発展させ保持してきた社会と文化の多様性と、それが意味する人類の未来可能性について考えることに寄与する人類学の再想像＝創造へと続いてゆけば望外の幸せである。

＊　＊　＊

本書の主人公は、フィリピン・ルソン島西部のピナトゥボ山麓一帯で暮らしていた、アエタと自称他称してきた人々である。いわゆるアジア系ネグリート、すなわち濃い褐色の肌を持ち低身長と縮毛を身体的な特徴とする人々である。移動焼畑農耕と採集狩猟を組み合わせて生業とし、近代的な世界（資本主義と貨幣経済が作るシステム）からはもっとも遠く離れて暮らしていた。かつて、私が一九七〇年代に文化人類学を学んだ頃には「土人」や「未開人」、近年では先住民と呼ばれるような人々である。ところが一九九一年六月一五日、そのピナトゥボ山が二〇世紀最大と言われる大噴火を起こしたことで彼らの生活が一変した。噴火の規模は、その一〇日ほど前に噴火し火砕流によって四〇名の命を奪った日本の雲仙・普賢岳の六〜七

○○倍であった。その噴火によってアエタの生存を支える自然環境が激変し、彼らは新しい土地へと避難移住し、そこで新しい生活を始めなければならなかった。

「写真民族誌」という本書の手法も、アエタの生き方と深く関わっている。

アエタの人々は、歴史というか忘れがたい出来事を個別に一話ごとに完結するイストリア（お話・物語）として記憶する。大事な出来事は時間の流れにそった連鎖としてではなく、それぞれが生起した場所や関係の深い人物の名前と結びついており、それらは生活の場である周囲の自然景観のなかにある。出来事が生じた具体的な場所の地勢と景観が、そこに今も生えている大木や岩や崖が、個々のイストリアにまるで眼前に展開しているようなリアリティの感覚と、実際に生じたという証拠を提供する。それが聞き手の側に想像力の飛翔と共感的な追体験を呼び起こす。こうした場所と結びついた出来事の物語をどう伝えるか。フィールドワークから得たものを、多くの方々と共有するための手法として「写真民族誌」という形を模索した本書は、私がアエタから学んだことの応用でもある。

「百聞は一見にしかず」という。いくら微細詳細に書いても文字で

は伝えられないことがある。写真を多用する本書は、この限界を超えて進むための模索から生まれた挑戦である。とはいえ、それは決して新奇な試みではない。日本には絵巻物の伝統があり、その豊かな水脈は現在の漫画やアニメの隆盛に直につながっている。人類学でも映像人類学という分野がある。

そして写真の活用とともに本書の稀有な挑戦は、四五年にわたる長く深いお付き合いを続けながら彼らの意識の変化と生活の変容を身近で目撃してきたことの記録であり、現場と当事者へのエンパシー（相手の身になって感じ考えようとする想像力）に導かれた私自身の関与と心象風景についての報告ともなっている。もちろん写真も対象の一部分を切り取るものであり、そのアングルとフレームは撮影者の視点と立場を映し出す。事実の全体を伝えるという点では限界はあるが、時には暑い寒いや匂いなどの空気感も含めて、その場の雰囲気を強く想像させるメディアであることは間違いない。

もう一つ、本書では、できるだけアエタの個人の生き方に焦点を当てるようにした。最近の民族誌では匿名性が配慮され、確かにそれは大切なことではある。が、匿名にすることによって個々人の営みが抽象化され、物語の力を削ぐことにもなる。そこで本書では、私

が互いに強い信頼関係を結べた友人たちの生き方をそのまま紹介することで、アエタのレジリエンス（危機を生きのびる力）の物語を伝えたいと思う。特に、私が四〇年以上関わり人によっては幼い頃から知っている、アエタの創造的復興を体現するような友人や知人たちを取りあげたい。

そうすることで、彼らの社会が特徴的に持ち続ける自然環境へのしなやかで柔軟な適応の仕方と、環境変化にともなう新たな外部世界への対応力について、具体的で豊かなイメージとともに報告したい。噴火で被災した窮状から立ち直る過程を村人たち一人一人の顔が見えるように紹介しその生活史に着目することは、民族誌として異例である。しかし、そうすることで私たち一人一人が住むこの世界が、たとえ一時は灰に覆われても、その中から新しい人間として生まれ変りながら新たな未来を見いだし切り開いてゆく、そのための方途やアイデアを得る手がかりや糸口になることを願っている。

第I部

先住民社会のレジリエンス

アエタの人々が経験した未曾有の大災害からの創造的復興は、人類学の視点から見ても、大変ユニークである。本書で紹介するアエタの物語は、歳月としては私が一九七七年六月に初めて彼らに出会って以来の四五年ほどに過ぎない。しかしその間、特にピナトゥボ山が大噴火してからの一〇から二〇年ほどのあいだに、彼らは劇的に変化していった。それはイギリスに始まる産業革命が世界中で人々の暮らしを変化させてきた過去二五〇年ほどの人類史の大変動を凝縮して追体験するものであった。

もう少し長い期間で歴史を遡ると、アエタは、農耕に始まるヒトの一万年にわたる変化をおそらくは一〇〇年足らずで凝縮して経験してきた。後に書くように、いわゆる先住民社会が近代国家・社会に包摂された例は、たとえば

アフリカのブッシュマンやオーストラリアのアボリジニにも見られるが、アエタの場合、その過程は、他の先住民社会とは大きく異なる。一言で言えば、彼ら自身のそれまでの生活スタイルとそれを支える生存戦略を保ったまま、またそれゆえに大きな社会経済変化に柔軟に適応したということである。言葉を変えて言えば、フィリピン国家・社会のなかに固有の生存ニッチを構築し確保してきたのである。

なぜそうしたことが可能だったのか、第I部では、噴火前のアエタの暮らしを具体的に紹介することで、多様な食料獲得手段（生業）を維持し活用する彼らの生存戦略について説明してみたい。私はそれを「重層的並存」と呼んできた。それはフィリピン人のマジョリティが、一六世紀後半に始まるスペインの植民地統治によって土地を奪わ

れモノカルチャー農業（ココヤシや砂糖キビなどの単一商品作物を栽培する）を強要されて貧困へと引きずられていった歴史の奔流（政治経済過程）から、スピン・アウト（逸脱）して生き延びてゆく方途であった。

　アエタはかつて私が一九七〇年代の後半にフィールドワークをした頃は、フィリピンでもっとも遅れた未開の民とされ、町に出れば好奇の眼差しを向けられるか、見下されるかしていた。そのことを嫌い、彼らはなるべく山中にとどまりマジョリティの人々（平地キリスト教民）との接触を避けてきた。しかし二〇世紀最大級のピナトゥボ火山の大噴火で被災し、山中の集落や山麓の村からの避難を余儀なくされた。麓から遠くない平地民の学校や町役場などに一～二週間の一時避難をしたのち、テント村で半年ほどを過ごした。そしてフィリピン政府が平地民の町や村の近くに造成した再定住地に移って生活再建と社会復興のために苦労し奮闘した。そうするなかで、先住民（カトトゥボ［*katutubo*］――原義はその土地から生まれてきた者）であるとの自覚、それと同時にフィリピン市民・国民でもあるという、二つのアイデンティティを獲得した。

　避難の際には着替えの衣服と鍋釜などの生活必需品だけを持って山を下りたために、当初の一、二年は外部からの救援・支援（医療や食料、失業対策事業等）に頼って生活した。その後は植生が回復してきたピナトゥボ山麓の元の集落の近くで焼畑農耕を再開したり、政府の復興事業の建設現場で雇われて現金収入を得ていったりした。一時的に山に戻ったり、逆に雇用機会があれば積極的に平地民社会のなかに出てゆき賃労働と貨幣経済のシステムに柔軟に対応し適応していった。

　採集狩猟から賃労働までの幅広い生業を選択肢として温存し時々の状況に応じて活用してゆく彼らの柔軟性と適応力は、ヒトとその社会が潜在的に持っている可塑性の発露にほかならない。それは私たちの生き方と社会のレジリエンス（危機対応力）について考えるための一助や「他山の石」とすることができるだろう。野生の思考と知恵そして実践から学ぼうとするのは、私が専門とする文化人類学の初心である。

Chapter 1 噴火前の暮らし

大噴火前のアエタは、ピナトゥボ山系一帯の山中で移動焼畑農耕を主たる生業とし、弓矢猟、川での魚取り、野生／半野生植物の採集といった採集狩猟を補助的に組み合わせて暮らしていた。

普通、人類学の民族誌は、調査対象である人々の暮らす地域やその社会の概要について説明することから書き始める。しかし本書では、まずはかつて彼らの日常だった暮らしの実際を、目で見ていただくことから始めたい。彼らがピナトゥボ山麓になぜ暮らすようになったのか、近隣の平地民の圧迫や影響に丸呑みされずに、固有の文化と社会を持続させてこれたのはなぜか。被災を乗り越えて新しい社会を作り得たレジリエンスの基盤を育んだのは何か。こうしたことを考えるには、後に詳述するように、歴史人類学的な考察が不

1

野生のバナナが生える斜面を伐採する。伐採したバナナの幹は、一段ごとにタテヨコを変えて並べて焼畑の横に積み置く。雨期になると大量のキノコが生えてきて、美味しい汁料理の食材となる。1978年1月。

可欠なのだが、そのためにも、被災前の暮らしの実際を目で見て理解することが必要だと思うからである。

1 移動焼畑農耕

最初に述べたように、アエタの主たる生業は移動焼畑農耕であった。まずはその様子から説明しなくてはならない。

ピナトゥボ山麓には、アムカウと彼らが呼ぶ野生バナナが広く自生している。焼畑は野生バナナや竹または灌木などが生えた斜面の植生を乾期の初め(一二月〜三月頃)に伐採した後、そのまま二、三ヶ月放置して乾燥させることから始まる。立木は切り倒さずに枝を払う程度にとどめる。その理由は第一に鋸や斧を使わずにボロ(日本のナタに

2

伐採した斜面の下方から火を入れると一気に燃え上がる。1978年4月。

似た五〇センチほどの大型ナイフ）一本で伐採を行うからである。人力と小さな道具という技術制約によって無用の伐採はおのずと避けられる。もう一つの理由は、彼らの精霊信仰（アニミズム）である。大きな立木には精霊（時に悪霊）が住んでおり、不用意な伐採はその住まいを破壊しそこの住人（精霊）を怒らせ病気や怪我、その他の不幸を引き起こすと彼らは信じている。私は、ピナトゥボ火山の噴火の後に被災アエタへの緊急支援を訴えるエッセーのなかで、そうしたアエタの暮らし方と社会のありかたを「万物諸霊共存社会」と呼んだ（清水一九九二d）。

切り倒さずに枝だけを払った立木は火入しても焼けず、雨期の訪れとともに生き返り葉を茂らせる。また伐採した野生バナナの幹は焼畑の横に一段ごとにタテヨコを変えて十段ほど、高さ

3

切り倒さずに枝を払っただけの立木は火入れをしても枯れることがなく、次の雨期の雨とともに回復する。アエタの焼畑は生活環境と植生に大きな負荷を与えることがない。1978年4月。

一メートルほどにして積みおく。雨期の訪れとともに、そこからキノコが大量に出てきて、日々の食事のおかずや汁物の具と出汁になる。毎日食べても飽きないほどに味わいが深く美味しい。アムカウは日本のアケビに似て種が多く、それをいちいち吐き出すのは大変なので通常は熟した実を絞ってジュースを作り水を加えて飲む。それは焼畑作業中のおやつや山歩きの際の非常食となる。このようにアエタの焼畑農耕は生活環境と植生に大きな負荷を与えることなく、持続的で豊かな資源の有効利用となっている。

　伐採した斜面はそのまま数ヶ月放置して乾燥させ、乾期の終わり頃の三月か四月に火を入れる。伐採し放置していた竹や灌木、その他の植物は乾いて勢いよく燃えあがり、その灰が作物の有機肥料となる。そこに雨期直前の五

4

焼畑は1夫婦家族あたり毎年2枚か3枚を開き、1枚には陸稲とトウモロコシを掘り棒で穴播する。それが1ヶ月あまりで30センチほどに成長すると、その間に陸稲を穴播する。二つの作物の生育時期が異なるので、土地の有効利用と自然災害や病害虫に対するリスク分散となる。1978年6月。

月頃、まず一枚の畑に一メートルほどの間隔を空けてトウモロコシを掘り棒で穴播する。別の畑には各種のイモ（サツマイモ・タロイモ・里芋・キャッサバなど）を植え、切り倒さずに残した木々の根元には豆類を植えて、蔓を這い上がらせる。キャッサバやトウモロコシは重要な作物であるが、スペインの来航以降、新大陸からもたらされたものであることに留意してほしい。後述するように、アエタは柔軟に外部世界からの恩恵や影響を受け、自らの生存システムのなかに取り入れてきた。外来の作物は、その証左のひとつである。

一ヶ月あまりでトウモロコシが二〇～三〇センチほどに成長すると、その空き間に陸稲を穴播する。トウモロコシは早く成長して早く収穫でき、稲の成長、開花、結実を妨げることがないと彼らは説明する。混作されたさまざま種類の作物は、生育時期がそれぞれに異なり異なった強みや長所をもつので、土地の有効利用と自然災害（台風や旱魃）や病害虫に対するリスク分散となる。彼らが利用する作物や品種の多

焼畑でのトウモロコシや陸稲の穴播は、男が竹の棒を地面に突き刺して穴を開け、そこに女か子供が種を落としてゆく。1978年6月。

5

丘の上部斜面に開いた焼畑にバナナ、パパイヤ、サツマイモを植え、切り倒さずに残した立木の根元にはアンタック豆を植える。豆のツルは立木に絡みついて這い上がる。2012年1月。

焼畑の横で初穂を諸霊に捧げる。収穫を終え諸霊に感謝して農耕サイクルがひと回りする。2012年1月。

様性については、私が調査に入る以前にアエタに関心を持った数少ない人類学者の一人、ロバート・フォックスが報告している（コラム①）。

一般に近代化された農業は一種類あるいは少数の種類を集約的に栽培するが、それでは自然環境の変動や病虫害によって時に大打撃を受ける恐れがある。それに対して混作は、事前には想定できない年ごとに異なるさまざまな気象・環境変動や病虫害への対応策としてのリスク分散という機能を持つ。米は食べて美味しく満腹感を得られ腹持ちが良い。焼畑伐採の際に手伝ってもらったり結婚式や葬儀その他の重要な集まりの際に接待饗応のために提供することが望ましい。そのため各家族ごとに毎年二枚か三枚の焼畑を開いたうちの一枚にはトウモロコシと陸稲を植える。しかし陸稲はイモや豆類など

コラム❶ 食物資源利用の多様性

アエタが多種多様な作物を植え付け、さらに各々の作物ごとにもさまざまな品種を利用していることについては、アジア太平洋戦争の直後にピナトゥボ山の西麓を中心にして植物民族学の調査をしたロバート・フォックスが詳細に報告している。彼は、第2節で詳述する戦争直後の食糧難の際に、アエタが山菜野草などの食用植物に関する伝統知識を最大活用して生き延びたことに着目し、それらの植物の同定と利用法に関心を持ったのであった。フォックスによれば、彼の調査時において一年を通じて接種された食物全体の七〇%近くをサツマイモ（五三%）とトウモロコシ（一四%）という新大陸から導入された二種の作物が占めており、他は肉類（八%）や野生の植物（五%）、タロイモ、ヤムイモ、バナナ（各五%）などであった（Fox 1952: 246-247）。また各々少なく見積もってバナナで一七種、タロイモは二二種、ヤムイモは二〇種、サツマイモは九種の異なった品種を利用していると報告している（同：193, 222-226）。

そうした新大陸由来の作物の活用とともに動植物に関する伝統知識も保持しており、フォックスの調査時において、ほとんどの成人男性は少なくとも四五〇種類の植物、七五種の鳥類、ほとんどの蛇、川魚、昆虫、動物の名前を列挙し、それぞれの特徴と特性を説明することができた。そして蟻さえも二〇種類を弁別していたという（同：188）。アエタの基本的な生存戦略である多様性の確保と活用による危険分散を支える、自然環境とそれを構成し関係しあい影響しあう動植物ほかの生命体に関する具体的で実践的な知識である。

カキリガン村からピナトゥボ山中に登る途中にあるマ・アグアグ集落の様子。移動焼畑農耕と補助的な採集狩猟を生業としている。1979年1月。

上：焼畑横の差し掛け小屋で一休みする。ラタン（籐）で編んだカゴには鳥が飼われている。小屋にかかる竹は水を貯めたり調理具として使う。近年では廃品のプラスチック・ボトルも水入れに活用する。
下：焼畑での作業の合間の休憩時にトウモロコシのおやつを食べる。1978年5月。

に比べると台風や旱魃、病虫害に弱いため安定した収穫を得ることが難しい。そうした不運がなくとも、陸稲の収穫量は種籾の二〇倍程度であり、その生産性は必ずしも高くはない。彼らの生活を支える基本的な食料は各種のイモ類であり、次にトウモロコシである。彼らは酒を醸造する技術を持たず、飲酒の習慣もなかった。

火入れ前の植生も遍く利用される。一夫婦家族が開く畑は、毎年二から三枚である。先に書いたように、一枚の畑にはトウモロコシと陸稲、もう一枚にイモや豆など異なる作物を植え、また同じ作物でも異なるバラエティーの種を植える。三枚目の畑に商品作物（交易用）としてバナナを植える家族もいる。家族総出の農作業は、朝早く家をでて焼畑の近くに設けられた出づくり小屋に向かうことから始まる。午前中

焼畑の作業中に一休み。野生バナナ(アムカウ)は日本のアケビのように種が多いため、皮を剥いた後に両手で握りつぶすように揉んで果汁をバナナの葉の上に絞り出す。それに少しの水を加えて薄めて飲む。1978年4月。

焼畑の出作り小屋で2本の竹を激しく擦り合わせて発火させ火を起こす。普段はマッチや種火を持ち歩くが、この時はそれらがなくても火を起こせることを私のために実演してくれた。1978年4月。

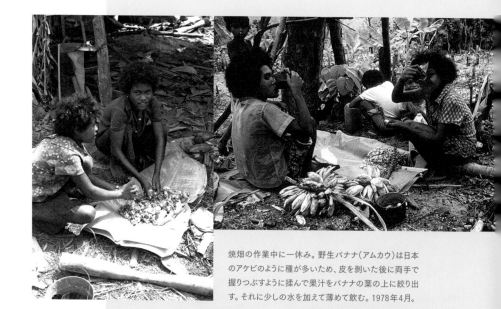

家族と親戚が多数集まって焼畑作業をする。多くの助っ人を頼む場合には、食事にはごはんと、できたら鶏の肉のおかずや、それがなければ食用油を用意する。1979年2月。

の畑仕事のあとは昼食だ。畑仕事、特に伐採作業は重労働なので、ふだん常食にしている芋やトウモロコシではなく米が好まれる。時に、食用油をご飯に直接にかけることもある。美味しいし力が出るという。米や油は貴重品である。昼食の後は長い休憩をとり、暑さがおさまった頃に午後の作業をはじめ、夕方には一日の仕事を終える。出作り小屋が休息の場となるが、畑が集落から遠ければそこに二、三日泊まったりすることもある。そのときは、余裕があれば竹を細長く割って粗く編んで簀子を作って簡単な床を作るが、時には地面にバナナの葉を敷き、その上で眠る。夏とはいえ、夜中から早朝にかけての冷え込みは強くおそらく二〇度よりも低くなる。

そうした泊まり込み作業には、飼っている豚や犬も一緒に連れてゆく。手

家族と親戚が集まって焼畑作業をする。1978年。

中・下：ピナトゥボ山頂に近いロンボイ集落の近くの差し掛け小屋で朝食を食べる家族。ピナトゥボ山南西麓のマアグアグとロンボイの二つの集落の人たちは、EFMD（後述、66頁以降を参照）の説得に応じず、1991年の大噴火まで山での伝統的な生活を続けた。1979年2月。

製の楽器（ギター）も持ってゆくこともある。ギターは治病儀礼の際に巫者がトランスに入り守護霊に憑依されるためのタリペ・ダンスの伴奏になるが、楽しみでも弾かれ踊られる。子供たちはしばしば小さな弓矢を手にするが、それは遊び道具であり、実際の狩猟に使うわけではない。後述するように、アエタはいくつかの夫婦家族が集まって集落を作るが、集団のつながりは緩やかで、焼畑の伐採や陸稲の収穫などを除けば、基本的な生業は夫婦家族単位で行う。この小さな家族の移動性の高さと一時的に形成される居住地集団の流動性は、社会的な軋轢の解決にも有効であり、彼らの社会柔軟性の基礎となっている。

ピナトゥボ山頂に近いロンボイ集落の近くの差し掛け小屋で朝食を食べる家族。1979年2月。

ロンボイ集落近くのキャンプ地で朝食後にくつろぐ。1979年2月。

カキリガン村の近くでカブトムシの幼虫が隠れている木の根をナイフで掘る子供。幼虫は火で焼いて食べると美味である。アエタは小さい頃から大人が持つボロ(山刀)を巧みに使う。1978年5月。

ロンボイ集落でラタンのツルにぶら下がって遊ぶ子供。1979年2月。

1980年12月にカキリガンを訪問した際、遠方から私を認め、少し近づいてきて狩猟のダンスを始めたパン・ムドス。

2

弓矢猟、魚取り、採集

補助的だが緊急時には重要な採集狩猟

焼畑は主要な生業ではあるが、それだけではタンパク源など、人間が生存するために必須な栄養源が不足する。アエタは、それを弓矢猟や魚取りといった狩猟、および野生／半野生の植物と昆虫などの採集で補ってきた。

大型の動物（猪や鹿）を狩るには弓矢を使う。一九六〇年代に大規模に進められた商業伐採のためにピナトゥボ山麓に広がっていた深い森林は失われ、平地に近い丘陵地帯にはタラヒブ（日本のカヤに似た稲科の雑草）の草地や灌木がまばらに生える荒地が広がった。そのため生息適地が縮減して大型の動物が激減し、私が彼らと出会った頃には、

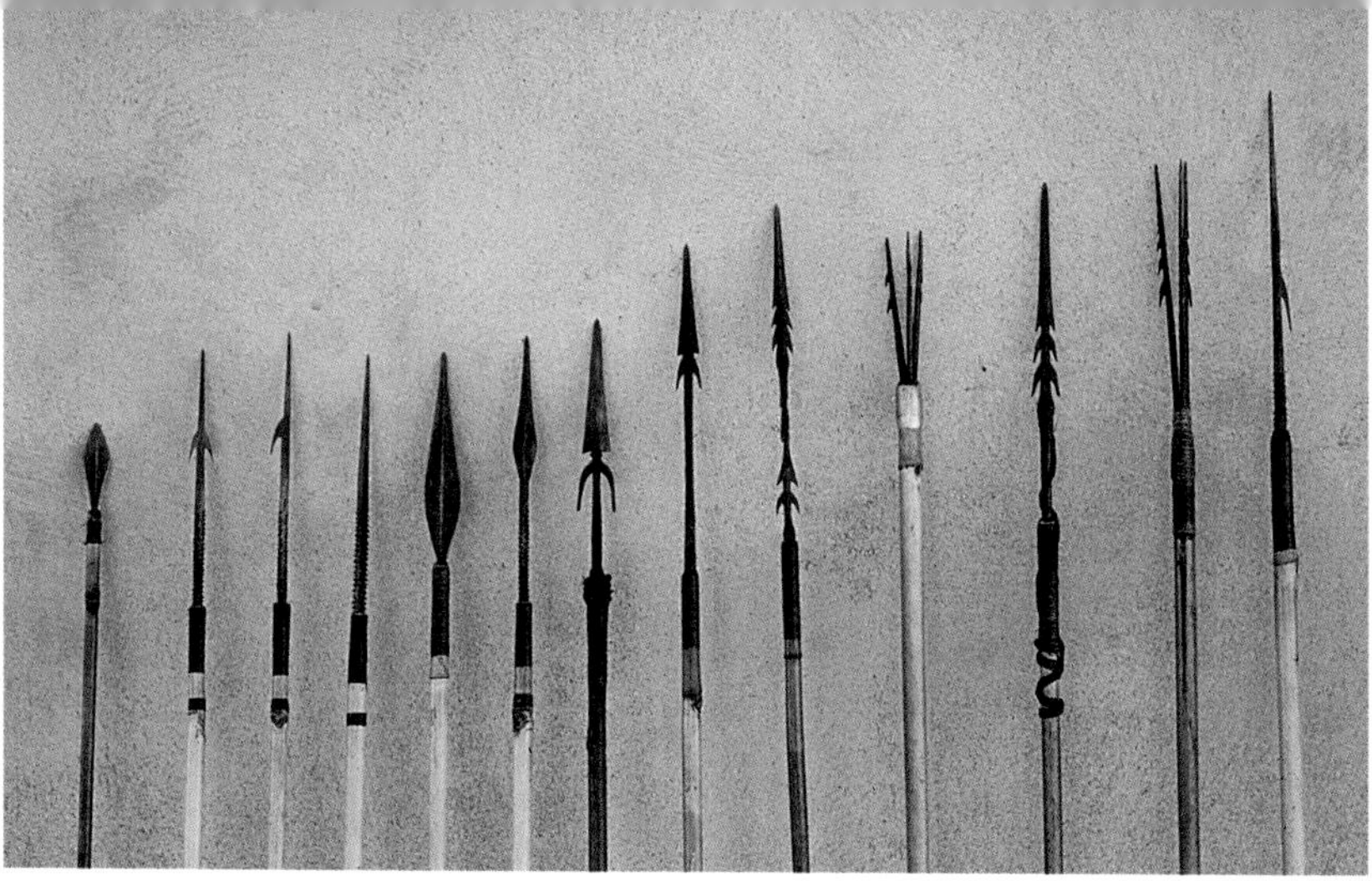

上：鏃は射る対象によって、形状が異なる。鹿や猪などの大型獣には、鏃が本体と紐で結ばれている矢を使う（右から3番目）。鳥を射るためには、先端が分かれている矢を使う。他は、護身用である。
下：鳥を射る矢をつがえて構える男。1979年1月。

狩猟の主たる対象は鳥やコウモリであり、実際に鳥を撃つためには、弓矢よりも空気銃が多く使われていた。しかし男たちは、村を出て山に入るときは常に弓矢を携行していた。時に運がよければ大型のヘビや小動物、野生の鶏を獲ることもできるが、弓矢は護身用という実用的な目的とともに、アエタの男であることの象徴的意味合いが強かった。実際にはあまり使われないにもかかわらず、弓矢につける鏃は実に多様であり、それらを今でも作れる男たちがいる。写真に示したように、鏃は射る対象によって形状が異なる。鹿や猪などの大型獣には、鏃が本体と紐で結ばれている矢を使う。矢が獲物に当たって走り出したら鏃が本体からはずれ、引きずられた本体が周囲の

樹の上に身を隠す小屋(アボン)を作り、木の実を食べにくる鳥を弓矢で射る。1979年2月。

猟場が集落から遠い場合には、途中で一休みしたり泊まったりするための差し掛け小屋を作る。1979年2月。

灌木にからまって獲物の動きを止める。そこを追いついて山刀でとどめを刺す。また、鳥を射るためには先端が分かれている矢を使う。他にも、護身や戦いに使う鏃もある。

今から一〇〇年ほど前に行われていた狩猟について、一九〇〇年代初頭に

コラム②　二〇世紀初め頃の狩猟の様子

「ネグリートは普通、集団で狩猟を行う。彼らはあまりすることがないし、ほとんどいつでも鹿狩りに出かけることができるので、罠を用いたりすることはほとんどない。三〇人ほどの男たちが、背丈の二倍もあるような弓と手にいっぱいの矢を携え、早朝の太陽に裸の体を輝かせながら、集落の小径を一列になって出てゆくさまは、実に美しい光景である。彼らは腹を空かせた犬を数匹連れている。鹿の狩場、すなわち深い渓谷が切れ込み、藪や灌木に覆われた下を幾本もの渓流が走っているようなテーブル状大地に到着すると、数名の少年が犬とともに藪のなかに飛び込んでゆく。他の者たちは左右に分かれて大地のへりに沿って進み、けもの道の出口のところで腰をおろす。やぶに入った者は大声をあげながらあたりを［棒などで］打ち続け、一方犬たちは獲物の臭いをかぎつけるまでは物音をたてない。

突然、勢子たちの声がいっそうやかましくなり、出口で待ち伏せしている男たちは緊張して待ち構える。渓谷に続くいくつもの出口のひとつから鹿が飛び出してくると、そこで待ち構えていた男が矢を射かける。矢で倒れなければ、傷ついた鹿をどこまでも追いかける。鹿を射止めればとりあえずそれを木に吊るしておき、さらに狩猟を続ける。……（中略）……漁網に似ているがそれよりもずっと頑丈で目があらいロープネットを、鹿の出てきそうな絶好の場所に、勢子たちが追い立てを始める前に張っておくこともしばしば行われる。もっとも、ネットのところに逃げ出してくれば確実に獲れるのだが、なかなかそうはならない。」（Reed 1904）

ピナトゥボ山系を東麓側から西麓側へと二ヶ月ほどの踏破調査を行ったA・リードが、その狩猟方法や獲物の供儀、および分配の仕方について詳しい記述とともに、コラム②のような印象的な報告を残している。

弓矢猟は現在でも行われておりもっぱら成人男性が行うが、川での魚取りは女性や子供も行う。そのために彼らは手製のゴーグルを用いる。その枠は各個人の眼窩の形に合わせて木で作り、ガラスは米軍基地の廃品を流用していた。また魚を突くモリの本体は機械部品の鋼鉄製のスプリングを延ばして製作する。そうした器具の素材は米軍基地の廃棄物置き場から入手したもので、出来上がったものはピナトゥボ一帯で広く流通していた。第5章のコラム④でも触れるが、二〇世紀の初頭に米軍がクラーク空軍基地を設立した当初から、アエタは米軍と接触して友好的な関係を保っており、ゴミ捨て場で廃品回収をしたりピナトゥボ山中で採取した野生ランを売るために基地内へ立ち入ることも黙認されていた。その際に身分証明書などは必要なく、縮れた髪と外見で問題なく入れたという。

そもそもクラーク基地は、次節で説明するようにかつては灌木と草地が広がるアエタの狩場であった。米西戦争に勝利したアメリカがスペインから二〇〇〇万ドルでフィリピンを割譲されて新たな植民支配者となったとき、同基地の前身となるストッセンバーグ基地の建設に取り掛かった。それ以降、アエタと米軍との特殊な「友好関係」が続き、アジア太平洋戦争の最中には、アエタのゲリラ部隊がアメリカ軍の指揮の下でルソン島北・中部で活動した主要な先住民ゲリラ部隊の一つとなっ

クラーク空軍基地に招かれたアエタたち。上は1925年、左は1919年。

た。山岳地帯の知識、現地の天然資源の利用法、狩猟と追跡の技術などは、日本軍支配下でゲリラ戦を続けるフィリピンの抵抗勢力にとって貴重な助けになったという。

その後も一九六〇年代後半にアメリカ軍がベトナム戦争に本格的に介入し始めてから基地は機能強化され、駐留する兵員や軍属の数も激増し、物品廃棄場に捨てられる不用品の量も増えた。アエタは基地内の廃棄場へも自由に出入りでき、そこから得られた物品を基地の外のミリタリー・ショップに売って現金を得たり、自分たちの生活に役立つ様々な素材（ガラスやゴムバンド、プラスチック容器、鋼鉄スプリング等）を村に持ち帰って活用した。川での魚取りの際に使う手製のゴーグルの木製フレームに合わせる眼鏡ガラスと接着用ゴム、そして魚を突くための細い鋼鉄モリと推進力となるゴムバンドも基地で入手したものがピナトゥボ全域に広まった。廃品を上手く組み合わせて別の用途に活用する「ブリコラージュ」の技法は、「重層的並存」を特徴とする彼らの生存戦略の一端を支えている。さらに大規模な北爆が行われた際には、アエタの男性が戦闘爆撃機や攻撃ヘリコプターの乗員らのために山中でジャングル・サバイバル訓練を行った。(1) それによってアエタと米軍との関係がさらに強化

(1) ただし当時のマルコス大統領は、アメリカ軍を支援するために工兵部隊を派遣したが、ベトナム戦争後のベトナムとの国際関係を考慮してクラーク基地から直接にB－52が出撃することを許さなかった。フィリピンからはスービック海軍基地から航空母艦が出撃し、艦載機が北爆をした。アメリカの占領統治下にあった沖縄の嘉手納基地からは直接に北爆に出撃した。（アルモンテ将軍のインタビューより）

廃品で作った漁具を用いて川に潜り魚を突いて取る夫婦。アエタはクラーク基地の設立当初から米軍と密接な関係を保ち、廃品回収のために基地内の立ち入りが黙認されていた。1978年4月。

され、将校夫人らによる古着や期限切れレーション（戦場食）などの寄付がしばしば行われた。

乾期には川岸に仮小屋や差し掛け小屋を作り、しばしば家族でそこに移って魚取りをする。真夏の暑さ（気温は日中で四〇度C近くまで上がる）を避けて頻繁に水浴びをして涼をとるためであり、また水量が減り水が澄んで魚を取りやすくなるからである。大人たちは川が二股に分かれている地点で、一方の側に石と草木などで堰を築いて流れを止め、水量が減って流れがゆるく浅くなったところをモリを使って魚を取る。水量が少ないと手づかみでも簡単に取れる。子供たちは流れのなかに石を積んで魚の隠れ場を作り、石の下に逃げ込んでいる魚を手づかみでとることを遊びを兼ねた食事のオカズ取りとして行う。

二又に分かれる川の一方を堰き止め、水量を減らして魚を突いたり手づかみしたりする。1979年3月。

カエルは食べられる肉の部分が少ないので、鍋で大量にゆで、脚の部分をしゃぶるように食べる。大きめのものは串刺しにして焼く。1978年5月。

ウナギ、エビ、川ハゼ（よしのぼり）などを取るのは余暇の楽しみと同時に、夕食のおかずになった。1978年3月。

こうして様々に工夫された漁具や漁法によって、ウナギ、エビ、川ハゼ（ヨシノボリ）などを取るのは、アエタにとって余暇の楽しみと同時に、夕食のおかずになる。乾期にも川辺でカエルも取るが、雨期には集落の近くの草地にカエルが大量に現れ簡単に捕まえることができる。

また川原には水生の里芋を植えるこ

カキリガン村の近くの川辺で水浴びと魚突きをする。1978年4月。

魚突きの成果を見せてくれる子供。1978年5月。

上：川沿いの砂地に水生のタロイモを植える。遠くにピナトゥボ山が見える。1978年5月。
下：旧カキリガン村の下流にある、アエタが植えたカシューナッツの果樹園。2022年8月。

とがある。焼畑の里芋とは種類が異なるが、川原では雑草が生えることがほとんどなく、除草の手間が省ける。こうした半栽培といえる植物利用も広く見られ、バナナやマンゴー、ジャックフルーツ、カシューナッツなどの果実も山の中に植えられている。

さらに彼らは、コメや現金を得る貴重な機会として昆虫を利用する。乾期の終わり頃（五月末〜六月初）に最初の雨が降った翌日の夕方に、アバルアバル（タガログ語ではサラグーバン）と呼ばれる黄金虫に似た一・五センチほどの甲殻虫が大量に現れて空中を舞い、つがいとなって灌木やタラヒブに止まって交尾する。アバルアバルは平地民に好まれており、空き缶一つ分で同量のコメと交換できる。だから大勢の村人がシーズン最初の雨が降った翌日の夕刻にアバルアバルが現れる草地の近く

上：夕刻に灌木とタラヒブ（カヤに似た草）が生える草地にアバルアバルが出てくるのを待つ村人たち。1977年6月。
中：日が沈んだ後も懐中電灯でアバルアバルを探して採る男。
下：甲殻を取り除き、茹でた後に天日干ししたアバルアバル。平地民も好み、米と交換される。

カキリガン村と川をはさんで対岸のクワルテル地区に造成した水田に立つパン＆インドン・ダワン夫妻。パン・ダワンはパンパンガ側イナラロ村の出身で、結婚する前に同地で稲作していた経験があった。1977年7月。

昼食の副菜スープの具とするために、水田近くでマルンガイの葉を採る。1977年7月。

1907年、オロンガポで撮影されたアエタ。後ろにはアメリカの海兵隊員が写っている。
（米海兵隊公文書館、ホランド・M・スミスコレクションから）

で待機する。懐中電灯を使って夜まで採取を続ける者もいる。

このように平時では一見すると補助的な意味しか持たないように見える採集狩猟だが、非常時には、彼らの生存にとって重要な役割を果たす。二〇世紀において、アエタの生存に関わる深刻な危機は二度あった。一つはもちろんピナトゥボ山の大噴火だが、もう一つは、それ以前、太平洋戦争の末期にフィリピンでの闘いに敗れた日本軍が山中に敗走してきたときに生じた。

ハワイの真珠湾攻撃（一九四一年一二月八日）と時をほぼ同じくして、日本はフィリピンへの侵攻を開始した。フィリピンはアメリカの植民地でアジアにおける橋頭堡であったために日本は六〇万人の軍隊を送り込んだ。しかしガダルカナルの闘いを契機にアメリカの反抗が始まり、ヨーロッパでドイツの敗北が明らかになると共にアメリカが太平洋戦線に本格的に兵力をつぎ込んでくると、日本軍の敗色は急速に濃くなっていった。一九四四年一〇月にはアメリカによるフィリピン奪還作戦が始まった。まずレイテ島が米軍によって攻略され、周辺の島々でも次々に日本軍は敗北、ついに一九四五年の一月、ルソン島への攻撃が始まった。三月にはマニラが陥落し、日本軍の主力部隊は三方向へと分かれて撤退した。フィリピン方面を作戦地域としていた第一四方面軍の司令官山下奉文が率いる主力部隊は北ルソンの高原都市バギオを経て、最終的にはイフガオ州フンドゥアン郡の山中に複郭陣地を築いて立てこもった。他の二つは、東のシエラマドレ山脈へと撤退する部隊と、西のピナトゥボ山系へと撤退する部隊であった。この撤退した日本軍が、ルソン島の山奥に暮らしていた諸民族の食糧を奪い飢餓をもたらした。[2]

ピナトゥボ山系へと逃げ込んだのは、

クラーク空軍基地の守備隊を中心とした西ルソンに布陣していた建武集団と呼ばれた兵団である。建武集団の兵力は三万とされるが、終戦時の生存者は僅かに一三〇〇名程度であった。彼らも飢餓に苦しみ生きるのに必死であったためアエタの焼畑の作物を種イモまで掘り尽くすように奪ったという。多くの日本兵は戦闘ではなく飢餓と疾病のために命を落とした。私が暮らした一九七〇年代後半でも、日本軍の短剣やヘルメット、アルミ製（?）の注射器箱などを保持し使っているアエタがいた。しかし種イモまでも奪われたアエタの側も、当然ながら深刻な食糧不足に陥った。そんな中で、彼らが生き延びることができたのは、山中の山菜・野草・野生イモ等を採集し川の魚を取り、時に森の動物（猪や鹿）を狩りして食料を得ることができたからであった。戦時中や戦後には弓矢ではなく入手した日本軍やアメリカ軍の銃器を使って猪や鹿を効果的に狩猟することができたという。また食用・薬用の植物に関する伝統知識を最大限に活用し、採集狩猟に比重を置く生活へと一時的に退

クラーク空軍基地の前身となったキャンプ・ストッセンバーグの入り口の騎兵隊の像。2013年1月。

（2）日本軍は六〇万人の将兵をフィリピンに送り込み四八万人が戦病死や餓死した。フィリピン側の犠牲はさらに甚大で、フィリピン政府の集計では一一〇万人に達する。それだけの被害を受けたために、戦後の長期にわたってきわめて強い反日感情が続いた。私が一九七六年からフィリピンに留学しているあいだも、マニラでまた地方の町や村で、家族や親戚が日本軍に殺されたという話をしばしば聞かされた。しかし、その後は日本に好感をもつ人たちも増えていった。それはおそらく一九八〇年代に入って、日本に働きに来るエンターテイナーが増え、フィリピン・パブなどでの彼女らと日本人男性との付き合いや恋愛、結婚などをとおして、草の根レベルでの交流と理解が進んだことと関係があるだろう。当初は弱い立場の彼女らを食い物にするような悪辣な業者もいたが、フィリピン人は英語が話せることでNGOの支援を受けやすく、また教会のミサのあとに情報交換をしたりして助け合うことで、苦境に陥っても脱出や克服の道を探しやすかったようだ。

避退行（いわゆる近代化と進歩の観念とは逆行するという意味で）したことで、アエタは生存の危機を乗り切ったのである。

3 ピナトゥボ・アエタの歴史人類学
平定・包摂・支配の介入との対峙

こうした歴史から知られるように、ア

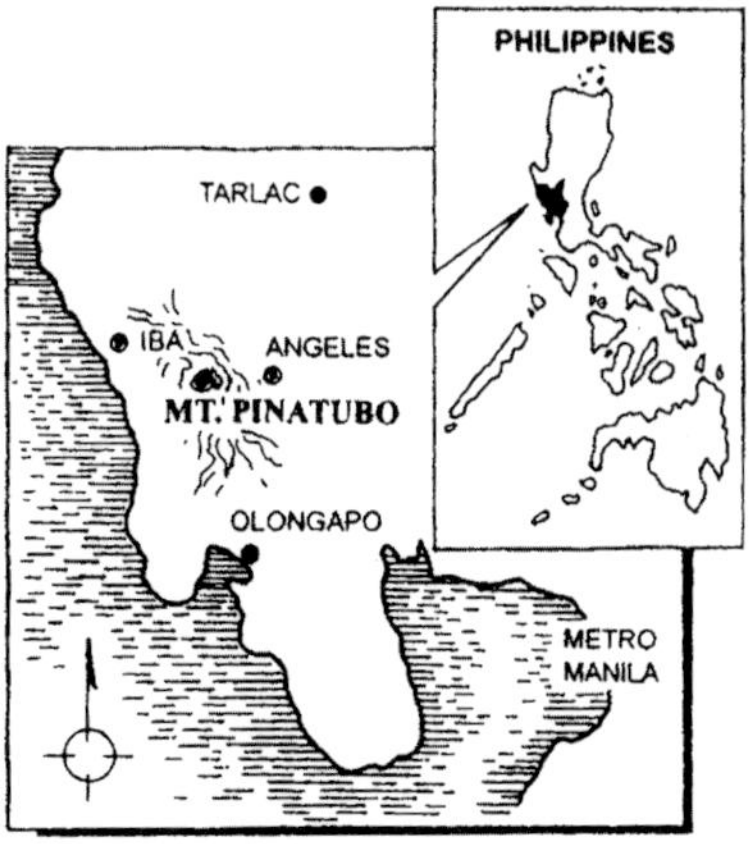

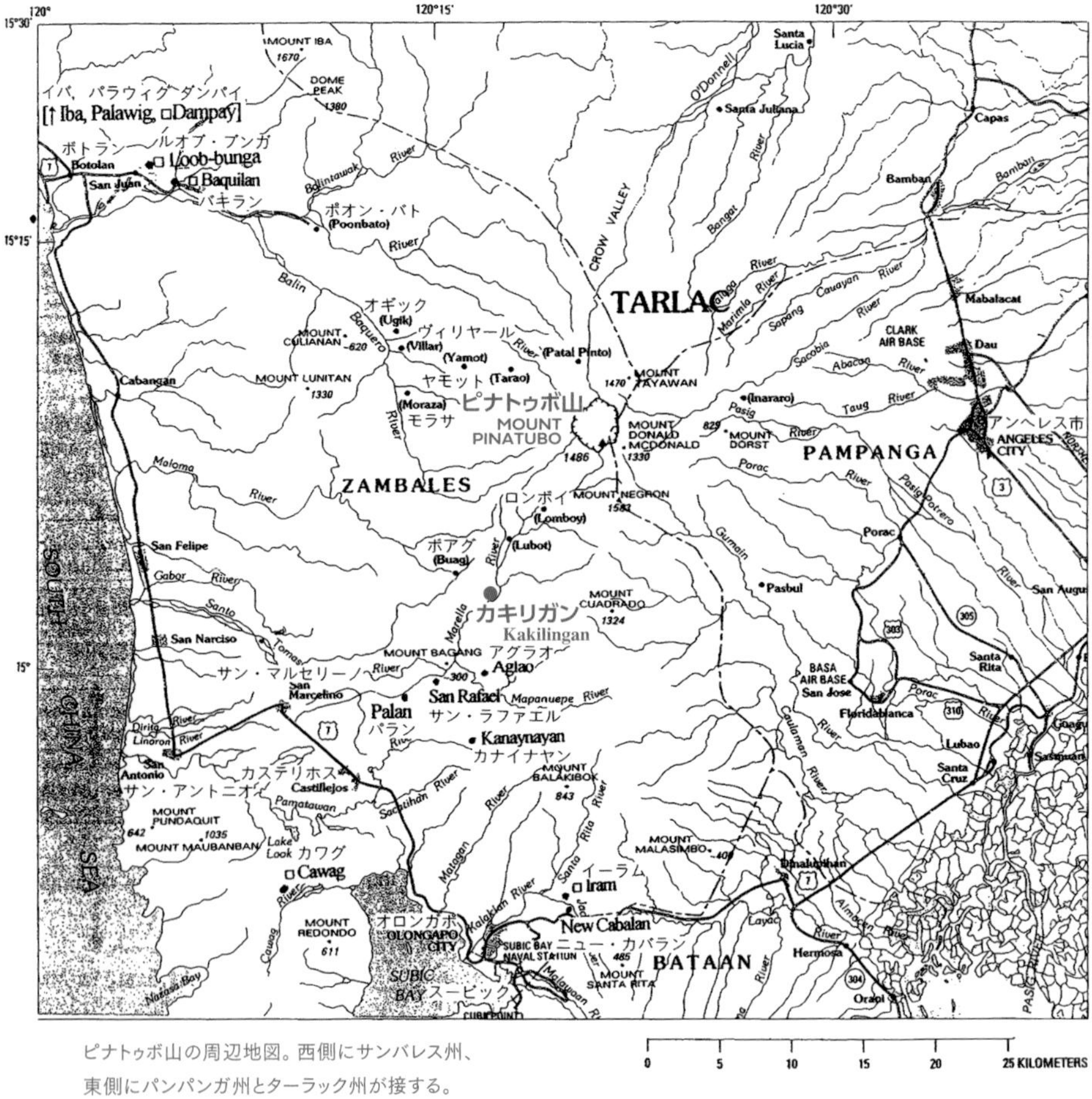

ピナトゥボ山の周辺地図。西側にサンバレス州、東側にパンパンガ州とターラック州が接する。

エタの人々は、近代社会と無縁の生活を送ってきたわけではない。無文字社会であった彼らの社会の歴史を再構成することは非常に難しい。だが彼らが両親や祖父から聞かされた話（イストリア）あるいは、スペインやアメリカの植民地政府の文書や近隣の平地に住むキリスト教化した民族の記録から推測すると、サンバル人（キリスト教化した平地民）の圧迫を受けて山中へと徐々に後退してゆきながらも、物々交換による交易を続けていた。

そもそも、彼らがその山麓に住んでいたピナトゥボ山はマニラの北北西一〇〇キロほどに位置し、西にサンバレス州、南にバターン州、東にパンパンガ州を従え三州の境界となっている。そこはマニラ湾を北から抱くようにして伸びるバターン半島の付け根あたりから北のリンガエン湾までに至る南北二

アエタの男たちは竹製の櫛を自分で作る。髪の毛を梳くよりもオシャレのためであり、デザインは自分で考える。

〇〇キロ、東西四〇キロほどの細長いサンバレス山脈の南部に位置する。かつて一七四五メートルあった標高は、一九九一年の大噴火で山頂が吹き飛ばされて一四八六メートルと低くなった。噴火口は青緑色の湖となり、今ではパンパンガ州側からのトレッキング観光の目的地となっている。

南西麓の一帯には、およそ二〇の小集落が点在していた。それぞれの集落には二つから三つ、時にはそれ以上の拡大家族が生活の拠点を置いていた。第5節でも詳しく述べるが、拡大家族と私が呼ぶ居住集団は、両親および結婚した子供たちのそれぞれの家族が二～五つほど集まって形成される。これらの拡大家族は基本的には特定の集落を生活の拠点としており、毎年新しく伐採して開く焼畑の出作り小屋との間を行ったり来たりする。新しい焼畑は

カキリガン村の常畑地があるサンルイス地区からピナトゥボ山を望む。1978年4月。

ピナトゥボ南西麓でいちばん高い場所にあるロンボイ集落で。1979年2月。

特定の集落を中心にした半径二～三キロの周囲の山斜面で、前回の焼畑開墾から五～一〇年ほどが過ぎて植生が回復した適地を毎年新しく開く。長い目で見れば一定の範囲内の地域で焼畑地を循環させている。特定の集落はそうした焼畑適地の範囲を含む周囲の地勢を利用する権利を有するが、必ずしも排他的ではない。その権利をもつ成員と何らかの関係（親戚や親友）を有していれば話し合いによって焼畑をすることが認められる。そうした集落と周囲の環境が一体となったものが彼らの生活世界の基本となっている。個々の家屋や集落よりも、そうした環境世界の一帯をホームとすることについて、西麓の事例ではアエタ自身が次のように活写している。

　アエタにとってわが家とは、村にあ

西麓側でいちばん高い場所にあるターラウ集落。1979年2月。

> る小屋でも、丘の斜面の焼畑にある差し掛け小屋のことでもありません。彼らのわが家とは、大地に根をおろし、なだらかにうねる丘の連なりと山並みに包まれ、渓流と小川にうるおされ、雲と虹、そして太陽と星の天蓋に抱かれたすべての場所なのです。……（中略）……（だから）アエタにとって（噴火によって）山を下りて避難するのは、安全のために逃げ出すという以上のことなのです。それは彼らの愛する大地——文字通りにも、また精神的にも彼らの生命の源であり、生命の糧であるような大地——から根こそぎ引き剥がされ、苦痛に耐えながら引き離されてしまうことなのです。（Foundevilla 1991: 30）

拡大家族と表現したが、正確に言えばこの大家族は子供が結婚後も両親の

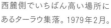

カキリガン村の様子。村を開きアエタの家族に定住を呼びかけた時、EFMD（後述、66頁以降を参照）は家の建材（柱用の角材、床と壁用の竹、屋根をふくコゴン草）を提供した。1977年12月。

もとに留まることによって拡大したものである。集落にいるときは隣り合って立てられた家に住むが、新婚の時期や家族成員が少ない場合には親の家族と一緒にひとつの家に住むこともある。結婚の際には、夫方から妻方へバンディ（*bandi*）と呼ばれる婚資が贈られる。具体的には豚、時にカラバオ（水牛）、籾米、布、蓄音機、現金などである。婚資の内容は双方の話し合いにより個々のケースで大きく異なる。婚資の引き渡しが済むまでは新郎が新婦の両親の家にゆき、労働奉仕をする場合が多い。引き渡しが済めば夫側の家（集落）に移ることができる。しかし妻側のほうが住みやすければ、そのまま留まることもある。

彼らが焼畑による農耕をいつ頃から始めたのかについては、未だに不明なところが多い。第5節でも触れるが、大

きな流れとして先史時代から今日フィリピン群島と呼ばれる海域世界の歴史を振り返ると、アエタは外来の植民支配者による圧迫や支配を避けるために海岸地帯から川沿いに内陸部に入りピナトゥボ山系へと避難していったと推測される。フィリピンは、マゼラン船団の来訪(一五二一年、ただしマゼランはセブ島横のマクタン島で戦死)以降、一六世紀終盤からのスペインによる植民地化とキリスト教の布教、米西戦争(一八九八年)に勝利したアメリカへの割譲、アジア太平洋戦争中の日本軍政といった列強の直接支配を受けてきた。その結果、今日では平地キリスト教徒と呼ばれる人々が総人口の約九〇%(カトリック八五%、プロテスタント五%、新興のイグレシア・ニ・クリスト二〜三%)、を占めている。残りは南部ミンダナオ地域のムスリム(約五%)と全土の山岳地

帯に散在して暮らす少数民族（先住民族・約二〜三％）である。

アエタと同じくネグリート系の人々はルソン島東部のシエラマドレ山脈や、中部ビサヤ地域のパナイ島、南部のミンダナオ島などの各地に数百人から一〇〇〇人あまりの構成員からなる小さなグループで分散して暮らしている。そうしたなかでピナトゥボ・アエタが特徴的なのは、二万人を超える大きな人口を擁し排他的な生活領域をピナトゥボ山系の一帯に維持してきたことであった。そのことがアエタが近隣の平地民（マジョリティであるキリスト教徒）の圧迫や影響に丸呑みされることなく、外部世界からの圧迫に対峙し柔軟に対応しながら固有の文化と社会を持続させてゆくレジリエンスの基盤となった。このことは本書で繰り返し述べるが、何度強調してもし過ぎることはない。

1734年に公刊された地図『フィリピン諸島の水路誌と地誌（*Carta Hydrographica y Chorographica de las Yslas Filipinas*）』（通称ベラルデ・マップ）の挿絵。闘鶏に興じるスペイン人とその召使いの背景には2人のアエタが描かれ、ここでは「アエタ、山の黒人（Aetas, ò Cimarrones del monte）」と表現されている。

スペイン来航時にアエタはおそらくはサンバレス州の海岸地域、とりわけ河川が海に流れ込む河口部の一帯で採集狩猟を行って暮らしていたと推定される。しかし一七世紀からスペインによる征服と植民地化が進むにつれ、その圧力や支配を嫌い河川沿いに内陸部へ、そしてさらにピナトゥボ山の山麓さらに山中へと生活の場を移していく過程で、生業としての粗放的な焼畑農耕がゆっくりと広がったと考えて良いだろう。

ピナトゥボ山麓一帯へのアエタの移住または撤退で特徴的なのは、外来勢力を拒絶して交渉を断ち切って孤立する類のものではなかった点である。彼らが現在使っている言語はサンバレス州の中央部沿岸地域に住む平地サンバル人の言語（ボトラン・サンバル語）の一

1590年頃にフィリピンで制作され、中国、フィリピン、ジャワ、モルッカ諸島、ラドロン諸島、シャムなどの民族に関する彩色図版が収められた『ボクサー（Boxer）写本』に描かれた「先スペイン期フィリピン群島のネグリートのハンター」。アエタと考えられる。

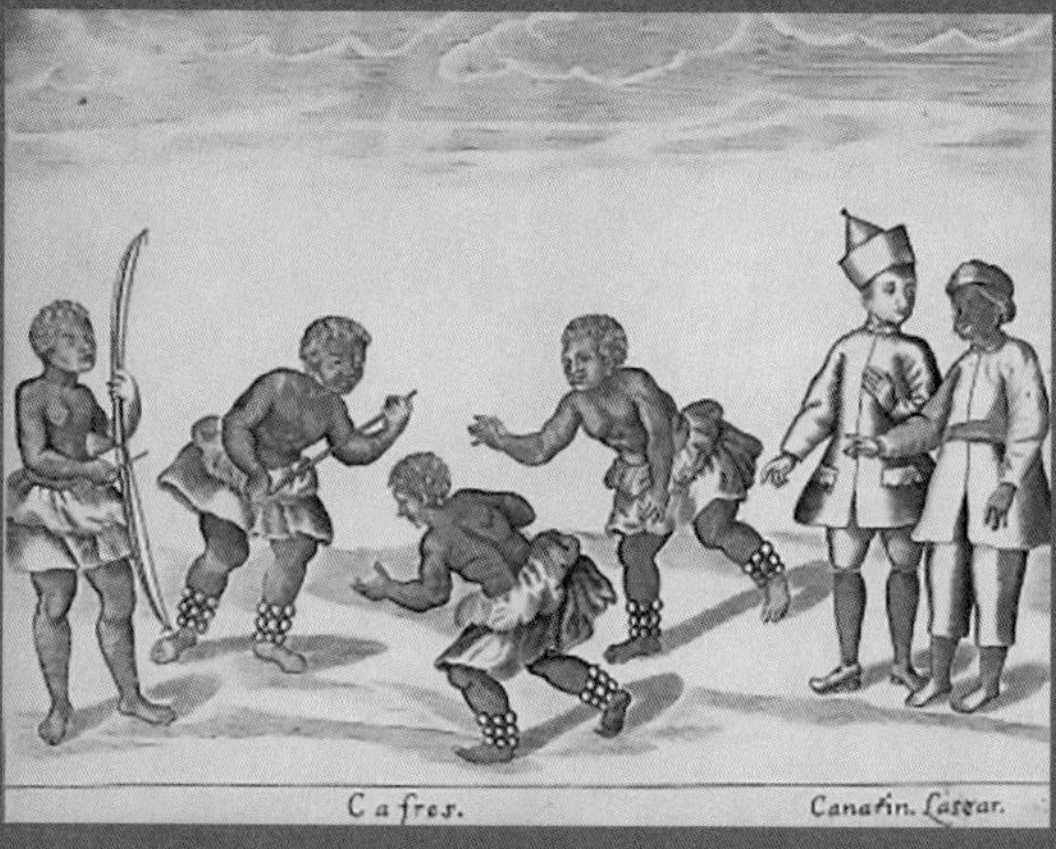

『フィリピン諸島の水路誌と地誌（*Carta Hydrographica y Chorographica de las Yslas Filipinas*）』の挿絵に"Cafres"（野蛮人）として描かれる人びと。アエタと考えられる。

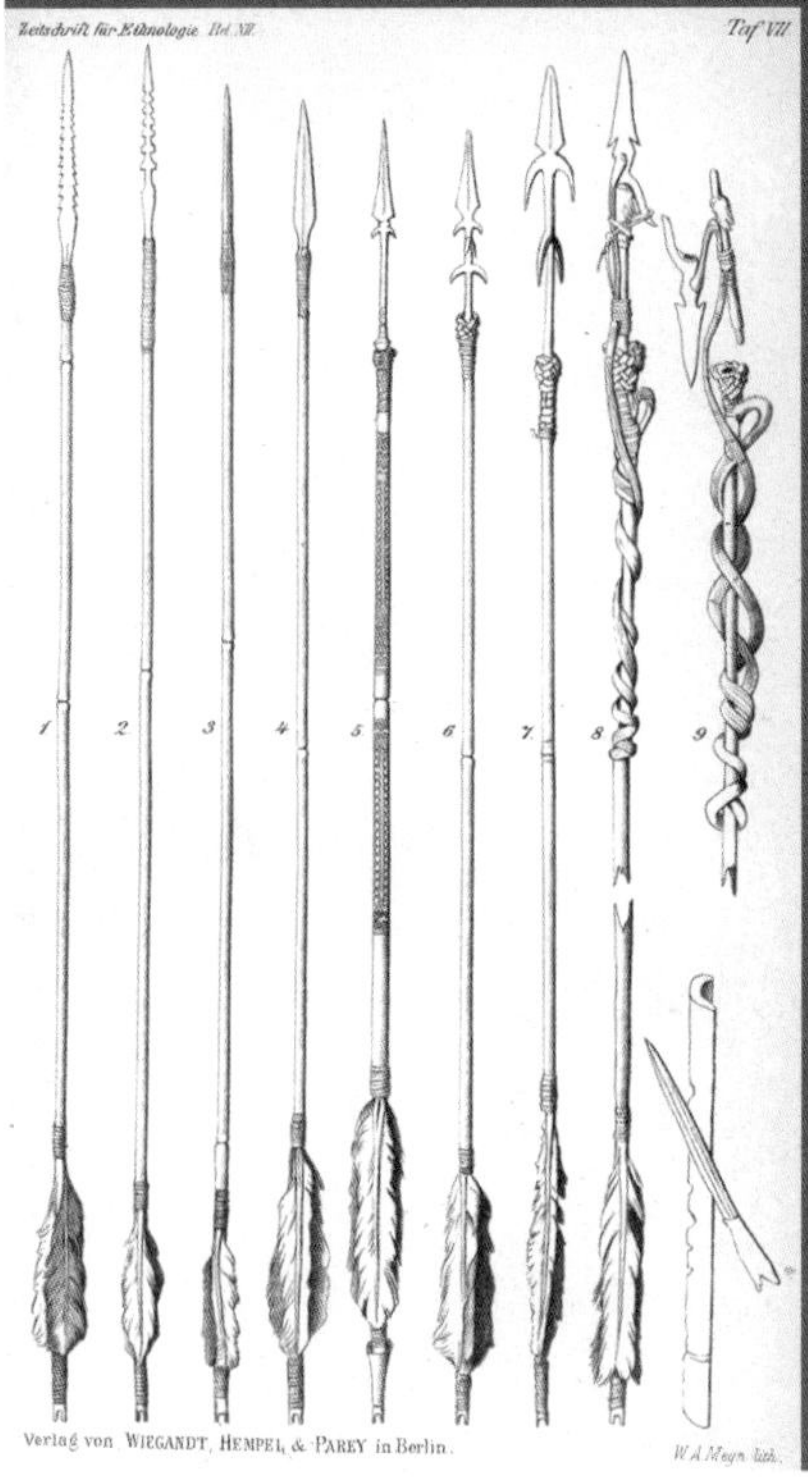

上：A. B. Meyer著『フィリピン諸民族のアルバム（*Album von Philippen Typen*）』に掲載された「槍を持ったルソン島のネグリート」。1885年頃。
左：1880年刊行のA. Schadenberg著『フィリピンのネグリートについて（Ueber die Negritos der Philippinen）』に掲載されたアエタの矢。「ネグリートは3種類の矢、Pagul pül、Pamana、Varietiesを持つ。最初のものは豚、2番目は鳥、3番目はその他の獣用または防衛用である」と説明されている。

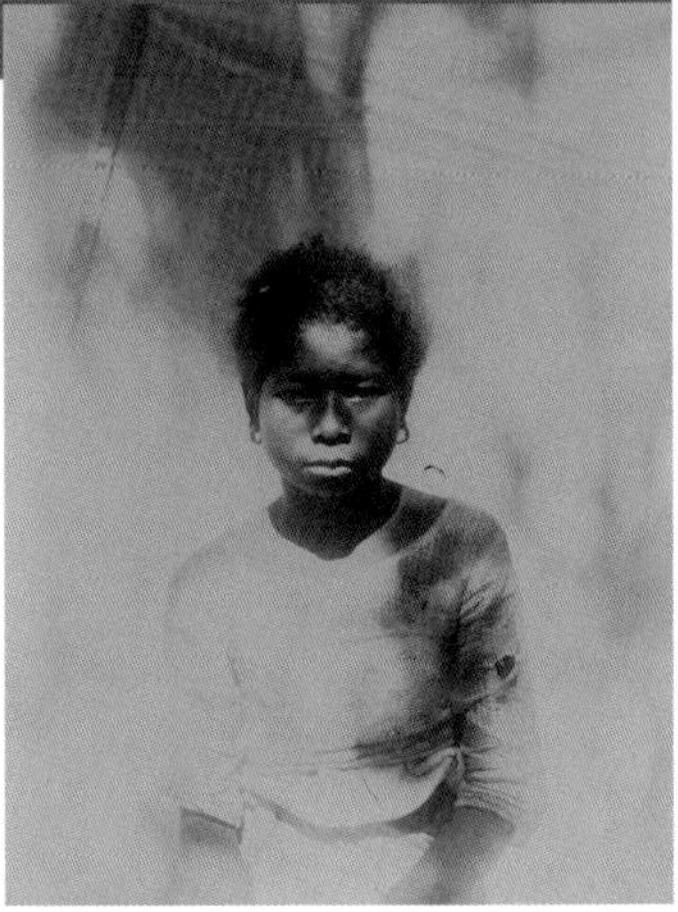

1901年に撮影された「バターン州マリベレス出身のネグリートの少女」の写真。アエタ族と考えられる。

方言である。後に詳しく述べるが、この言語使用の特徴にも留意しておく必要がある。隣接して暮らすマジョリティーの言語を習得し自らの言語としたことは、彼らが生活に必要な物品を得るために、緊張感を保ちながらも平地のサンバル人と交換・交易の関係を保持し交流してきたであろうことを示唆している。また、ピナトゥボ山の東麓（パンパンガ州）に住むアエタが、近隣の

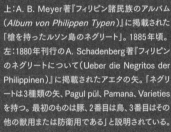

コラム③ 一九世紀末のアエタへの融和策

「自警団による鎮圧やスペン政庁が試みたその他の様々な対策にもかかわらず、ネグリートによる襲撃は一八九四年までほとんど途切れることなく続いた。それで同年に当局は、ラヨスという名の長を会見のためにサン・フェリペの町［サン・マルセリーノの北に位置する］まで降りてくるように説き伏せた。実際にラヨスが下りてくると、町の当局者達は数多くの儀式と共に彼を迎えた。彼らは頭の天辺から足の爪先まで彼の衣装を整え、贈り物を用意し、数日にわたって宴を開いた。次いで兵士の行進、トランペットの高鳴り、スペイン的な華麗さをもって彼に紗の装飾帯を贈り、キャプテン・ジェネラル・デル・モンテという名を与えた。彼はその地域のネグリートを支配する権利と、統制を保つ責任を与えられた。その紗は安っぽいプリントであったが、その目的に十分応えるものとなった。……ラヨスはいたく感激し、新たな宝物と語るに足る経験とともに山に戻っていった。それ以来、平地のキリスト教徒に対する強奪と殺害は著しく減少した。

　同じ年（一八九四）にはボトラン地域のすべてのネグリートに対して、山を降りて定住することを期待して五〜六ヶ月にわたり食料が与えられた。しかし彼らは、為すべきことや如何に働くかについて何も教えられなかったために、食料の提供が終わると、それを確保する術を知っている唯一の場所である山中に全員で戻ってしまった。この経験は望ましい結果をもたらさなかったが、良い影響を与えたであろうことは、この地域の人々が今日もっとも進んでおり、村落に住む傾向があることから推察される。」（Reed 1904: 70-71）

平地民であるパンパンガ人の言語（カパンパンガン）ではなく西麓側と同じくサンバル方言を用いているのは、ピナトゥボ山系一帯のアエタが西側サンバレス州を元々の生活域としていたであろうことの傍証となるであろう。外部勢力の支配や圧迫を避けるために移動（逃散）し、しかし必要な物品を交換によって入手するための最低限の関係と交流交渉の維持ということが大事なポイントである。

　時にはスペインやアメリカの植民地政庁から平定と包摂・支配の試みを受けながら、アエタは逆に麓近くの平地民の村を襲撃したりもしてきた。そうした「野蛮な人々」に対する融和策について、先に言及したリードはやはり印象的な報告を残している（コラム③）。リードが記したボトラン地区のアエタ、つまり西麓のポオン・バト村やヴィリャール村などの村々では戦後の早くから小学校教育が行われ、さらに高等教育を受ける者も少なからずいて、イバ町や村役場の職員や学校教員などを多く輩出してきた。

リードの報告と同じような対アエタ融和策は以後も何度か繰り返され、そのたびにアエタ側の長と目される男に様々な呼称と贈り物が与えられて懐柔策が試みられた。次に紹介するのは、カキリガン村を構成していた二つのグループのひとつ、ラバウ・グループのキャプテンであるパン・メリシアが語ってくれたイストリア（お話）である。彼の父親がいかに町の人々に恐れられ、それゆえに多くの称号を与えられたかという物語である。

旧カキリガン村を構成する二つのグループ、キリン・グループとラバウ・グループのキャプテンのパン・ケイアン（左）とパン・メリシア（右）。1977年12月。

> ピスタイム（peace time: 平和の時代、太平洋戦争前）の頃、我々がまだ幼かったとき、町の連中は我々の父親をとても怖がっていた。なぜなら彼は、この山の中でとても勇敢だったからである。町の連中は誰一人ここ（カキリガンの上流対岸のエンタブラド地区）まで上がってくる者はいなかった。
>
> ところがサン・フェリペ町の役人に知恵の働く者がいた。誰かが父親に平和協定を結ぼうと説得し、それで父親は山を降りていった。山を下りてみて、父は町の規則というものがよく分かった。彼が納得した時、町の役人は父に相談役（コンシハル）という称号を送った。次いで警官（ポリス）、軍曹

カキリガン村に建築中の家で一休みするキャプテン・パン・メリシアの家族（右端の臼に座るのがパン・メリシア、その前に妻のインドン・メリシア）と一族。1977年11月。

（サージャント）、チーフ、大統領（プレジデント）だった。しかしそれでも父は特別な力を持っていたために、町の連中は父を非常に恐れ、決してここまで上がってはこなかった。（パン・メリシアの語り　一九七八年、カキリンガンにて）

たとえば噴火前にカキリガン村のもっとも近く（約六〜七キロ下流）にあった平地民の二つの村のアグラオとサンタ・フェは、もともとはアエタの土地であったが、平地民（イロカノ）に騙されるようにして奪われたという。

これはサンタ・フェの土地をめぐる我々の祖先の話です。サンタ・フェの土地の所有者は、もとはアエタの祖先でした。けれどその土地を騙すようにして取り上げられてしまったために、

カキリガン村から数百メートルほど離れた湿地に住むポオラン・ソリアの家族。ラバウ・グループに属する。ラバウに住んでいた頃に水田耕作を試みていた。1978年6月。

アエタは貧しくなってしまった。
祖先達は、この土地をタバコの葉一巻きと、この土地をボロ（鉈）一振りと、あの土地は稲穂一束というふうにして土地と交換してしまった。別の者達は毛布一枚と引き換えに土地を引き渡してしまった。こうしてサンタ・フェの土地は取り上げられ、アエタは貧しくなった。それはイロカノ人とフィリピン人達が我々をだまして、とても安い品物との交換で土地を奪うようにして集めていったからだ。そのためにアエタは貧しくなり、苦労するようになった。（ポオラン・ソリアの語り、一九七八年、カキリンガンにて）

このように全体的に見れば海岸地帯からピナトゥボ山系へと後退していったアエタの歴史は、その過程で麓近くに定着的な集落を作って平地民社会と平和・友好的に接するグループを生み出した。他方で平地民との接触と緊張関係を避けて山腹から山中へと移動していったグループでは、平地民の村を襲って農作物を奪ったり盗んだりする者たちもいた。先に言及したリードは、平和時には山中に分散しているが、時に力あるリーダーのもとに結集して麓近くに住むアエタの集落や平地民の村を襲撃するような「野蛮状態」にあるグループがいることを報告している。

ただし平地民（サンバル人）によるアエタへの襲撃や誘拐、奴隷化などはアエタ側からの攻撃（反撃）以上に頻繁であったと推察される。古くはサンバル人同士の殺人事件は原則として賠償金を支払うことによって解決されたが、それを用意できないときには、身内が報復殺人で狙われることを避けるために、アエタを捕らえて身代わりとして差し出したという。そうした際にはアエタ内部の敵対関係を利用し、平定懐柔したグループを使って山中の「野蛮」なグループを襲わせた。（Domingo-Perez 1680: 310-311）

アエタの誘拐と奴隷化については、二〇世紀に入っても多く行われていたことが行政官で人類学者のウォーセスターによって詳しく報告されている。一例を挙げれば、一九一〇年九月二〇日の昼下がりに、ライフル、ピストル各一丁とボロ（鉈）で武装した一五人ほどのフィリピン人（平地パンパンガ人）が東麓のキャンプ・ストッセンバーグ（クラーク空軍基地の前身）から二マイルほど離れたアエタ集落を襲い、大人三人を殺した後、二人の子供を連れ去る事件が生じた。後日、二人の子供は、サン・フェルナンド町で六〇ペソで売られていたところを発見された。
(Worcester 1913: 40-48)

以上、簡単に紹介したようにアエタは、ピナトゥボ山系を固有の領野として占有し採集と狩猟を柱とする独自の生活スタイルを守りつつ、近隣の平地民とは緊張と敵対を含みながらの関係と交渉を維持してきた。それによって言語をはじめとする様々な文化要素を受け入れ、自らの社会の有機的な構成要素とし、またそれらを活用しながら全体としての生活様態は基本的には大きく変わらずに維持してきた。

そのことをもっとも印象的に示しているのが、前述したように彼らの言語である。彼らは固有の言語を失い平野部で隣接して暮らすマジョリティ民族（スペインの支配下に組み入れられキリスト教徒となった平地民）の平地サンバル人の

上：パン・ガタイの家の入り口で、氏の母親のインドン・マコポイ（パンパンガ州側のイナラロ村から遊びに来ていた）と2人の娘のイメルダ（右）とエレナ（左）、従兄のロドルフォ。1977年12月。
下：赤児を抱くパン・ベンドイ。アエタは父親も子育てをする。1978年2月。

焼畑の火入れ前の準備作業の合間に一休みする夫婦。父親の背中には子供が人見知りをして隠れている。1978年3月。

言語を用いている。ピナトゥボ地域に限らずフィリピン各地のネグリート・グループは、いずれも隣接する平地民の言語を受容してその一方言を用いつつ、それぞれの生存ニッチである程度は自立・自律した固有の生活様式を維持している。ピナトゥボ・アエタの主たる生業である焼畑農耕も、山裾に近い、すなわちピナトゥボ社会の全体からみれば周辺部に住み、スペイン政庁の側からは「征服した者たち」と呼ばれサンバル人との接触が頻繁だったグループが初めに受容して試み始め、長い時間をかけて山中の「征服していない者たち」へと広まっていったと考えられる。(3)

(3)　この区別は中国の清朝時代に台湾先住民の高山族（高砂族）のうち、漢族に同化していたグループを熟蕃と呼び、山地に住んで漢族に同化していなかったものを生蛮と呼んでいた事例に似ている。

つまりアエタは、焼畑農耕の技術や知識に接し徐々にそれを取り入れ試しながら、生業の一部として受容していったのである。採集狩猟に頼る生活様式を捨てて一気に生業を変えることをしなかった。一ヶ所定住と一つ職専従を嫌い、移動と多様な食物獲得の手段を保持し続けきたことは特筆に値する。これはフィリピンのマジョリティである平地民の多くが、スペインの植民地支配によってモノカルチャー（サトウキビやココヤシなどの単一商品作物栽培）経済に組み込まれ賃労働者として搾取されたり、稲作農村で小作となって収奪されたり、自作農となっても市場価格の変動に振り回され高利で借りた営農資金を返済できずに担保の水田を手放して貧窮化していったことと対照的である。

4 外世界との関わり

開発や定住化政策への対応

こうしたアエタの生存戦略は、一九世紀末に始まるアメリカによる支配下でも、またアジア太平洋戦争の後にフィリピンが独立し、その国土に暮らす様々な民族を「国民」として包摂していった二〇世紀後半においても十分に発揮された。そもそも私が最初にフィールドワークを行ったピナトゥボ山南西麓のカキリガン村は、アエタに定住と常畑耕作、子供たちに小学校教育を提供するためにキリスト教関係のNGO（Ecumenical Foundation for Minority Development 通称EFMDまたはFoundation）が、灌木と竹叢とカヤ系の雑草が生い茂る地域を新しく開いた村

上：サン・ルイス農地で、農業指導員のフローレス氏（赤い帽子）からカラバオ（水牛）に引かせた砕土具を操る方法を教わる。白い帽子はEFMDのディレクターのティマ氏。
下：実際にカラバオに引かせて、砕土具を操る。1978年5月。

上:その後に陸稲を直播きする。1978年6月。
下:EFMDの畑の横に開いた畑には陸稲ではなく、カッサバを植える。乾燥と雑草に強く安定した収穫が期待できるからであった。1978年6月。

だった。ＥＦＭＤは、まずブルドーザーでサン・マルセリーノ町からのアクセス道路を整備し、村を拓き、畑地を造成し、移住してきたアエタ家族に一ヘクタール弱の畑地とカラバオ（水牛）を貸与した。一九七五年のことである。しかしアエタは一方では定着犂耕農業と小学校教育を柱とする開発プロジェクトを受け入れたが、同時に従来の移動焼畑農耕も依然として継続した。

考えてみれば新奇で不慣れな生業である常畑での稲作は失敗する可能性が高い。だから生活と生存のセーフティーネットとして焼畑を続けるのはきわめて合理的な判断なのだ。そして男たちは村を出るときには常に弓矢を携行して、チャンスがあれば小動物や鳥、コウモリなどを射ていた。山菜野草の採取が重要であり続けたことは言うまでもない。つまりＥＦＭＤが進めた開発

EFMDがブルドーザーで造成し配分したサン・ルイス農地の区画をカラバオ（水牛）を使って耕す。1978年5月。

EFMD が開いたサンルイス農場に隣接する傾斜地をカラバオ（水牛）で耕起した後に陸稲の散布をするゴンド・メリシアと見守るコンシハル。1978年6月。

サンルイス農場の横に開いた農地。
1978年5月。

カキリガン村へ移住してくる前に住んでいたラバウ集落近くの水田で田植えをする。1978年6月。

上：幼稚園の教室。村に住み始めた最初の頃に私も幼稚園のクラスに2週間ほど出席させてもらい、言葉を習うとともに子供たちと親しくなるよう心がけた。就学前の子供たちは年齢にばらつきがあった。1977年11月。
下：ロバート・コスメ先生の小学校授業風景。コスメ先生は西麓のヴィリヤール村の出身。小学校はディレクターのルフィーノ・ティマ氏の夫人のアロマ・ティマ氏が校長で、コスメ先生と2人で複式授業を行っていた。校舎は3教室あり、ひとつは幼稚園で2つが小学校用であった。1978年2月。

と教育を柱とする近代化プロジェクトを受け入れつつも、村に定住してカラバオ（水牛）を用いて犂耕する常畑を柱とする農業という単一の生業に賭けることはしなかった。さまざまな食料獲得手段を保持しセーフティーネットを維持するとともに、その時々の自然環境や社会状況の下でもっとも効率の良い手段を活用する戦略は変えなかったのである。

実際、ＥＦＭＤがプロジェクトの柱とし、もっとも力を入れた常畑耕作は当初の目論みを実現できなかった。その理由は、常畑での稲作には除草のために多大な労働投入が必要だからである。そもそも焼畑は一年しか利用されず、年毎に新しく伐採した斜面は火入することもあって雑草が生えることが少ない。二年目以降は雑草が大量に繁茂するが、その頃には別の場所に焼畑を移しているので、二年目から前年の焼畑地で元気な雑草が繁茂することは植生の回復の観点からむしろ望ましい。つまり移動焼畑は、少ない労働力で除草問題に対処するための合理的な農法と言って良いのだ。

しかし常畑の場合一年目に生える雑

草は少ないが、二年目以降、耕作しなければならない同じ場所に急速に雑草が増える。そもそもアエタはなるべく多くの収穫を上げるために我慢して働くことを好まない。日本の江戸期の農村で生じた「勤勉革命」とは無縁の労働意識である。言いかえれば、収穫量を増やすために忍耐強く働くことを好まない。なるべく少ない労働によって必要な食糧を安定的に確保することを第一としている。アエタの生活を律する価値観や人間観・世界観を無視して定住と常畑農業を進めようとした開発プロジェクトが当初の目論見を実現できず失敗したのも当然であった。(4)

(4) そのこととディレクターのルフィーノ・ティマ氏の考え方が関係あるかもしれない。ティマ氏と夫人は、ともに北ルソン・コルディリエラ山脈のカリンガ州ダンタラン村出身の先住民カリンガである。初め神学校で学んだが途中退学してマニラのトリニティ・カレッジで人類学を学び、さらに大学院はアメリカの財団の奨学金を受けてアリゾナ大学に留学した。その前に同大学の民族考古学者でカリンガの調査プロジェクトを実施したロングエーカー教授チームの調査を手伝った縁で学費や生活費を支援してもらい、マニラのトリニティ・カレッジで学んだ。その後にアリゾナ州立大学の大学院に留学して人類学の修士号を取得したのである。カリンガは棚田での稲作を基本的な生業として補助的に焼畑でのイモ栽培を行っているが、米に対する需要は極めて高くそのための棚田での重労働も厭わない。カキリガン村でのプロジェクトを始めるにあたっては、村に移住予定のキリンとラバウの二つのグループの主要メンバー十数人を連れてトラックで故郷のカリンガを訪れ、棚田耕作の様子を見学し村人たちと交流した。参加したアエタに聞くと、いろいろ新しいことを知り、世界が広がったけれども自分たちが真似するのはとても無理だと思ったという。

カキリガンでは成人向けに識字教育が試みられたが、うまくゆかなかった。しかし裁縫には関心を持つ者もいた。担当教師のアラウさんは、カキリガンより下方に位置し、平地民も住むバリウエット村のほうが生徒の手応えがあってやりやすいといって、そちらでの活動をメインにしていた。1978年4月。

成人教育の裁縫（ミシン使用）コースの修了式であいさつをするキャプテン・パン・メリシア。雄弁、多弁ではないが、静かな語り口と佇まいに威厳があった。右端に立つのは農業指導員のフローレス氏と成人教育教師のミス・アラウ。1978 年6月。

修了式の様子を見に、カキリガン村に一番近い平地民の村サンタ・フェからやってきたCHDF（Civilian Home Defense Force―中央政府の指示で地方政府が組織を進めた民間自警団）の団員。1978年6月。

カキリガン村に駐在するエフレン軍曹からライフルを借りてポーズを取る、村の防犯委員（バランガイ・タノッド）のカルブハイ・ソリア。キャプテン・パン・メリシアの女婿（次女の夫）で性格は温和で働き者で人望も厚かった。残念なことに噴火後の1990年代の末に逝去された。1978年2月。

彼らの判断はきわめて的確で、もしアエタが焼畑や採集狩猟といった生業を放棄していたならば、プロジェクトが失敗した途端に、食糧難に見舞われただろう。一方で外部世界からの働きかけを一部で受け入れて、生業の多様性すなわちリスク分散と選択肢の多さを広げてゆくという従来の生活様式を放棄しないアエタの生存戦略がここでも上手く機能していた。

こうしてＥＦＭＤの開発プロジェクトの主たる柱であった常畑の犂耕農業は陸稲作を指導したことで失敗に終わった。それでＥＦＭＤは三年目には陸稲ではなくソルゴム豆の植え付けを指導し収穫を買い上げたが期待したほどの収量を得られなかった。もうひとつの柱である教育は、小学校卒業後にいちばん近くの平地民の村のサンタ・フェや国道沿いの町のサン・マルセリー

アエタ農民デー＆クリスマスのイベントで踊る小学生。右側の赤いスカート（紙製）の3人は手前からロリータ、カルメリータ、ピイチャイ。1978年12月。

マアグアグやロンボイなどの山中の集落からやってきて興味ふかげに見物する子供たち。

左から、EFMDのスタッフの産婆・看護師のローズ、幼稚園教諭のローズ、秘書・会計のグロリア。1978年3月。

ノにある高校で学ぶため、さらにその後にサン・マルセリーノ町の郊外の西ルソン農業大学校で学ぶための学費と生活費の助成制度が大きな成果を上げた。政府が設置している職業訓練学校（ＴＥＳＤＡ）で学ぶ者もいた。もちろん途中で退学する者も半数近くはいたが、それでも卒業することにより初等教育の教師や町村役場の職員、その他の職を得られるものが出てきた。教育の効果はすぐには現れないが、きわめて効果的であったと言える。

5　「緩い社会」が育んだ自律／自立した生活

　世界には、数多くの優秀で意欲的な文化人類学者がいるにもかかわらず、先に紹介したフォックスが民族植物学の調査をしたことを除けば、アエタの文化と社会に関心をもち、長期のフィールドワークを行う人類学者はほとんどいなかった。その理由の一つは、たとえば北部ルソンの山岳民族のイフガオやカリンガらと比べてアエタは豊かな神話群を持たず、複雑な法体系を持たず、深い意味を付された儀礼も行わない。親族関係や制度が単純であり、社会の組織化や制度化も発達していない。人類学者の「研究対象」としては「文化の深い意味体系」を持たずまことに物足りない人々というわけだ。費用対効果という小賢しい計算をすれば、そこでの生活の苦労の割には興味深い知見が得られそうになく、長期の滞在に二の足を踏んでしまうような社会である。しかし逆に浅い文化ならば、私のように大学院の博士課程からフィリピン研究を始めた初心者であり、先行研究や関連研究の文献調査も不十分な人間でも入りやすいし理解しやすいだろうと思った。きわめて単純、楽天的でイージーな考えであった。

　しかし今では、彼らの社会の特徴である、慣習法や規範などの硬い括りでまとめない緩やかな社会だからこそ、逆に社会関係や規範に強くは拘束されずに個々人や家族ごとの判断や思惑で自由に移動し移住できることが、彼らのレジリエンスを担保してきたのではないか、と考えている。

　現在はフィリピンと呼ばれる島嶼列島に最初にヒトが住み始めたのは、今から二万年ほど前のことであると言われている。最終氷期の最寒冷期に海面が一〇〇メートル以上も低下した時に姿を現した島々(海底山の頂上部)を飛石のような足場としてアジア大陸から移動してきたネグリートが後にフィリピンと呼ばれる島嶼地域の最初の住民であり、アエタはその直接の子孫と考えられている。フィリピンには、その後の人類史的な移動の波が何度か押し寄せ、オーストロネシア語族の言語を話す人々が幾波にもわたって数多く渡ってきた。アエタはその元来の形質特徴、すなわち男性で一五〇センチ、女性で一四〇センチほどの低身長で暗褐色の肌を持ち、髪は縮れた濃茶色、広がった鼻腔に大きな目という特徴を維持してきた。民族同士の結婚すなわち内婚

マタグアグ集落に住むインドン・ダムワグ母子。カルメリータのオバにあたる。1978年3月。

ピナトゥボ山頂に近いロンボイ集落の少年。カキリガンまで遠いので小学校教育は受けられなかった。1979年2月。

が長く続いてきたことの証左であろう。こうした身体的な特徴ゆえに、そして定住化や学校教育を嫌がり識字を受け入れなかったことで、後述するように周辺の諸民族から差別されてきた。

人類学では、人間社会の親族構造を単系と非単系すなわち双系とに大きく二種類に分けている。単系制とは生まれてくる子供の所属を父親または母親の一方の親族集団とする制度であり、所属・成員権が父親の側にあるならば父系制、母親の側にあるならば母系制となる。父系制ならば娘も父の親族集団に属するが娘の子供は娘が結婚した相手（夫）の親族集団に属する。他方母系制では子供の所属は母親の集団になる。ただし母系制でも土地その他の財産の保有と管理は母系集団の男性成員（男兄弟）が有し、代替わりに伴う権利の移譲（相続）はその男性成員（男兄弟）から姉妹の息子たちへ（オジからオイへ）となされる。

たとえば土地、財産や祖先祭祀の権利などは父系、母系いずれの場合もそれぞれの血統観念に従って、世代から世代へと受け継がれてゆく。中国や韓国は父系原理にもとづいて成員を明確に確定できる親族集団を作る。日本は東南アジア諸社会と同じく親族関係は父方母方の双方を等しく認識し、父方母方（夫方妻方）の双方のシンセキ関係をたどり広げてゆくことができる。どちらのシンセキ関係と親しくするかは、個々の家族ごとの事情によって異なる。こうした親族関係の認識の仕方を双系と呼ぶ。

アエタの社会は東南アジアや日本と同じくシンセキ関係の認識と実際の付き合い方は双系的である。単系原理に基づいて親族集団を作る社会に比べると双系社会では親族関係に基づく集団の構成力や統制力がきわめて緩いことは容易に想像できる。日本では双系社会の原理的な統合力の弱さを補うためにイエや同族などの擬似親族集団が作られ結束力を維持した。アエタの場合はまさにこの双方的な社会であり、しかも日本と比べると個々の夫婦家族を超えるのは、前述したような拡大家族であり、それよりも大きな集団を恒常的に作ることはない。通常は一〇～二〇ほどの拡大家族が、その幾つかの主要メンバーが互いに親族関係でゆるやかにつながっている縁によって同じ集落に住んでいる。ただし全ての拡大大家族を包摂するような上位の集団はできず、割と密な関係で結ばれた二つ三つの拡大家族がコアになっている。

それ以上の親戚関係のあり方は、一九八〇年代半ばから三〇年ほど続いたフジテレビの長寿バラエティ番組『森田一義アワー・笑っていいとも！』の「テレフォン・ショッキング」のコーナーに似ている。毎回、日替わりゲストによるトークコーナーがあり、電話でタモリと気楽に話をする。終わりにその日のゲストが個人的な知人や友人を紹介して電話をかけ、次回のゲストとしての出演をお願いする。個人としてのつながりが広がって鎖のようにつながってゆくことを象徴して、最後に「友達の友達は友達だ、輪！」と皆が言って締めとなる。あのゆるい繋がり方がアエタの親族関係のあり方にきわめてよく似ている。

集落は、人類学で言う拡大家族（一般には夫婦と子供からなる核家族とその子供らがさらに作った核家族や兄弟姉妹が作った核家族が同居している家族）がいくつか集まって形成される五〇人から一〇〇

パン＆インドン・ナサヤン夫妻の家族、カキリガン村の家の横で。調査を始めて1、2週間して少し慣れてきた頃、村人たちと仲良くなるために各家を訪れて自己紹介のようなことをして家族写真を撮った。それをマニラに行ったときに現像し村に戻ってきて配ったら喜ばれた。1977年11月。

人ほどの地縁集団である。そうした集落が二〇〜三〇ほどまとまって一〇〇〇人程度が互いの子供たちが結婚する婚姻圏を形成している。そうした社会構造のもとで結婚は二つの拡大家族の交流を生み出す契機として機能していた。が、たとえば政府やNGOによる近代化プロジェクトなどにより学校教育が入ってくると、学校に通ったり寄宿舎に暮らしたりし始めることで、それまでの婚姻圏ではなかった外側の若者と出会うようになり、若い男女の駆け落ちが頻繁に起きる。

結婚は従来の婚姻圏内のつながりの中で行うべきだとするのが年を取った世代の考え方で、別の集団との結婚は望ましいこととはされない。しかし若者たちは親に反対されても、つまり既存のネットワークを越えてでも、好きな相手と結ばれようとして駆け落ちを

パン＆インドン・ナサヤン夫妻の娘の亡
骸を囲んで悼む家族。1978年4月。

遺体は村の近くの小さな丘の藪のなかのお墓に埋葬する。1978年4月。

上：インドン・ブーハイの棺を墓地へ運ぶ。行列の先頭で息子のエストが十字架を、娘のサリーが花を運ぶ。1979年2月。
右：埋葬地には十字架と花が置かれたが、インドン・ブーハイも家族も洗礼を受けたことはなく、教会に行ったこともなかった。

南西麓の高所に位置するロンボイ集落のグループの一員が物々交換のためにカキリガン村まで下りてきた。1978年3月。

試みることが多々あった。こうした若者たちの行為は、男（少年）側、女（少女）側双方の集団を緊張関係に巻きこむ。が、駆け落ちという既成事実は双方の親族に結婚を前提とした話し合いを迫ることになる。実際に駆け落ちが起きると少年側の親族の男たちは少女側の集落にゆき、少女側ではしばしば弓矢を携え空気銃を持ち、厳しい顔をしてバンディ（婚資）の交渉に臨む。バンディの内容は、そのときの話し合いにより個々の事例によって大きく異なる。双方の親族の関係が良好で話し合いが円滑に進めば、バンディの高額化を抑えられる。バンディの品々の贈与は女側親族の怒りを和らげる働きをする。若者の無鉄砲で慣習を逸脱した駆け落ちは、バンディが合意され時間をかけて贈られることをとおして次第に女側の親族の怒りが宥められてゆく方向で落ち着く。そして従来の生活世界の拡大と再編成につながる革新的な契機となってゆくことが多い。

　しかし、もしアエタの社会が単系的、とくに父系的な血統観念を持つものであったなら、自他の集団を厳密に区別する集団が存在するために当事者の範囲は大きくなり、事態は全く別の様相を呈するに違いない。血縁関係が両親の双方をたどって認識され、しかもアエタの全体社会そのものが小さいために、たいていの場合は駆け落ちをした男女の双方とシンセキ関係にあるような人物が存在する。この緩やかな二重帰属、すなわち異なる集団に同時にゆるやかに関係しシンセキ意識を持つ者がいるということが重要で、そうした者を調停や仲裁に招くことにより、話し合い

カキリガン村でおしゃれなカップルの記念写真。アエタは写真を撮られることを嫌がることはほとんどなかった。むしろ喜び、精一杯のおしゃれをしてポーズをとってくれた。1977年11月。

結婚の際に男側親族から女側親族に贈られるバンディ（花嫁代償）の内容に関する交渉をするために、男側親族の来訪を待つ女側親族。バンディの内容（豚、布、米、ラヂオフォノ、その他）は話し合いによるが両者の関係が友好的か否かによって大きく異なる。1978年10月。

を円滑に進めることができる。そうしたアエタ社会の一種の「緩さ」ある意味では「遊び」といえるような余地があることが、近代化の影響による変化を受け止め柔らかく対応する力（レジリエンス）と関係している。

　若者たちの恋心ゆえの無鉄砲が引き起こす集団間の緊張は、バンディを巡る交渉で解決されるが、より一般的に拡大家族間の軋轢や緊張を解消する手段は移動である。第2節で紹介した移動焼畑農耕には、集団ごとにテリトリーと呼びうる範囲があり、常にはそれが重ならないようにして争いを避けている。他の集団のテリトリーで焼畑を新たに開くときには、そこの長老に話しをして許可を得る必要がある。それでも緊張が高まったときは、どちらかが引っ越して逃げてしまう。こうした棲み分けと移動が可能なのは、土地が広く人口収容力が大きい上に、小人口だからである。こうした土地に縛られない離合集散という「緩さ」も、遊動を基本とする採集狩猟社会以来の性格を保っているからと考えて良いだろう。

　このように書いてくると、アエタ社会はまとまりを欠いた社会のように思えるが、そうではない。集落ごとに有能で皆から信頼されているリーダーを持ち、そのリーダーが、集団間や集団内での問題の対応や解決に大きな役割を果たしている。典型的な人物を一人挙げるならばキャプテン・パンメリシアである。普段は寡黙だが責任感が強く誇り高く、大事なところでは皆の胸に届く言葉を発する。彼が南西麓一帯のアエタたちから尊敬されていたのは、彼自身の人柄とともに父親がアジア太平洋戦争の末期に、アメリカ人情報将校に協力して抗日アエタ・ゲリラの

カキリガン村で、小石を動かしてバンディの個々の品目と数量を確認しながら交渉を進めるボワグ集落のパン・ブラウットとカキリガン村のキャプテン・メリシア。1978年12月。

リーダーとして活躍したからであった。

社会組織のゆるさとともに他方で住民の信望を集めるリーダーの存在とが相まって、アエタ社会のレジリエンス（柔軟な危機対応力）を生み出してきた。それに加えて、時々の状況に応じて、最適の手段で食料を入手するために、それに必要な方法と技術、知識をいつでも使えるストックとして保持してきたこと、すなわち今風に言えばリスクヘッジのための選択肢をセーフティーネットとして大事にしてきたことが、彼らの柔らかな強さを支えてきた。一言で言えば併存させている多様性の活用である。それは彼らの世界観や生命観、宗教意識にも通底する特徴でもある。

カキリガン村のキャプテンのパン・メリシア。アメリカ海軍スービック基地の婦人会から寄付された古着を村人に配る差配をしているところ。1979年1月。

086

焼畑から里芋を収穫して帰る途中のパン・メリシア。贅肉のない引き締まった身体と知的で気迫ある面構えをしている。1978年7月。

たとえば一つの神やドグマを信じて堅い（頑迷な？）宗教観（信仰）や価値意識に囚われるような精神のモノカルチャーとは真逆の発想であり考え方である。それは「万物諸霊共生社会」と呼ぶべき、多元的な構成要素の相互関係によって世界が成り立っているというコスモロジー（人間・世界・宇宙観）と表裏一体である。世界の存立様態として多様性をそのままに承認し、そのなかでヒトの生活の営みを位置付ける謙虚さと結びついている。

このように生業においても、集団形成においても、精神世界においても多様な在り方、つまり様々なスタイルが生活のあらゆる局面で層をなして並存しているアエタの生活戦略の本質は、まさに多様性の共存や「重層的並存」と呼ぶべきものである。そして、二〇世紀最大の大噴火という危機において、それの潜在力が見事に発揮されることで、アエタは個人としての生存の危機と民族として存亡の瀬戸際に対処し、生き延び、「新しい人間、新しい社会」となって創造的復興を成しとげていったのである。

ここまで述べてきたことは以下のようにまとめることができる。すなわちアエタの生活スタイルを貫く生存戦略とは、まず生業や食料獲得手段における多様性を最大限に保持し続けることである。それは近年に至るまで変わりがない。ピナトゥボ山の大噴火の後には、採集狩猟から移動焼畑、常畑耕作そして水稲耕作さらには賃労働までの生業を場所場所に応じて、多くの場合は幾つもを同時に試みながら、生き延びるために必要な最低限の食料の確保を試みた。それは個々の拡大家族ごとに判断され選択されるが、もちろん同じ集落や近隣の人たちとも情報を共有し交換して判断に役立てる。そうした多様な生業の選択肢の保持を重層的並存というキーワードで呼んだ。

この重層的並存は個々の拡大家族に関して言えると同時に、ピナトゥボ山麓一帯の各集落に分散して暮らすアエタ人口の全体を俯瞰してみたときにも似たような特徴を指摘することができる。それがアエタ社会の総体としてのレジリエンス力を高めている。アエタ社会の全体を見れば、山頂に近い高所（山奥）の集落に暮らすグループでは移動焼畑農耕を主たる生業としつつ採集狩猟の比重が日常的に高かった。常畑や水田を試みたことはないし、噴火前には賃労働をしたこともなかった。多くは噴火後の一、二年を政府が造成した再定住地で過ごしてから、カナイナヤン再定住地や植生が回復した山腹地域の旧集落に戻り再び焼畑耕作を行っている。カキリガン・グループのＡＤＡとＥＦＭＤが中心となって開拓したカナイナヤン再定住地に移住してきた旧マアグアグとロンボイ集落の者たちがそうである。住居の近くで簡単な野菜作りをしたりするが、多くは焼畑農耕を今でも続けて主たる生業としている。

こうした山腹や高所と山麓低所に住むグループでの異なった生活スタイルの違いは、全体でみればアエタ社会の多様性を生み出している。山麓で平地民社会の近くに住み、平地キリスト教民との接触が多いグループでは社会文化経済変容がいち早く進む。しかし同時に近くに住む平地民と問題や軋轢が生じたり、圧迫を受けたりするときには山腹や山中に住むシンセキを頼り、一時的に避難したりする。押されたら退き、圧迫が弱まったら再び麓近くに戻ってゆく。

ある若者は職業訓練校で学んだ後に、オロンガポ市のスービック経済特区で就職して都市生活になじんでいたが、平地民の女性との恋愛関係のもつれから傷害事件を起こしてしまった。それでカナイナヤン再定住地に逃げ込むように戻ってきた。警察がやってきて逮捕されることを恐れ、そのすぐ後に旧カキリガン村あたりの地区に移り、自ら焼畑と採集狩猟をするとともに親きょうだいの助けも得てキャンプ暮らしをしていた。彼のようにカキリガン村の出身者のなかで高学歴で都市生活に馴染んでいた若者でも、山に戻り簡単に旧来の生活へと回帰するのである。この例が示すように伸縮する居住生活空間内での高い移動性と、そこでの環境に応じた多様な食料確保の選択可能性

カキリガン村から1キロほど離れたバガン村で籾米を搗く家族。1978年6月。

は、個々人とともに拡大家族を単位としても生業の重層的並存が可能にする生き方を保証している。

　それと同時に重要なのは、そうした移動を含めて山麓と山腹での生活スタイル（環境依存＝利用の仕方）の違いが、アエタの社会全体のなかでの差異と多様性を生み出し、アエタ社会のレジリエンスの源泉のひとつとなっている点である。それは個人において、また拡大家族内での生業の重層的並存に対して、アエタ社会ぜんたいを見渡したときに、かれらの生活世界・空間内における生業の並列的共存と呼ぶことができる。家族単位でもまたアエタ社会の全体でも、多様性を確保維持して危険分散を図り、必要に応じて活用して困難に対処して生き延びてゆく術が今日に至るまでアエタの生存を支えている。

バガンには元々小さな集落があったが、EFMDのプロジェクトの開始とともに移り住む家族が増えた。1978年1月。

Chapter 2
噴火の衝撃

前述したように、歴史を振り返ると、アエタの生存に関わる深刻な危機は、二〇世紀において二度あった。一度目は太平洋戦争の末期に日本軍が山中に敗走してきたときであった。アメリカの植民地でアジアにおける橋頭堡であったフィリピンに日本は六〇万人の軍隊を送り込んだ。敗色が濃くなり山下

1991年7月の水蒸気爆発。大噴火の後も大雨が降るたびに地中に浸み込んだ雨水がマグマに熱せられて小爆発を繰り返した。山本宗補氏提供。

奉文司令官がマニラ無血開城の宣言をしたあと、ルソン島にいた日本軍の主力部隊は島の北と東そして北西の三方向へと分かれて撤退した。そのうちのひとつがピナトゥボ山系へと撤退する部隊であった。そこで生き延びるために日本兵は、アエタの焼畑の作物を堀り尽くすように奪ったという。多くの日本兵が飢餓と疾病のために命を失ったが、種イモまでも失ったアエタの側も食料不足に苦しんだ。彼らがなんとか生き延びることができたのは、山中の山菜・野草・野生イモを採集し川の魚を捕り、時に森の動物（猪や鹿）を狩りして食料を得ることができたからであった。

二度目の危機はピナトゥボ山の大噴火による被災であった。降り積もった灰砂のために自然環境が一変し、自然の恵みに支えられた生活ができなくなった。彼らは一時避難所やテント村などで半年あまりを過ごした後、マジョリティである平地キリスト教民の村の近くに政府が造成した再定住地に移り住み、そこでの生活再建を余儀なくされた。まったく新しい生活環境と貨幣経済で動くシステムのなかに身を置き、政府の職員やNGOのスタッフらと交渉し、近隣の平地民たちと交流しながら生活を再建していったのである。

噴火の直前に，EFMDスタッフとカキリガン村の有志アエタら10名ほどが噴煙をあげ始めたピナトゥボ山頂近くまで偵察登山をした。Melanie J. Macdermott はハーバード大学院生でアメリカ平和部隊のプログラムで噴火前のADAに派遣された。1991年5月。マクダーモット氏提供。

1 噴火

噴火の前までの彼らの生活は、贅沢とは言えないが、雨期に大雨が何日も続いて畑に作物を取りにゆくことが難しいとき以外は飢えに苦しむことはほとんどなかった。ところが一九九一年六月一五日、ピナトゥボ山が大爆発したことで彼らの生活が一変した。

噴火のピークはお昼をはさんで三〜四時間続き、ルソン島中央部の大部分がまるで夜の闇に包まれた。ちょうどその時に接近していた台風による大雨によって降り積もった火山灰はすぐに水を吸って重くなり、屋根が落ちて倒壊する家屋が続出した。遠く離れたマニラでも大量の灰が降り空港が閉鎖された。滑走路に厚く積もった灰砂を取

1991 年6月12 日の中規模噴火。山裾の白い建物はクラーク空軍基地。Chrstopher G. Newhal (ed.), *Fire and Mud* の表紙写真より。

り除き水洗いが終わるまで、国際航空便は一週間ほど、国内航空便は三週間ほどキャンセルが続いた。飛行機のエンジンが灰砂を吸い込んでトラブルを起こすと深刻事故につながるからであった。大噴火が起きたとき、私はパナイ島・アクラン州ドゥムガ村にいて、雑音混じりのラジオニュースを聞いていた。マニラから三五〇キロほど離れたその村でも、翌朝七時前に細かな火山灰が空からゆっくり静かに降ってきた。三〇分ほど続いて点々とシミをつけるようにして地面を覆い、やがて一面がうっすらと白灰色になり熱帯の雪景色を呈した。

ピナトゥボ山の東側の麓に位置するアメリカのクラーク空軍基地も大きな被害を受けた。その復旧にかかる費用と東西冷戦が終わった後の基地の機能と重要性を再検討し、アメリカは噴火

1991年6月29日の空撮画像。マレーラ川流域（手前）とバリン・ブケロ川支流（遠方）が火砕流堆積物にすっかり埋まっている。火砕流堆積物上の黒い筋は、雨によって発生したラハール（撮影：米国地質調査所）。

から一年後にはクラーク基地のみならず、フィリピン全土にある米軍基地のすべてを完全撤収させた。それによる南シナ海の力の空白を埋めるように中国が南沙諸島や西沙諸島で環礁の埋め立て工事を始め、海洋進出の拠点づく

りを精力的に進めた。ピ
の大噴火は、そこに住ん
だけでなく、フィリピン
アジア＝アセアンの政治
て国民生活にも大きな影
とになったのである。

上：オロンガポ市のスービック米海軍基地。1991年7月8日。
右：ピナトゥボ山から南に40キロほど離れたスービック米海軍基地にも20センチ近くの火山灰が積もった（Alamy／アフロ）。

ピナトゥボ山東麓のクラーク米空軍基地には30センチを超える火山灰が降り積もった。鉄骨トタン屋根の格納庫や倉庫などの建物はその重みで、さらにその後に降った雨を吸い込んでさらに重くなったに重みで大きく破損した。大噴火の直前にはクラーク空軍基地のおよそ2万人の兵員軍属がスービック海軍基地へと自家用車やバスで一斉に避難した（Alamy／アフロ）。

噴火するまでのピナトゥボ山は、山麓に暮らしてきたアエタは別として、フィリピンの人びとにはほとんど知られていない地味な山で、火山学的な研究もほとんどなかった。しかし1991年3月、明瞭な異変を告げる活発な地震が始まり4月には水蒸気爆発を起こし、火山学者たちによる緊急の調査で、15世紀にも大規模な噴火が起きていたことが分かった。5月に入ると爆発的噴火が起きる予兆が観測され、6月3日には最初のマグマ性噴火、6月7日ついに最初の爆発、その後断続的に噴火を繰り返しながら14日から15日にかけては24時間連続する噴火を起こし、大規模な火砕流や火砕サージが峡谷沿いに流れ下った（HEMIS/アフロ）。

噴火によって山頂部分は吹き飛ばされて大きな火口湖ができた。噴火前に1,745mあった標高は噴火後には1,486mとなった。山本宗補氏提供。1992年。

2 被災から復興へ

産みの苦しみ

噴火活動については、フィリピン地震火山研究所とクラーク空軍基地が協力してピナトゥボ山の一帯に地震計を設置し噴火の兆候を早くから捉えてモニタリングを続け、爆発の日取りをほぼ正確に予測していた。そのため近辺の住民の直前の緊急避難が功を奏し、噴火の規模に比して直接の死者は八〇〇名を超えるにとどまった。多くは建物が倒壊して下敷きとなったりして亡くなった平地キリスト教民であった。実はアエタは初めは山を下りて避難することを躊躇したが、それは地元の町や村に住む平地キリスト教民による差別や偏見を嫌ったからである。

下山して避難せず、洞窟に逃げ込んだ住民107名が洞窟内まで激しく吹き込んできた火砕流で焼死した。一人一人の名前を上げながら総数を確認するセビオ・パカウェン。1991年7月。山本宗補氏提供。

しかし大噴火の一週間ほど前、クラーク基地からアメリカの軍人・軍属その他の関係者がスービック海軍基地へとバスや自動車を連ねて一斉に避難した。新聞の一面でも写真入りで報道された。その動きによって地元の町や村の長や職員らが噴火が切迫していることを実感し、アエタの村々に使者を送り下山を説得した。道路で入れるところまではバスやトラックを送り、避難してきた人々を乗せて一時避難先の学校などへピストン輸送した。アエタ自身も火山活動が活発になっていることを実感し、説得に応じて山を下りた。しかし最後まで下山を拒み山中の洞穴に避難したロンボイとマアグアグの両集落の一部の村民らは火砕流に襲われ、一〇七人が焼死した。

だが避難した先の生活も過酷であった。噴火とほぼ同じ頃に始まった雨期

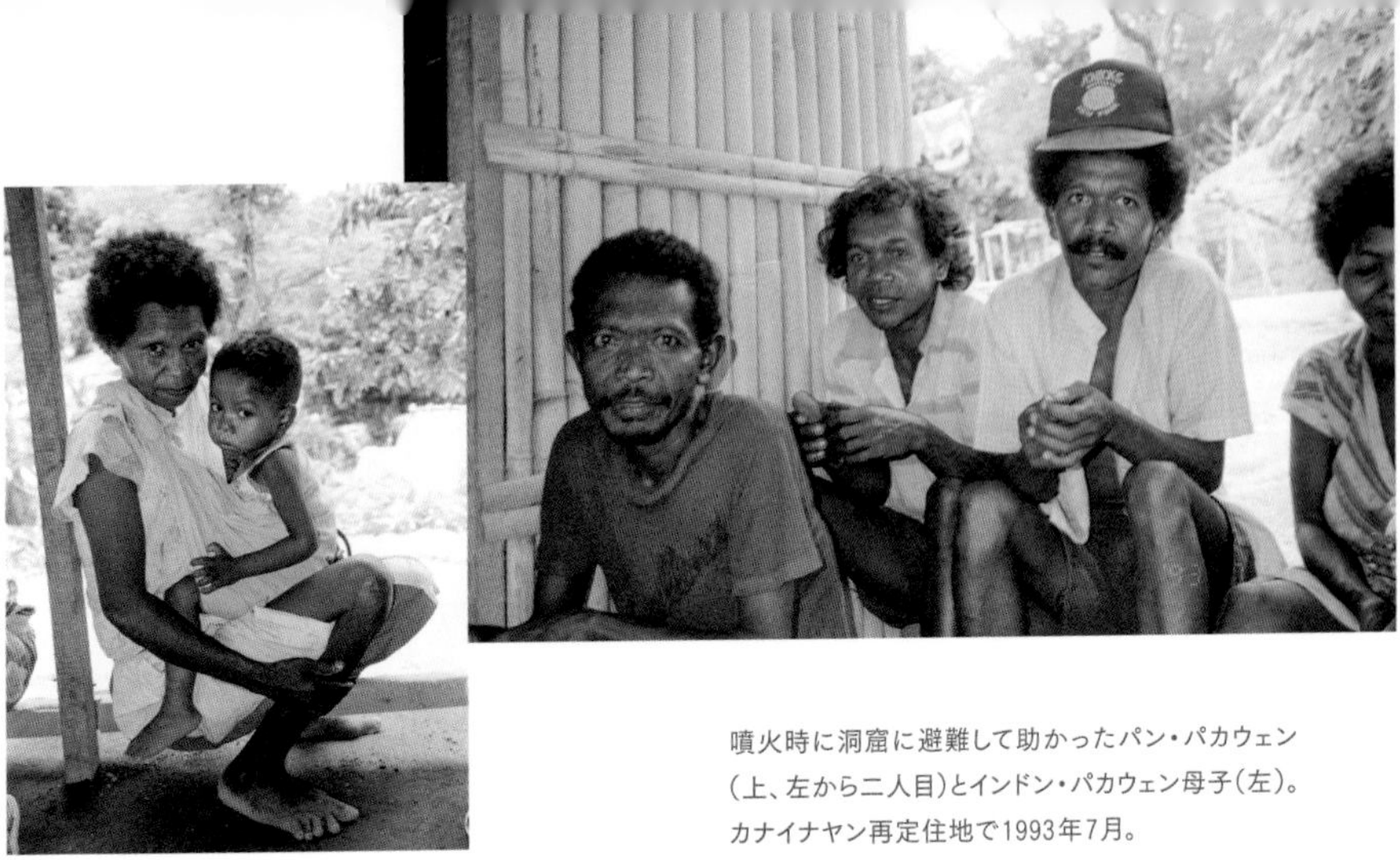

噴火時に洞窟に避難して助かったパン・パカウェン（上、左から二人目）とインドン・パカウェン母子（左）。カナイナヤン再定住地で1993年7月。

のあいだ、一時避難所やテント村の衛生状態は悪く、アエタが免疫をもたない麻疹（ハシカ）や肺炎などの疾病が流行し七〜八百名が死亡した。噴火が鎮まった後も、毎年のように雨期になって大雨が降ると山腹に積もった灰砂を押し流し、ラハール（火山灰泥流氾濫）を発生させ下流の川原を埋めていった。ピナトゥボ山に水源をもち国道沿いの町サン・マルセリーノの先で南シナ海に流れ込むサント・トーマス川の横にあったカキリガン村も、数年で三〇メートルほどの土砂に埋まり、村で一番高かった小学校の国旗掲揚ポールも消えてしまった。学校建物はもちろん、カキリガン村にかつての生活の痕跡は何も残っていない。

　このように、大噴火によって、アエタは住む場所を失い生活の場と生存の基盤が破壊された。何年にも及ぶ噴火災害は、アエタに耐え難い苦難と困窮をもたらした。しかし山腹や山麓に降り積もった火山灰は雨期の大雨のたびに押し流され、そうした場所では部分的にではあるが、山の植生が急速に回復していった。それにつれて一時的に山に戻り、かつての生活、つまり移動焼畑農耕と採集狩猟活動を再開する者たちも増えていった。彼らの多くは、平地民の町や村の近くに政府が建設した再定住地を拠点にしつつ、必要に応じて一時的に山に戻って農作業をして食料を確保するのである。しっかりと統計調査をしたわけではないが、数年のうちにおよそ半数近くがそうした生活をしながら噴火後の生存危機に対処していった。次章以降で詳しく紹介するように、彼らは非力で弱々しい犠牲者 (victims) から艱難困苦を克服した生存者 (survivors) となり、さらには自立＝

カキリガン村にもっとも近い国道沿いの町、サン・マルセリーノの公設市場は噴火時の降灰砂のために屋根が落ち、壁も破損した。1991年8月。

サン・マルセリーノ町からカキリガン村にゆく途中の橋は1980年代の半ば過ぎに建設されたが、噴火後のラハール（土石流氾濫）によって橋桁が破損してしまう。1991年8月。

自律し自尊する先住民（*katutubo* 原義は原住民）へと変わっていくのである。

サンバレス州・パラウィグ町のテント村。手前の大型テントは国境なき医師団の診療所。1991年7月。有光健氏提供（Jun Magno氏，AVN撮影）。

テントのなかの様子。雨が降れば地面はぬかるみ、晴れれば中は蒸し暑くなる。アエタはトイレを使う習慣がなく外で排便し、それが地中に染み込んで浅井戸を汚染する。多くが慢性的な下痢に悩まされ、体力を消耗し、感染症への抵抗力を弱めた。母親に抱かれた赤児は下痢が続き痩せ細っていて、2、3日後に亡くなる。1991年9月。

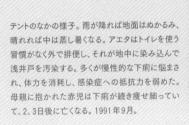

テント村のなかの様子。バケツの水で流す共同水洗トイレが設置されたが、それを使わず戸外で用を足す者も多かった。1991年10月。

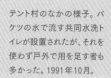

サンバレス州中部ボトラン町の近郊に造成されたバキラン再定住地。ブカオ川はピナトゥボ山から押し流されてきたラハールが堆積して川幅が2〜3キロに広がった。1991年11月。

川岸を埋めた灰砂は2mほどになり子供の背丈よりも厚い。
1991年11月。

湖に沈んだアグラオ村。中心部の教会は、尖塔の十字架のみを残す。手前は小学校の建物。1991 年11月。

ピナトゥボ山（中央奥）の南西山腹から大雨のたびに押し流されサントトーマス川で運ばれてきた灰砂が、右手から合流する川を堰き止めてマパヌエペ湖を作り出した。その湖底にはアグラオ村やピリ村など平地民の4つの村が水没している。1991年11月。

湖岸のマカランに建設された自主的な再定住地で、アエタと平地民が混住する。1992年11月。

ピナトゥボ山腹斜面に降り積もった火山灰や砂礫は大雨のごとに大量に洗い流され、ラハール(土石流氾濫)となって川岸の村を埋めていった。旧カキリガン村は、中央の左手奥、ラハールの出所あたりに位置していた。1993年3月。

3

巻き込まれてゆく人類学の始まり

噴火の少し前の三月末から、私は九州大学教養部の同僚たちの配慮と理解によりサバティカル(研究専念休暇)でフィリピンにゆくことができた。アテネオ・デ・マニラ大学での客員研究員受け入れの手続きを終えてすぐ、四月初めにカキリガン村へと向かった。マニラからバスに乗った時に買った新聞には、ピナトゥボ山が噴煙を上げ始めたとの記事が写真とともに載っていた。そして六月一五日、大噴火の当日に私は四〇才、不惑の誕生日を迎えた。偶然の一致だろうが、私自身にはそれには大きな意味があるように思えた。

そこで当初の研究計画を断念し、日本の小さなNGO(AVN)のボランティアとして、緊急支援の活動に関わることにした。パナイ島のアクランから戻ってきて投宿したフィリピン大学キャンパス内のゲストハウスには、被災地の緊急支援準備のために来訪していたアジア人権基金の代表の有光健さんが泊まっていた。そこの食堂で彼と出会ったことで、私もその活動に深く関わることになったが、その経緯は第3章と第7章でも詳述する。初めは訪れる報道関係者やNGOスタッフ、ボランティアらのために現地の案内や通訳、アエタの文化や社会の説明などをした。一年のサバティカル休暇が終わる九二年三月末までそうした活動を続けた。

帰国した年は、夏、冬、春休みに再定住地を訪問した。その後は、年に一度か二度の再訪を続けた。一九九八年からは北ルソン・イフガオ州ハパオ村で

1991年11月、テント村でアジア人権基金の有光事務局長とともにパン・ミクラン氏の話を聞く。撮影・越田清和氏。

住民主導の植林と棚田保存の活動の調査と支援に軸足を動かした。しかしそこへの行きか帰りの途中に、いつもピナトゥボに立ち寄った。初めは友人知人の苦境をみてボランティアとして始まった彼らへの支援の活動は、いつしか彼らの生活再建と復興の歩みを、そして自己意識や世界観の変容を身近で目撃し、伴走するレポーターとして紹介する役割や活動へと変わっていった。期せずして私は、彼らにとって噴火の被災が新しい人間・新しい社会を生み出す「産みの苦しみ」であったことを目撃できたわけである。それは先住民としてのアエタ民族の新生と呼ぶにふさわしい「創造的復興」であった。その過程をつぶさに報告し人類学としての考察を加えることが、これまでの私の仕事だった。

　学術的な意味では、これまで私の書

1991年11月、ヴィクター・ヴィリヤ氏の話を聞く。撮影・有光健氏。

1991~1996年に100人以上に被災体験談の聞き書きをした。うち30ほどをフィリピノ語=英語で本にまとめてマニラで出版し、語り手や友人・知人、学校図書館などに寄贈した。被災の経験や噴火前の暮らしの様子、思い出などを次世代の若者やアエタ以外のフィリピン人に伝えるためであった。上は、カナイナヤン再定住地でマアグアグ集落のキャプテンのパン・ブランサ氏。右は、バキラン再定住地で西麓ヴィリヤール村出身のグロリア・ブラタオさん。彼女は1993年に日本のNGOの招きで3ヶ月ほど日本に行ったことがあり、帰国後は先住民委員会のイバ・事務所で働く。2002年3月。

いてきたものは、アエタの底力や潜在力をレジリエンス（危機への柔軟対応・回復力）とトランスフォーマビリティ（変容可能性）というキーワードを用いて説明し、その内容を分析し考察することであった。しかし序文で述べたように、彼らの底力をヒトが有する潜勢力や可能性、生存戦略の一例として紹介することが、爆発的な経済拡大の発展経路に巻き込まれ、人新世と呼ばれるに至った危機の時代を生きる私たちが、いったん立ち止まってみるきっかけになることを、いま切に願っている。正直に言えば、私自身が欲望とりわけ物欲さらに金銭的な「豊かさ」を願っている。けれどもそれを追い求める生活と人生には不安や不全感を覚えてしまう。地球は温暖化の閾値を超えて沸騰化し始めていると言われている。人間の活動が与える負荷が大きすぎて、自然環境がほんらい有する復元力が発揮できなくなっている。果たしてこれでいいのだろうか、このままやってゆけるのだろうか。そうした感覚をもつのは、おそらく私だけではないだろう。だからこそ、私たちが今ここで立ち止まり、明日の社会の在り方や作り方を考えるために、アエタの経験と生活の構えから多くの刺激や示唆を得られるのだと思う。

噴火からほぼ10年後に、カキリガン村（のあった場所）をEFMDディレクターのルフィーノ・ティマ氏の遺影とともに訪れる。アロマ夫人と末娘インボン、噴火後に海外青年協力隊員としてEFMDに派遣され、そのまま日本のNGO（IKGS）の現地駐在員となって植林と農業支援を続ける冨田一也氏らと共に訪れる。コンクリートブロック建の小学校も、国旗掲揚ポールもすべて灰砂に埋もれていた。2012年1月。

Chapter 3

創造的復興へ

自然災害は、その被災者たちに多大の苦難をもたらす。かけがえのない者たちを奪われ、慣れ親しんだ生活世界が崩壊したことがもたらす被奪と喪失の悲しみは、長く癒されることはない。それらがもたらす苦痛と困窮を軽減するために、行政、NGO、復旧・復興事業に関わるさまざまな専門家・技術者、その他の関係者が最大の努力をすべきであることは、常に心に留めておかなければならない。

　ただし、被災者はいつまでも無力で可哀想な存在ではない。新しい環境に適応して生き延び、自立自存の生活を取り戻すための奮闘をとおして鍛えられ、新しい考えや知識、経験、技術などを身につけてゆく。結論を先取りして言えば、カキリガン・アエタにとって噴火の被災は、彼らが新しい人間そして民族として生まれるための産みの

苦しみであった。

その際には、自助・共助・公助などの「内助」に加えて、旧来の境界を越えた外部からの支援、すなわち「外助」および外部世界との交流が、復興の促進と新しい人間・社会の創出に大きな役割を果たした。また自然環境の激変に対して個人や集団が柔軟に対処して生き延びてゆくためには、生存条件が劣悪となった土地から逃れて別の場所に移住する選択肢も有効であった。カキリガン・グループの被災と生活再建の歩みに三〇年以上にわたって長く伴走してきた経験から、私は迷うことなくそう言える。

彼らの生存戦略の根幹は、生産性や効率よりも生き続けることである。そのために選択肢を多く温存保持して危険分散を図り、頻繁な移動・移住を組み込んだ流動性の高い生活スタイルを好む。それはフィリピンがスペインとアメリカに植民地化されたことによってモノカルチャー（商品作物の単作栽培）が導入され、「農民」の困窮が生じた歴史発展経路からの意図的なスピンアウト（逸脱）である。日本でも、中世から近世にかけて領主の厳しい徴税に反発し抵抗して、「山野に入る」や「山林に交わる」などと言われた逃散という行動を取った人々がいた。それと相通じるところがある。

大噴火から一ヶ月あまりしてサンバレス州の一時避難所に友人知人らを初めて訪ねた頃は、その一五年前にフィールドワークをしていた時には山での生活の仕方を丁寧に教えてくれて頼り甲斐のあった彼らが途方にくれ困惑して弱々しくも感じられた。それで恩返しのつもりで日本のＮＧＯ（アジア人権基金がピナトゥボ被災者救援のためにマニラで設立したアジア・ボランティア・ネットワーク—ＡＶＮ）というＮＧＯの現地ワーカーとなった。ＡＶＮは緊急医療支援と食料配布を活動の柱とし、日本からは順次三名の医師（藤塚・澤田・山村医師）を一ヶ月から半年ほどの期間ずつ派遣した。施設とスタッフの確保など自力で診療所を運営することができないため、ＡＶＮは国境なき医師団に協力する形で活動した。

日本からAVNに派遣され、パラウィグ・テント村の国境なき医師団のクリニックで診療にあたる山村淳平医師。1991年10月。

私はＡＶＮのボランティアのほか、機会が与えられれば新聞や雑誌などに喜んで寄稿し、取材に訪れた記者やジャーナリストを案内し、またインタビューに応じて、アエタが民族の存亡の危機にあることを力説し、格別の支援をお願いをした。[5] 噴火によって自然の恵みに支えられた固有の生活基盤を失い、それと深く結びついた文化の存続が困難になると危惧したからであった。

（5）清水（一九九一a、b、一九九二a、b、c、d、e、一九九三）など。それ以外にもＮＨＫのドキュメンタリー番組・ＥＴＶ特集「ピナトゥボ噴火・フィリピン・アエタ族の苦難——①精霊への祈り②援助はどうあるべきか」（一九九八年一月二八日、二九日放映）の制作に協力し、出演したりした。

国境なき医師団（MSF）のスタッフとともに、パラウィグ・テント村からマニラに戻る途中の昼下がり、突然の豪雨と洪水のために車が数珠繋ぎとなって動けず、バコロール町で1昼夜の足止めとなる。1991年11月。

ケソン市ティモグ通りのAVN事務所の前で経理・事務担当のティナと。その前にティナは私が客員研究員として所属したアテネオ・デ・マニラ大学フィリピン文化研究所で調査助手をしていた。この後、米軍基地で働いていたフィアンセと結婚してともにアメリカに移住した。1993年7月。

左上：ケソン市のAVNオフィスの前で。左に立つ女性はAVNのフィリピン事務所長のレミア・ダンシル医師。右下の男性は早稲田大学の西川潤教授。1993年3月。
左下：西川ゼミの学生らとともに、サン・マルセリーノ町サン・ラファエル村の近くで。左に立つ青色のTシャツはアジア人権基金の有光健ディレクター。1993年3月。

バギラン再定住地で子供たちに給食を提供するAVNの現地ボランティア。1993年3月。

一九九二年三月末に帰国した後、五月末に南山大学で開催された文化人類学会の年次研究大会の会場では、写真家の山本宗補氏に提供された噴火と被災の白黒ドキュメント写真をピナトゥボ救援の会が五枚の絵葉書セットにしたものを、友人知人らに（親しい仲ならば押し売りのようにして）買ってもらい売り上げに協力した。振り返れば、それが応答の人類学やコミットしてゆくフィールドワークなどを言い始め、その方向への転身の踏ん切りとなった。売ってお金を集めて終わりではなく、皆さんにお願いしコミットした以上は引き返せない、逃げられないという気持ちになった。初めは軽い気持ちで販売協力をしたのだが、人類学者のフィールドワークとコミットメントについて、だんだんと真面目に考えるようになった。

しかしその後の経緯においては、幸いなことに私の心配は杞憂となって民族の存亡という事態には至らず、最悪の事態は避けられた。のみならず、逆に彼らは新しい人間としての意識と新しい民族としての自覚を持ち、フィリピン社会の一員としての居場所を確保していった。ただし他方で噴火による打撃は、以前は比較的均質であった山麓一帯のアエタ社会の中で、個々人やグループの意識と生活様式の変容そして多様化を急激に進めた。被災して二、三年後には山に戻って焼畑農耕と補助的な採集狩猟による伝統的な生活に戻った者たちがいる一方で、再定住地を生活の拠点としてフィリピン社会・国民の一員であり同時に先住民でもあることを強く自覚して「新しい人間」となり、自立自存――それは自律自尊でも

比ピナトゥボ被災民の「固有の生活文化を守る援助」を訴える

ひと

清《し》水《みず》 展《ひろむ》さん

横須賀市出身。東大卒。九州大学教養部助教授（文化人類学）。アエタ研究の成果『出来事の民族誌』で昨年、日本民族学会の渋沢賞を受賞。41歳。

「これからが、アエタの人たちにとってほんとうに厳しい試練の時がくる。国内外の関心は薄れてきているし、雨期になれば、積もっている火山灰が再び流れ出す。急激な生活環境の変化で、固有の生活文化を失う危機に直面しています」

昨年六月の、フィリピン・ルソン島中部のピナトゥボ山噴火で被災したアエタ族、二万人余。同山を「祖霊の地」と仰ぎ、山ろく一帯を生活圏に焼き畑農耕と補助的な狩猟、採取で暮らしを立て、独自のライフスタイルを保持してきた。

それが今、土地は火山灰に覆われ、政府などが設営したキャンプ地で先行きの見通しのない生活を余儀なくされている。自立の道を探るには、再定住先の農地はあまりにも狭い。

文化人類学の対象としてアエタの人たちに関心を抱いたのは十五年前。マニラの大学に留学してからで、持ち前の好奇心と人なつこさを頼りに二十カ月、山で暮らしを共にした。

「ただの『未開人』とみなされがちだったが、一緒に生活して驚いた。自然と共生する知恵の深さを知り、ふるえるほど感動した。例えば、焼き畑。環境破壊のイメージがあるけど、実際は下草などだけを焼き、けしてやり過ぎない。自制の知恵を共有しているんです」

一年前から「大衆文化」などの調査で再びフィリピンに。そこで出くわしたのが、六百年ぶりという大噴火だった。再定住先を歩くと心が痛む。

四月に九大の教壇に戻るが、「開発信仰」に支えられた従来の途上国援助の発想から抜け出て、「固有の生活文化を守ることへの援助」を訴えたいと言う。（マニラ＝大野　拓司）

アエタ被災者の支援活動が、1992年3月24日の朝日新聞で紹介される。

山腹斜面に積もった灰は雨季の大雨のたびに下流に押し流され、植生が急速に回復し、農耕が可能になる地区も出てくる。1991年11月。

ある——の歩み、すなわち創造的復興をなしとげていった者たちがいる。両者はそれぞれ全体の一〜二割と言えるが、ほぼ全ての人々、すなわち多くの個々人やグループは、意識と生業・生活スタイルに応じて、その両者を両極とするスケールのどこかに位置づけられる。ただし状況に応じてその両極のどちらかに引き寄せられたり戻ったりして揺れ動く。

山での焼畑農耕を主とする生活に戻った人たちも、南西麓の高所のロンボイ集落の人たちのように、生活の拠点はカナイナヤン再定住地に置き、子供たちをそこの小学校に通わせるようになった。そしてカナイナヤンでカキリガン出身の人たちと密に接触するようになり、その影響を直接間接に受けて、ゆっくりと新しい世界観と自己意識を

西麓ヴィリヤール村近くの山腹の焼畑からバナナとサツマイモを収穫して戻る家族。足取りは軽く笑顔を浮かべており、生活再建が順調に進んでいることを実感した。1993年3月。

左：AVN代表の有光健氏や元村民らとともにラハールで埋まったヴィリヤール村を訪れる。真夏の炎天下に川沿いを6〜7時間ほど歩く。2Lペットボトルの水を3本持っていったが大量の汗をかき、足りないほどだった。
下：川筋の奥に小さな人影が見える。1996年3月。

噴火から2年足らずでボワグ集落へと戻った老夫婦。再定住地で平地民と接することの多い生活を嫌い、山での暮らしを選んだ。そこはカキリガン村から30分ほど緩い坂を上がった台地にありラハール(土石流氾濫)の被害を受けなかった。1993年9月。

左:サンバレス州カステリホス町郊外のADAオフィスで会議するADAの役員たち。1997年4月。
下:カナイナヤン小学校の教室で、村長をはじめとする役員の選挙をする。村民は候補者の顔写真の前の容器に投票用紙を入れる。1997年4月。

持つようになっていった。カナイナヤンでも小さな谷筋をはさんで、カキリガン、ロンボイ、マアグアグの各集落ごとに住み分け、それぞれの旧村への帰属意識は強いが日常的な接触と交流が格段に密になったのである。

この章では、噴火後の避難から生活再建のための奮闘そして創造的復興へという経緯について、主に南西麓のカキリガン・グループを中心に振り返りたい。

1 暮らしを取り戻す奮闘

ピナトゥボ山一帯で暮らしていたアエタの大半は噴火の前に山を下りて一時避難所へと移り、さらに噴火後に仮設のテント村へと移り住んだ後、政府が急ぎ造成した九ヵ所の「高地民用再定住地」へと順次移住していった。雨期の終わる一一月頃からのことである。サンバレス、パンパンガ、ターラックの三州に点在するそれらの新居住地は平地民の町や村などから二、三キロほど離れた未利用の荒地であった。数百家族を受け入れる広さがあるとはいえ、それらの土地は、元々農業のためには水利や土壌その他の条件が悪いために活用されていなかった場所であった。

用意された農地は狭く（一家族当たり〇・二～〇・三ヘクタール）石ころが多く痩せていた。当初はフィリピン政府や各国のODA、国内外のNGOなどの緊急支援によって食料（米や缶詰、即席麺など）その他の生活必需品の配給を受け、その後は失業対策事業（Food/Cash for Work——再定住地および周辺の道路・公共建物ほかのインフラ整備）によって米や現金を支給された。それらも一～二年ほどで打ち切られてしまった。

他方で多くの国内外のNGOが、豚の飼育や手編み籠その他の手工芸品の製作販売などの生計プロジェクトを提供し技術指導をしたりして支援したが、ほとんど成功しなかった。養豚は商品として売られている餌が収入に比して高価であるために買えず、また豚の餌に回せる野菜くずや食べ残りも日常生活ではさほど多く生じなかったからである。手工芸品の制作も出来栄えが必ずしも魅力的ではなく、無力でかわいそうな被災者の支援という物語とともにNGOの支援者らが優先的に買い上げてくれる以外に、販路を開拓できなかった。

しかもそれらの支援は二、三年で打ち切られた。すると人々は、近隣の村や町の土木建設事業に雇われて働いたり、農家の手伝い仕事をしたり、インフォーマル・セクターで雑業に就いたりという風に、あらゆる収入機会にチャレンジしていった。もとよりそうした雑業は不安定で失業するようなことも多々ある。そんな時アエタ達は、山に戻って焼畑作業をしたり、出作り小屋で数日滞在する合間に採集活動をしたりして、必要最小限の食料を確保していた。野生バナナの花芽や蜂蜜その他の森の産物や木炭造りが現金収入の一助となった。実は環境保護のために伐採は禁止されていたのだが、アエタの生業としてはほぼ黙認されていた。つまりアエタ被災者の多くは生活の拠点を再定住地に置きつつ、一時的に山に入って焼畑作業をしたり採集活動をする、いわば「遠距離通勤の焼畑農家」となったのである。喩えて言えば、平日はサラリーマンや公務員として働き、土日に田畑で働く日本の兼業農家に似た生活といえる。

カナイナヤン村への上り口まで炭を下ろし、トライスクルで町のマーケットまで運ぶ。2012年12月。

2 カナイナヤン再定住地の建設

こうしてカキリガン村の人々は、ピナトゥボ全域の被災者のなかでは新たな生活環境への適応と生活再建に成功した事例となったのだが、そこには理由がある。第1章で紹介したように、色々と問題や試行錯誤があったにせよ、噴火以前のEFMDによる開発プロジェクトの実施と、その受け皿となった住民組織アエタ開発協会（ADA）の活動が、村人に自主性と外部世界との関係の作り方に関する多くの知識と経験を用意していたからであった。

少し時間を戻そう。大噴火の一ヶ月ほど前から、カキリガン村のアエタの大半は、サント・トーマス川の下流にあってカキリガンに近く平地キリスト教民が住むサン・ラファエル村の小学校などへと少しずつ避難を始めていた。さらに大噴火の直前には、四〇キロメートルほど離れたオロンガポ市の後背地の丘の上にあるニュー・カバラン小学校へと避難した。そこはスービック

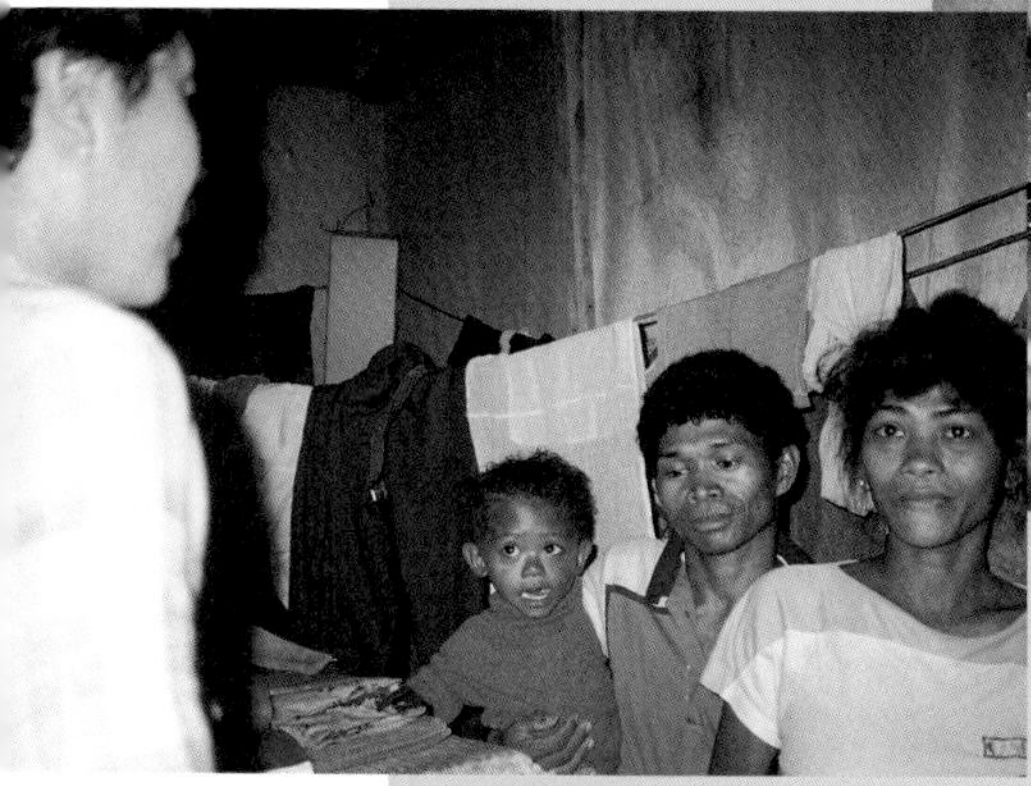

右：カキリガン村の友人たちが一時避難したオロンガポ市郊外のカバラン小学校の前で。1991年8月。
左：避難所で友人のホリアーノ＆コラソン夫妻。1991年8月。

サン・ラファエル村に避難しているアエタに、自分が責任を持って庇護するからオロンガポ市に避難するよう説得演説をするゴードン市長。弱者に優しい頼れる親分（パトロン）というイメージを打ち出した。1991年6月。

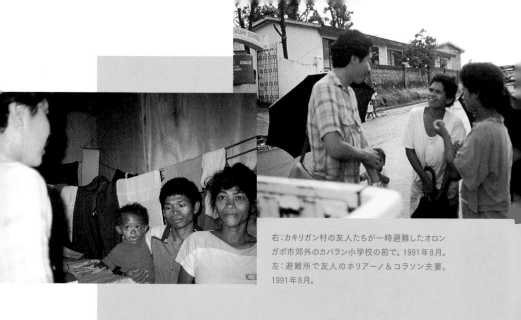

カバラン小学校の一時避難所からイーラム再定住地へ引っ越しする友人家族の荷物を背負って丘を上がる。1991年12月。有光健氏撮影。

イーラム再定住地に移住した旧カキリガン村の村民たち。清水の前の白い長袖シャツはヴィリヤ氏、右に赤児を抱いて立つのはピイチャイ。1992年3月。

海軍基地で働くアエタたちが一九六〇年代に開いた集落であった。そこを避難先として選んだのは、親戚や友人知人が住んでいることもあったが、何よりオロンガポ市のディック・ゴードン市長がADAのリーダーであったヴィリヤ氏を説得し、移動のためにトラックを差し向けてくれたからであった。ゴードン市長はアエタ被災者のパトロンであることを自認し、さまざまな機会でそれをアピールした。そして実際、噴火からほぼ一年後にアメリカ軍が撤退してフィリピン側に返還されたスービック海軍基地跡に経済特区が建設された際には、アエタ被災者を特区内の各種雑業に積極的に雇用した。

カバランの小学校での一時避難ののち、アエタ被災者たちは谷をはさんで反対側の丘の上に造成されたイーラム再定住地へと移住することを指示され

再定住地用の土地を求めて農地改革省に陳情した後に、ケソン・メモリアル・サークル公園で集会を開き、テレビ取材を受けるカキリガン村のリーダーのヴィクター・ヴィリヤ氏。プラカードには「原住民の権利、闘おう！」や「おい、目を覚ませ、問題は続いているぞ」などと書かれている。マニラ在住の日本人女性らが組織した「ピナトゥボ救援の会」は、彼らの昼食用におにぎりと副食、飲み物を用意した。1992年1月。

た。そして一二月頃にイーラムへと引っ越しするとともに、ADA代表のヴィリャ氏を中心として、自分たち自身で、生活再建のために条件の良い土地、具体的にはカキリガンからさほど遠く離れてはおらず山での焼畑もできる再定住地を探し始めた。

そしてサン・マルセリーノ町の南に接するカステリホス町の郊外の山斜面に位置するカナイナヤン地区の一五〇〇ヘクタールほどの国有地を選び、二台のバスに分乗してケソン市の農地改革省への陳情を行った。その様子がテレビ・ニュースで放映されたこともあり、改革省の長官はその国有地の開発利用権を速やかに認めた。裏手の山に登れば眼下にラハールに埋まったサント・トーマス川と、その向こうに直線距離で一五、六キロメートルほど離れたピナトゥボ山を遠望することができるカナイナヤンは新しい故郷とするにふさわしかった。

　カナイナヤン地区への移住の中核になったグループは一〇〇以上の家族世帯だったが、すでに雨期のさなかの八月頃にはニューカバランの一時避難所を出て、カキリガンの下流に位置するサン・マルセリーノ町郊外のカソイ地区やパラン地区の一画に、救援物資の保管テントを張ったり仮小屋の住居を立てたりして移り住んでいた。それ以前、避難所となっていた小学校の教室にすし詰めとなって暮らす中で、大人も子供も次々と下痢をして病気になり、とりわけ幼児と子供たちの死が相次いだからであった。密集して暮らす生活は彼らにとって強いストレスを生み、心身の不調を引きおこした。また少しでもピナトゥボ山に近いところ、できたらその姿が見えるような所が安心できて落ち着くから、という理由もあった。そこは政府が指定した再定住地でなかったために公的な生活支援は十分ではなかったが、ＥＦＭＤが全面的に支援した。ＥＦＭＤは、噴火後には被災者の救援と復興支援のためにカキリガンでのプロジェクトを一貫して支援してきたスイスのＮＧＯ・ＨＥＫＳから新たに年間三〇〇万ペソ（約一二〇〇万円）の予算を追加で支給されていた。

　カバランからイーラムへと移り住んだアエタの多くもすぐにカナイナヤン地区へと移り住んだが、イーラムにと

カナイナヤンの近くに畑地を開くために、Food for Workのプログラムで雇われ叢林を伐採する村人たち。1993年3月。

どまる家族も四分の一ほどはいた。彼らはアエタ開発協会の主要メンバーと家族であり、平地民との付き合いや交渉に気後れすることがなく賃労働の機会もあり、そこでの生活再建が十分に可能と思っていた。ヴィリヤほかのメンバーらはイーラムにある家を保持しつつ、カナイナヤンにも家を立て二か所を生活の拠点とした。噴火前にマアグアグやロンボイなどのピナトゥボ山中の高所に住み、伝統的な暮らしをしていたグループは、ほぼ全員がカナイナヤンに移っていった。

　国有地を再定住地として認めてもらうにあたっては、境界確定のために必要な測量や書類作成などの準備作業をEFMDのディレクターであったルフィーノ・ティマ氏が担当して尽力した。氏によれば、カナイナヤンはアエタが旧来の生活様式で暮らしてゆけるとい

噴火により30センチほどの灰砂が積もったカナイナヤンも、5年ほどが過ぎると植生が回復して緑に覆われ生活も落ち着いてきた。1996年3月。

2

1

VIRGILIO USASA
MARIO MELICIA
PARAIT TAG-AY
ROGELIO LAXAMANA
KUR-AY DANIER
JUAN BELTRAN
ARTURO MELICIA
EMILIANO MELICIA
MARCELO SOLOMON...Treasurer
ALEJO SORIA...Auditor
LOPEZ PACAWEN
WILLY TRECE
CARIO TRECE
"PAGLINGKURAN ANG KANAYNAYAN"

3

4

5

6

7

8

9

1. カナイナヤン自治会の建物の前で子供たち。1996年3月。／2. カナイナヤン再定住地のパン＆インド・カルブハイの家の前で。1996年3月。／3. カナイナヤン再定住地の家の前でヴィクター・ヴィリヤ氏の家族。1996年3月。／4. 焼畑で栽培したバゴイボイを刈り取り再定住地に戻る村人。バゴイボイは箒の材料となり、町のマーケットで売って現金収入の一助となる。1996年3月。／5. カナイナヤンで収穫した作物をカステリホス町の市場の横の路上で売る。1996年3月。／6. イバッド集落の近くの水田とバナナ畑。1996年3月。／7. カナイナヤン小学校の裏で教科書を読む生徒。1998年2月。／8. ボトラン近郊のビハオ地区で海外NGOの支援を得て自主的な再定住地を建設したPO（住民組織）「ピナトゥボ」リーダーのパイロット・カバリック氏と清水。氏は宣教と識字教育のためにヤモット集落で活動を始めたシスターの支援団体に招かれ、噴火前の1989年にオーストラリアに3ヶ月ほど滞在したことがある。1992年2月。有光健氏撮影。／9. 「ピナトゥボ」が保有するジープニーの車体には弓矢を持つアエタの姿が描かれている。

う意味で新しいホームであり、同時に必要に応じて町にも出てゆき行政サービスや買い物、病院その他の便益を得ることができるベース（出撃基地）や母港でもあるような場所となる。そうすることを心がけたという。

乾期が終わる一九九二年五月末頃までには二〇〇家族ほどが移住を始めた。再定住地としての整備、すなわちカステリホス町のはずれから延びる三～四キロのアクセス道路の造成や小学校校舎、教員の短期滞在宿舎やNGOスタッフの住居、診療所などの建設は、短期間のうちに完了した。というのもテイマ氏にはスービック海軍基地の高官に親しい知人がいて、彼をとおして工兵部隊の有志がブルドーザーやトラック、ヘリコプターなどを使い、資材の搬送から建設に至るまで積極的な協力をしてくれたからであった。

左：カナイナヤンを訪れる際には、ジュニア＆イメルダ・サラサール夫妻の家に泊めてもらっていた。左はインドン・ガタイ、右はイメルダと長女。パン・ガタイは1980年代初めに腹部のガンで亡くなっていた。2001年3月。

サラサール夫妻に案内してもらってカナイナヤン再定住地の裏山の山頂に上ると、遠くに旧カキリガン村あたり（左手奥）とラハールが埋めたサント・トーマス川を見晴らすことができる。2001年3月。

3 復興に関わる日本人

移住してすぐ、九三年と九四年には砂嵐や旅行バッタが襲来して農作物に大きな被害を与えた。九五年には順調に育っていたバナナが超大型台風（Rosing）によってなぎ倒されたりした。そのため初めの二、三年はしばしば食料不足に悩まされ苦労した。しかしその後はサツマイモやタロイモなどの主食を安定的に確保し、バナナその他の農作物をカステリホス町の市場で売って現金収入を得る生活が軌道に乗っていった。さまざまな困難に直面しながらも、結果的には農業による生活の再建とコミュニティの復興が可能となったのは、EFMDのティマ氏の情熱と人徳にもとづくカリスマ的な指導

カナイナヤン村に再定住して2年後（1993年）からは、村の下手の平地に近いところの草地を開墾し水田を造成した。冨田一也氏提供。

水田は村の共有田であり、開墾と耕作などの作業は当初は復興支援のためのcash for work（失業対策事業）として日当が支払われた。水田耕作が順調に進むと、2、3年後にその土地の所有者という平地民が現れて土地の返還を強く求めたため、トラブルを恐れたアエタは水田を放棄した。上は1993年10月、下は1994年1月。冨田一也氏提供。

力、氏を信頼して支援を続けたHEKSほかの国際NGO、そしてアエタ側の住民組織ADAがティマ氏のパートナーとして、また支援の受け皿としてNGO側の期待に応える対応をしたからであった。

4　海外青年協力隊

日本からの支援と関係して特筆に値するのは、EFMD＝ADAが噴火の前から日本の海外青年協力隊員を受け入れ、日本との関係も強かったことである。それについては私も少しばかりお手伝いをした。カキリガンで暮らし始めて早々に、日本領事館の文化センターの知人にお願いして写真を多く掲載する月刊の日本広報誌『PACIFIC FRIEND』をEFMD宛に送ってもらうようにした。また日本の海外青年協力隊についての情報もティマ氏に提供し、ぜひ受け入れるよう説得をした。その提案はすぐには実現しなかったが、一九八〇年代の半ばからまずアメリカ平和部隊の隊員を受け入れ、続いて日本の協力隊の隊員を順次受け入れていった。日本側でも、隊員を相手国の政府機関ではなくNGOへ派遣するのは例外的なことであった。EFMDがフィリピン国内で高い評価を得ていたことが実現への後押しとなった。

ピナトゥボ大噴火が引き起こした災害、特に噴火時の降灰と続く雨期の大雨のたびに生じたラハール［火山灰泥流］によるものは甚大であり、その被害は周辺の五州におよび、家屋、財産、生業に直接の被害を受けたものの総数は三三万家族、二一〇万人におよんだ。それだけの被害であったために、国際的な関心が集まり緊急救援（医療、食料）がなされ、日本も積極的な支援活動を行った。特徴的なことは政府ODAだけでなく、NGOを中心とした民間団体も幅広くピナトゥボ災害の復旧復興にかかわったことである。被災地に対する日本の経済協力について調査をした津田守・田巻松雄もピナトゥボ被災地・被災者へはODAとともにNGOによる支援活動が特徴的であったと指摘している。津田のまとめによれば、ピナトゥボ災害にかかわってきた日本の民間団体は三一あり、そのなかでNGOとして四つが紹介されている。いずれも小規模であり自前の資金をもたずに募金や寄付金、助成金などによって活動資金を得て、ほぼ無給のボランティア会員によって運営されていた（津田・田巻 二〇〇一：六八―七三）。本書ではそのうちの一つ、私自身が深く関わったＩＫＧＳ（国際葛グリーン作戦山南：International Kuzu Green, Sannan）について主に報告したいが、それ以外にもピナトゥボ救援の会（ピナＱ）や海外青年協力隊の隊員らとも仲良くなり深く関わった。そこで、ＩＫＧＳに話しを移す前に、他の支援活動についても紹介しておこう。

ピナＱについては事務局長になられた西村まりさんが活動の詳しい内容について報告している（西村二〇〇一）ので簡単にとどめるが、ＩＫＧＳの話しをする前に紹介しておこう。私は東大の教養学部時代、第二外国語として中国語を選択したが、西村ご夫妻もまた同じく第二外国語として中国語を学ばれた。日中国交が回復する一九七二年以前に中国語を選択する学生はごく少なく、当時三〇〇〇人ほどいた新入生の内、中国語選択は四、五〇人くらい

ピナトゥボ救援の会の西村さんと中野さんを案内し、ボトラン町郊外のバキラン再定住地を訪れる。1991年11月。

だった。それだけに、工藤篁先生の薫陶を受けた少人数クラスの同窓の先輩という気持ちもあり、ご夫妻には親近感を感じた。またアエタ被災者のこと、その困難な現況を日本に暮らす人々が具体的に知って支援してほしいとの思いから、ピナＱの活動に積極的に協力した。私がアエタ被災者の支援に深く関わることになるきっかけはＡＶＮの有光氏の知己を得たことだが、もう一つは西村さんとの信頼関係にあった。

まりさんの御夫君は味の素の現地法人の社長をされており、たまたま在フィリピン日本人会の理事会の総務を務めていた。当時はマニラでも火山灰が降り積って噴火の甚大さが実感され、日本人会でも支援の活動を始めることとなった。日本人学校ＰＴＡのほか、ＪＩＣＡミセス会、アジア開発銀行（ＡＤＢ）ミセス会、日本大使館婦人部ボラン

ティア会、フィリピンに学ぶ会などに呼びかけて救援物資と義援金を集めた。まりさんによれば、「24時間テレビ」チャリティー委員会フィリピン事務所を通じて義援金などを被災地に届けてもらうアレンジをした際、同委員会の三好亜矢子さんから被災地への同行を誘われたという。ＪＩＣＡの次長夫人だった竹内小夜子さんが車を出し、一行は噴火後一ヶ月の被災地の寒々とした風景を目の当たりにした。そしてイバのテント村の被災者たちの呆然自失した姿と、それでも元気に笑っている子供たちの顔を見たことが、その後の救援活動の出発点になったという（同：一〇九）。

ピナＱは海外青年協力隊員と緊密な協力関係を保った。具体的には協力隊員の現地での活動やプロジェクトで不足する資金や物資の援助をすることであった。中でもカキリガン村のＥＦＭＤとＡＤＡに派遣された隊員へのサポートが中心であった。カキリガンに最初に協力隊員が派遣されたのは、噴火前の一九八八年のことで家畜隊員の牛澤泰であった。一九九〇年には稲垣佳也（村落開発普及員）、黒川千佳子（保健婦）、長谷部康弘（家畜隊員）の三人が続いて派遣された。三人は噴火の当時サン・マルセリーノ町の西ルソン農業大学に避難し、その後マニラへの避難を指示されて泣く泣く撤収し雨期が終わる九月頃まで待機を余儀なくされた。

アメリカ平和部隊の隊員のメラニーのお別れパーティーで挨拶し歌を歌う協力隊員。左から黒川、稲垣、長谷部、そして清水。1991年11月。

第１章で触れたように、ＥＦＭＤとＡＤＡは一九八〇年代の半ばからボワグ集落近くのヒガラ地区で肉牛の飼育プロジェクトを始めていたが、畜産隊員の長谷部は牛澤の後任としてそのプロジェクトの責任者となった。そして噴火の直前にヒガラで飼育していた五、

村落開発隊員として1992年に派遣された稲垣は、カナイナヤン村から少し上ったところに大型の貯水槽を設置し、そこから小学校をはじめ村内の各所各地区へと水道管を敷設した。そのための資材費はJICA草の根支援プログラムから得た。1993年3月。

六〇頭ほどの牛をサンマルセリーノ町の郊外まで避難させた。噴火後にはフィリピン側ＡＤＡのカウンターパートのセブリーノとともに、道中で野宿をしながらヌエバ・エシハ州のマグサイサイ陸軍基地まで牛を連れてゆき、そこで数ヶ月を過ごした。ピナトゥボ山の周辺諸州では灰が積もって牛の餌となる状態の良い草地がほとんどなかったための緊急避難であった。ただしラハールの泥砂で埋まった川を牛が歩いて渡ることができず、長谷部隊員が農業省に出かけて長官秘書室に直談判をして牛を乗せて渡河するトラックを出してもらうアレンジをした。牛の避難は身体をはった協力活動として協力隊員のあいだで伝説的な偉業と長く記憶されたという。中国の歴史になぞらえれば、牛を生かすための「長征」ともいうべき歩いての長旅であった。

ヌエバ・エシハ州まで避難して生きながらえた牛は、ヒガラに戻ってきて順調に数を増やしていった。しかし一九九〇年代の末にＥＦＭＤが徐々にＡＤＡへプロジェクトの管理運営責任を移すのに応じて、ＡＤＡ執行部にボトラン町からいわゆる左派の「活動家」が入り込み、ティマ氏の運営を批判するようになった。その遠因はティマ氏が一九九〇年代半ばから、スービック海軍基地内に残る森のなかのアエタ・コミュニティ（パストラン集落）の開発支援プログラムをＵＳ－Ａｉｄから委託されたことに始まる。月に五〇〇〇ドルの謝金を五年間貫いそれで二階建ての自宅を建てたことを、ＡＤＡ資金の流用や着服だとする根拠ない言いがかりをつけられて糾弾されたのである。そのためティマ氏はしばらくプロジェクトに関与できなくなり、しかし共同飼育の体制をＡＤＡでは維持できず、結局ＡＤＡのメンバーで牛を分配し各個人に飼育を任せた。しかし犂耕用のカラバオの世話には慣れていたが、商品としての肉牛の肥育と販売については十分な知識と経験がないために、牛の飼育は頓挫し、安く手放したり屠殺して食べてしまったりした。

一方、噴火の被災者の生活再建を直接に支援するものではなかったが、噴火の報道をきっかけにアエタのことを知った宝塚市の松中みどり氏が、一九九二年に「ピナツボアエタ教育里親プログラム」を設立した。ティマ氏の夫人アロマさんを通じて、アエタの子弟が町の高校や専門学校、大学に通うための学費と生活費の一部を送金支援するという活動である。またカステリホス町のＡＤＡの事務所の横の家を賃借して生徒たちのための寮として整備し、ママル＆ヴェナス・ソリア夫妻がその横の家に住んで子供たちの世話をした。ママルはカキリガン出身でティマ氏の紹介で日本のアジア学院に一年留学したことがあり、帰国後に数年働いた後、西ルソン農業大学で二年学び卒業した。それらの活動資金は松中夫妻の友人知人たちのネットワークをとおした寄付金によってまかなわれた。同プログラムは、二〇一五年までの二三年間で計二〇〇人以上のアエタを支援し、高校や大学に進学した奨学生は約二〇〇人、うち卒業した奨学生は約一〇〇人にのぼる。私もママルが西ルソン農業大学に再入学して卒業するまでの学費と生活費をティマ夫人を通じて送金した。

噴火10周年を記念して国立フィリピン大学で開かれたピナトゥボ復興に関するセミナー・ワークショップでの報告を終えた後の記念写真。前列中央は「ピナツボ・アエタ教育里親プログラム」代表の松中みどりさん。2001年11月。尾本恵市教授撮影。

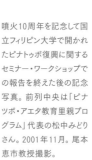

ADAの奨学生の寮の隣の自宅の前で、ママル＆ヴェナス・ソリア夫妻。2015年1月。

最後の奨学生ジェセルメイ(中央)の専門学校卒業式。サンバレス州オロンガポ市の学校で。2015年5月。撮影・橋本正人氏。

右上：労働者が多く住むカステリホス町から造船所までの数キロの通勤バスの運転手として雇われたママル。2015年1月。
右下：米海軍基地の撤退後に韓国の韓進重工業の造船所が建設されたが10年ほどで赤字となり撤退した。

山に戻った祖父母に会うために、バイクで山の上り口に向かうお洒落な若者3人とママル(手前)。3人乗りの後ろに乗るのはママルの弟のバヤニ。2013年1月。

5 日本の葛を使った緑化プロジェクト

　IKGSの活動に話しを進めよう。

通常、海外青年協力隊の任期は二年である。農業隊員として一九九三年にカナイナヤンに派遣された冨田一也は、二年の任期のあいだ期待した成果を上げられなかった。そこで一年の任期延長をして計三年、EFMD＝ADAでの活動を続けたが、いわば「不完全燃焼」の状態であったという。任期を終えて帰国し同期の協力隊員で助産師としてモルジブに派遣されていた江里子さんと結婚した彼は、一九九七年、二人してEFMD＝ADAに戻ってきた。しばらく借家住まいをした後、EFMDのスタッフでラハールによってサン・

右：活動を始めた頃、プラザ横の民家を借りた助産院（聖バルナバ・クリニック）の建物。院の名前は彼女が学んだ大阪にある「聖バルナバ助産師学院」と、その後に4年間勤めた聖バルナバ病院にちなむ。2011年12月。
左：その後、宇佐ロータリークラブの資金援助によって2階建のクリニックに建て替えられた。2015年1月。

マルセリーノ町の自宅を失ったエドモン&テシー夫妻が平地民用の再定住地に土地を得た際、資金援助をして二階建ての家を立て、一階にエドモン&テシー夫妻の家族、二階に冨田家が住むようにした。エドモンとテシーは、私がカキリガンで調査をしていた後、一九八〇年代の初めにそれぞれがEFMDの農業指導員と秘書として採用されたスタッフで、冨田夫妻よりも古い私の友人である。

　江里子さんは二〇〇〇年から自宅近くに貧しい村人のための助産院を開き、二〇二二年八月までに六五〇〇件の助江里子さんは、クリニックでの助産だけでなく、妊婦や産婦、新生児の健診チェックのために産婦の家まで足を運ぶ。2013年1月。

クリニック入り口の受付兼薬局のテシーとアティマ。二人とも噴火前からEFMDのスタッフで私の古い友人でもある。薬はマニラの中華街の漢方薬局に定期的に買い出しにゆく。また江里子さんの兄が大阪大学医学卒の麻酔医で、彼から日本の医薬品が届く。初期の頃は20ペソを目処に診療費の寄付をお願いしていたが、その後は薬代の実費と寄附をもらいうける。2012年1月。
また助産の謝礼は助手のティナが産婦の家族と話し合って額を決める。夜中に産気づいて呼ばれることが多いが、決して断らずに出かける。

産前・産後のケアのために家々を回るティナと江里子さん。2013年1月。

産をしている。その活動については、御著書『フィリピンの小さな産院から』(石風社、二〇一三年)に詳しいが、助産をめぐるエピソードやフィリピンで三人の子供を産み育てた体験にもとづくフィリピン社会文化論は、地に足のついた確かな視点と深い洞察に富み、人類学者の私も敬服脱帽する。

さて、冨田氏は協力隊の任期を終えて一時帰国した際、兵庫県氷上郡山南町の小さなNGO・IKGSと連絡をとり、そこの現地駐在員としてピナトゥボに派遣される段取りをつけた。IKGSは一九九三年一二月に「ピナトゥボ火山噴火被災地の緑化事業」のために設立された。その背景を少し説明しておこう。

山南町は丹波篠山の山間地にあり薬草栽培の長い歴史を持つため、町では「漢方の里づくり」を地域振興のひとつの柱としてきた。ピナトゥボ大噴火から一年が過ぎた一九九二年六月、町では神戸大学農学部の津川兵衛教授を招き、「ふるさとを知る科学講演会:わが町の葛を生かそう」を開催した。そこで津川教授は、「日本ではやっかいもの扱いの葛も、火山灰砂漠の緑化に役立つ」と力説された。噴火の灰砂が厚く積もった地域に葛を植えて直射日光の強烈な照りつけを防ぎ、下草が生えて植生の回復を進めるという説明に、出席した町民は大きな示唆と励ましを受けた。そして「田舎にいながら、誰にでもできる地球緑化を軸とする国際協力」を進めるために人々が動き出したのである。町をあげて多くの人が協力したが、裏方の事務(総務・経理関係)を担当したのは中央公民館嘱託の瀬川千代子氏だった。最初の頃は、葛に打ち込む彼女を見て、「クズおんな」との陰口をたたいた人もあったという。

葛を使った緑化プロジェクトを本格的に始動させるため、山南町の有志たちはIKGS(International Kuzu Green Sannan「国際葛グリーン作戦山南」)を設立し、一九九三年一二月九日、NGOとして正式登記した。その事業目的に

旧カキリガン村に近いヒガラ地区を視察のために訪問した瀬川さんと。1999年3月。冨田一也氏撮影。

右：兵庫県山南町の初冬の山野で葛の種を採取する。
左：真冬には雪が降り積もることがある。
IKGS提供。

は、①緑化とその啓発事業、②貧困地における医療支援ならびに生活指導事業、③国際理解のための文化交流事業などが上げられている。実際に葛の植栽を始めるにあたって、当時ＡＤＡに派遣されていた協力隊員に情報提供と協力を依頼した。ヒガラ地区で畜産プロジェクトを行っていた長谷部がパイロット・ファームの場所を確保し、農業隊員の冨田が葛の植栽を行った。

　当初の活動は、公民館の委員たちが中心となり「田舎にいながら誰にでもできる国際協貢献」として、まず葛の種を採取し、葛を使って植林活動をしている他の団体に提供するキャンペーンから始まった。種の採取は冬のあいだ霜の原野や雪の残る山野に出て行うために楽な作業ではない。しかし、葛の繁茂する場所や莢から種を取り出す方法、乾燥保存の仕方など、自分達の経験と知識を活かせるとして、老人会のメンバーが積極的に採取を行ってくれた。また町内の小・中・高校の生徒たちも協力した。

　ＩＫＧＳの活動が実質的に軌道に乗り始めたのは、任期を終えて日本に一時帰国した冨田が江里子夫人をともなって現地駐在スタッフとして派遣されてからであった。先述したように、冨田は、協力隊員としての活動成果に満足できなかった。それでＩＫＧＳの植林プロジェクトを再チャレンジの好機と考えたという。またなぜかピナトゥボの神さまに呼ばれているような気がしたから、ともいう。

　彼は協力隊員としての活動をとおしてすでにＥＦＭＤやＡＤＡのスタッフと仲良くなっていて、現地の事情にも明るかった。さっそく翌年二月にＩＫＧＳはＡＤＡと被災地緑化のための

葛の苗を植えた斜面。
IKGS提供。

葛の植栽をする現場で。
冨田氏(左)と津川教授。

「葛グリーンプロジェクト」事業の合意書調印をした。葛を使う緑化という構想そのものに関して、外来植物の葛が異常繁茂してピナトゥボの植生を攪乱するのではないかとの危惧の声もあがった。それに対しては、ＩＫＧＳの代表の村上彰氏が八〇歳を超える高齢をおして現地の視察と調印に訪れ、さらに葛の異常繁茂が起きた場合には自分が責任をもって対処し撤去すると約束して人々の懸念を払拭した。

ただし葛のプロジェクトを実施するための自前の資金がＩＫＧＳにはなかった。そこで冨田の最初の仕事は外部資金を申請し獲得することであった。幸い、地球環境基金、イオン環境財団、緑の募金公募事業などから助成金をほぼ同時に獲得し、一九九八年から二〇〇一年かけて、植林プロジェクトを一気に進めることができた。ＩＫＧＳのホームページに掲載された報告によれ

葛の活用を説明するパンフレット。写真(p.140)とパンフレットは、IKGS提供。ホームページ(QRコード)より。

ば、ヤンボ地区の一〇ヘクタールとボワグ集落近くのヒガラ地区の二〇〇ヘクタールほどの灰砂地に、あわせて二五万株ほどの葛の苗を植え、それが繁茂した後にココヤシやパパイア、カカオ、マンゴなどの果樹の苗木を五〇〇〇本、建築用材となるアゴホやマホガニーなどの樹種の苗木を三〇万本ほど植林したとのことである。

植林活動とともに特筆に値するのは、それをとおして町民の目を世界に向けてもらおうという国際交流の企てをしたことである。IKGSはその設立目的として、環境保全のための国際協力事業を行うと同時に、国際理解のための文化交流事業を行うと謳っている。具体的な一例としては、地元の県立篠山鳳鳴高校のインター・アクト・クラブの部員数名が冬休みや春休みにピナトゥボを訪れ、植林作業を手伝うとともにアエタの村人と親善交流をしたことなどが挙げられるだろう。

IKGSとADAとの親善交流では、日本のスタッフや高校生がヒガラ地区の現場に出かけるだけではなく、ADAの側からも代表が山南町に招かれた。

上：ADAの事務所で葛を用いた植林プロジェクトの合意書にサインをする村上代表。1998年2月。
下：ADAの事務所前で調印後にスタッフらと記念写真を撮る村上代表と瀬川さん。1998年2月。IKGS提供。

山南町で集めた葛の種をヒガラで紙コップの土に入れる篠山鳳鳴高校インターアクト部の生徒。左端は引率の近成先生。1999年3月。

生徒にオリエンテーションをする冨田氏。2000年3月。

篠山鳳鳴高校の生徒らが、ヒガラ地区を訪問してアエタの若者たちと交流し植林をした。左は1999年3月。下は2000年3月。高校生は1999年と2000年の春休みの3月末にヒガラを訪問し数日滞在をした。途中マニラ空港に着いた時に市内見物をすることもなく、サンバレス州に直行した。兵庫県丹波篠山と西ルソンの山間村が直接に結ばれて交流した。

生徒たちの宿泊のためにヒガラ地区に建てた宿舎の壁として、竹で粗に編んだ枠にバナナの葉を差し込む。2000年3月。

日本の高校生とアエタの高校生（小学校6年の次は高校4年間）がペアになり、一日中活動を共にした。冨田氏がコミュニケーションに必要な会話を20枚ほどのカードで用意して各自に渡し、それを使ったり身振り手振りで意思疎通を図った。3日間の滞在を終えて別れる時には皆が号泣したという。2000年3月25～27日。

右：ピナトゥボでの植林と交流活動について学校で手書きの壁新聞を作り報告する。参加者たちは、それぞれ現地でパートナーとなって寝食を共にしたアエタと帰国後には絵日記を交換する約束をした。一定数の絵日記が集まったらコーディネーターの冨田氏が双方向の翻訳をして一括して郵送したが、残念ながら長続きしなかった。またアエタの生活と文化を紹介し、植林活動への支援を求める絵入り冊子（下）も作成した。

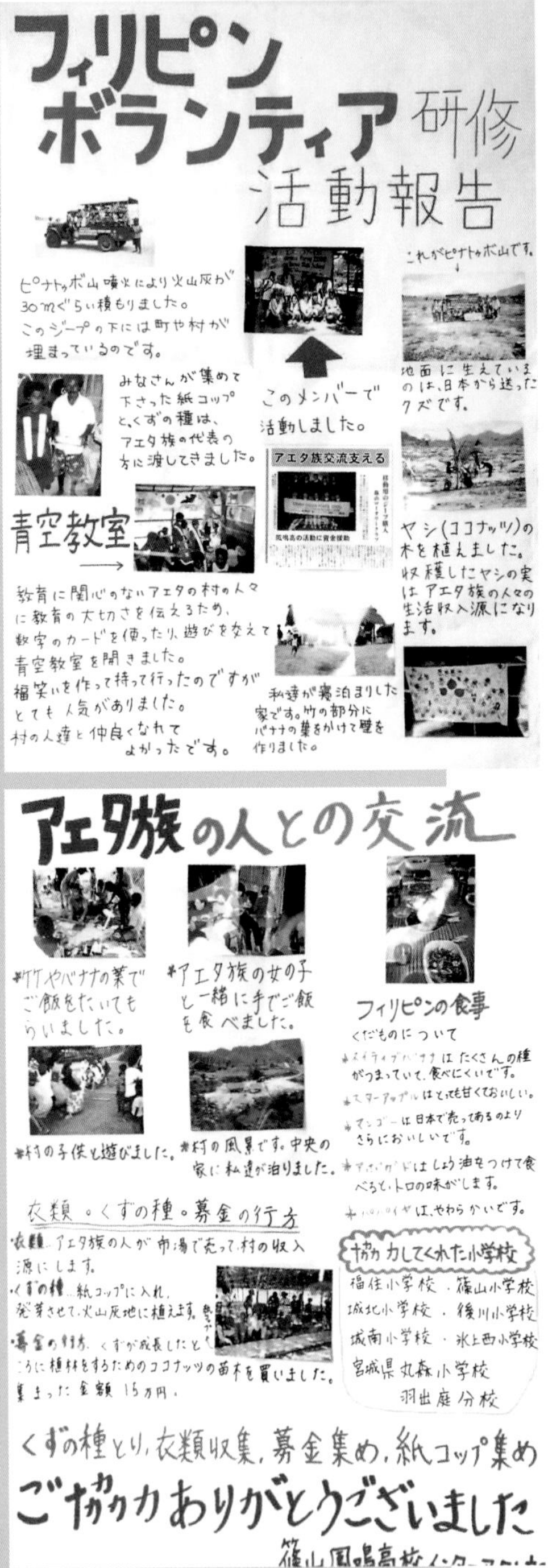

148

山南町のIKGS事務所で記念写真。前列右からADAリーダーのヴィクター・ヴィリヤ氏とフレッド・ソリア氏。両氏とは1977年の調査時からの知り合い、というよりも私の調査に協力をしていただいた友人である。その隣はヴィリヤ氏の息子のマリオ君。1998年10月。

町役場を表敬訪問したあと、歓迎の昼食会。1998年10月。

ボワグ集落のキャプテンでADAの初代委員長となっていたヴィリヤ氏と息子のマリオ、そしてADAの当時の委員長だったフレッド・ソリア氏の三人が訪問し、民泊をして町民と交流をした。早朝に町の山林で鹿を見かけたときには、「弓矢があれば鹿を射て美味しい肉が食べられるのに」とヴィリヤ氏はくやしがった。彼らは一〇日あまり滞在し、町長への表敬訪問や篠山鳳鳴高校でのアエタ文化紹介、生徒との交流会などに参加した。

マニラや大阪といった首都や大都会を素通りして人々が何度も行き来する様は、山奥同士の草の根国際交流として地元紙やローカルテレビ局で取り上げられ、町民のあいだでも関心が高まった。けれども高校生が現地滞在するためにヒガラ地区に建設した簡易宿泊施設が、二〇〇一年頃から新人民軍（フ

清水の左はたまたま訪日中であった私の友人のドキュメンタリー映画監督でアート・アクティビスト（後にフィリピン国民芸術家［national artist］）のキッドラット・タヒミック氏。アエタ代表の山南町訪問を知って東京から駆けつけてくれた。1998年10月。

イリピン共産党の武装組織）ゲリラの休息所として使われるなど、治安の悪化が問題になった。またヤンボ地区では、二〇〇三年に近くの野焼きの火が飛び火して延焼し大きな被害を受けた。こうしたことから、残念ながらアエタの土地での葛を使った緑化プロジェクトの継続は断念された。

ところで当初懸念された葛の異常繁茂だが、ヒガラ、ヤンボ両地区で植栽した葛は、親株の周囲で増えたほかは、異常に増えることはなかった。冨田によれば、おそらく日照時間の関係で花を咲かせることがなく、種では増えなかったことが理由だという。日本では、葛は季節による日照時間の変化を感知して八〜九月に開花し結実して冬に備えるが、フィリピンでは年間を通じて日照時間の変化が小さく、花を咲かせて実や種をつけることがなく、越冬のために根に養分を蓄えることもなかったようだ。

ボワグ・ヒガラ地区での植林活動を断念したＩＫＧＳであったが、その後二〇〇一年からは、北ルソン・イフガオ州・フンドゥアン郡・ハパオ村とその周辺地域で「世界遺産の棚田を守る植林」プロジェクトを始めた。同村の長老のロペス・ナウヤック氏が、手弁当で始めた植林運動（イフガオ・グローバル・森林都市・運動　Ifugao Global Forest City Movement, Inc.）に全面協力するかたちでのプロジェクトであった。それに応じて会の名称も二〇〇一年に「ＩＫＧＳ緑化協会」と改名したが、その活動の詳細は拙著『草の根グローバリゼーション――世界遺産棚田村の文化実践と生活戦略』（京都大学学術出版会、二〇一三）に紹介したので、参照していただきたい。

上：葛を植え、それが成長して地表面を覆うのを待って植林を始める。2000年5月。
左：苗木を運ぶ。IKGS提供。

米国コネティカット州のフィリピン人医師同郷会からの寄付でカナイナヤン再定住地の近くに建てられた病院。受付・事務室、診察室、手術室、病室、最低限の医療機器などを備えた施設だが、地元のサン・マルセリーノ町から定期的に医師を派遣するという町長との約束は果たされなかった。年に2、3回、地元のカステリホス町やオロンガポ市のボランティア医療チームが1日診療に来る時に使われた。2001年3月(左)、2000年3月(下)。

カキリガン・グループが自主的に探し出し、政府に陳情して貸与されたカステリホス町郊外のカナイナヤン再定住地の風景。噴火から20年が過ぎた。近辺の山々の斜面に焼畑を開いてイモ類やマメ類、野菜、バナナ、パパイヤ、マンゴーなどを植え、食料の自給と現金収入の両方が可能な安定した生活を営んでいる。2011年12月。

6 再びアエタ・レジリエンス

重層的並存による生存戦略

ここまでレポートしたように、噴火で深刻な被害を受けたアエタではあったが、カキリガン・アエタを中心とするグループ（南西麓のバガン、ボワグ、マアグアグ、ロンボイ集落等を含む）はそのダメージを最小限に抑えて、新しい土地で新しい生活を再建することができた。アエタがもともと持っていた生存戦略の特徴は第1章で論じたが、今一度そのレジリエンスという視点から、被災後の創造的復興を可能とした要因を整理してみよう。

① 外世界で生きる基礎知識

創造的復興のコアになった人々に共

通するのは、自らが暮らす環境と資源、その利用についての伝統的な知識や知恵と同時に、自分たちとは違った環境や社会についても知っていたということである。噴火の一五年前に始まったＥＦＭＤによる開発プロジェクトの柱のひとつであった小学校教育によって、集落全員ではないにしても、少なくともカキリガン村に下りてきた家族の子供たちは、平地キリスト教民の世界で生きてゆくために必要な情報と知識を得ていた。

②新しい生活スタイルのロールモデル

小学校教育だけでなく、勉学意欲のある者には、小学校卒業後に高校や専門学校、職業訓練学校などで学ぶための奨学金を、噴火前からＥＦＭＤが提供していた。それによって、農業によらない新しい生活スタイルのロールモデルが作られていたことも重要だった。確かに新しい生活スタイルと意識を持つようになった者たちは全体から見れば数は限られていた。が、喩えていえば池に石を投げ込んだ最初の衝撃でできる大きな波が、次々に広がり幾つもの輪ができるように、山腹の集落にとどまって「伝統的な生活」をしていた者たちも、その広がる波紋に巻き込まれながら自らの生活と意識を変えていったのである。

カナイナヤン小学校の教室風景。当初は教室と教員が足らず複式授業を行っていた。1993年3月。

③誇るべき先住民の子孫としての意識形成

教育は、もう一つ重要な役割も果たした。教育を受けた者たちは、噴火後にＮＧＯが取り組んだセミナーやワークショップなどで、アエタの遠い祖先がフィリピン列島に最初に到達した先

カステリホス町のマーケットで農作物を売るインドン・ガタス。町に住む平地民の買い手の値切り交渉にも負けない心の強さが目力に表れている。2011年12月。

カナイナヤンのマアグアグ地区の自宅前でパン＆インドン・ガタス夫妻と家族。2011年12月。

住民であることを教えられた。それによって、自分たちはその直接の子孫として固有の権利を持つこと、さらにアエタであることの証しとして文化（クルチューラ）が重要であると自覚したのである。すなわち民族的な覚醒だ。それまでは「コロット（*kolot* 縮毛）」と呼ばれて見下されていたのに対して、自ら「カトゥトゥボ（*katutubo* 土地の子）」と名乗り町の人々もそう呼ぶようになり、アエタの側が萎縮したり卑下したりしなくなった。彼らが自信と自尊を抱くようになるには、先住民権利法が一九九七年に制定されるに至ったフィリピンの社会状況や時代の気分が後押しした。

④リーダーの役割

しかし何よりカキリガン・アエタが生活再建できたいちばんの理由は、誰

バナナ畑から一房を持ち帰ってきたネリッサ。キャプテン・パン・メリシアの孫（長男アレホの娘）で、冨田家に下宿をして町の高校に通った。その頃はファッションに気を配るオシャレな現代少女だったが、村に戻って結婚し伝統的な山の生活に戻った。異なる環境への柔軟な適応力は、若者にも受け継がれている。2012年1月。

もが、つまり上の①～③にはあたらない人々も、再定住地の周辺に開く焼畑でイモ、豆、野菜類を栽培して、農業を軸とする生活を取り戻すことが可能だったからである。その点では、ADAがサンバレス州南部からバターン半島北部の丘陵地帯をくまなく歩き、候補地を探し出し、EFMDの支援を受けて二台のバスに分乗してマニラにまで陳情に出かけ、マスメディアの取材に応じて主張や要求を広く伝えようとした行動力は特筆に値する。そのADAを担ったアエタのたちの優れたリーダーシップ無しには、集団全体の復興はあり得なかっただろう。

もちろん、噴火後にフィリピンの中央・地方政府や内外のNGOが災害緊急支援（食糧配布と医療）に入り、半年ほど後には生活再建のプロジェクトへ

旧カキリガン村の近くの河原で強力な磁石で砂鉄を採取するアエタ。磁石の提供と砂鉄の買い取りは中国系のブローカーが行う。しかし砂鉄の採取は3〜4年で禁止された。2012年1月。

ピナトゥボ山東麓側のサパン・バト村では、韓国資本が入って、ピナトゥボ・トレッキングと温泉を目玉とするリゾート開発が進む。リゾートで観光客に弓矢を射るポーズをするアエタ。2014 年12月。

郵便はがき

料金受取人払郵便

左京局
承認

1063

（差出有効期限
2025年9月30日
まで）

606-8790

（受取人）

京都市左京区吉田近衛町69
京都大学吉田南構内

京都大学学術出版会
読者カード係 行

▶ご購入申込書

書　　名	定　価	冊　数
		冊
		冊

1．下記書店での受け取りを希望する。

都道　　　　市区　店
府県　　　　町　　名

2．直接裏面住所へ届けて下さい。

お支払い方法：郵便振替／代引　　公費書類（　　）通　宛名：

送料

ご注文 本体価格合計額	2500円未満:380円／1万円未満:480円／1万円以上:無料
代引でお支払いの場合 税込価格合計額	2500円未満:800円／2500円以上:300円

京都大学学術出版会
TEL 075-761-6182　学内内線2589 / FAX 075-761-6190
URL http://www.kyoto-up.or.jp/　E-MAIL sales@kyoto-up.or.jp

お手数ですがお買い上げいただいた本のタイトルをお書き下さい。
（書名）

■本書についてのご感想・ご質問、その他ご意見など、ご自由にお書き下さい。

■お名前

（　　歳）

■ご住所
〒

TEL

■ご職業　　■ご勤務先・学校名

■所属学会・研究団体

■E-MAIL

●ご購入の動機
A.店頭で現物をみて　B.新聞・雑誌広告（雑誌名　　）
C.メルマガ・ML（　　）
D.小会図書目録　E.小会からの新刊案内（DM）
F.書評（　　）
G.人にすすめられた　H.テキスト　I.その他

●日常的に参考にされている専門書（含 欧文書）の情報媒体は何ですか。

●ご購入書店名

都道府県　　市区町　　店名

※ご購読ありがとうございます。このカードは小会の図書およびブックフェア等催事ご案内のお届けのほか、広告・編集上の資料とさせていただきます。お手数ですがご記入の上、切手を貼らずにご投函下さい。
各種案内の受け取りを希望されない方は右に○印をおつけ下さい。　案内不要

と内容を切り変えて数年間支援を継続したことも、復興に大きく役立ったことは間違いない。しかしたとえば「国境なき医師団」は、雨期に麻疹が大流行しテント村で七〇〇人ほどの死者が出た際には緊急のワクチン接種で対応したが、二〜三ヶ月で流行が収まるとモニタリングのために二〜三名を残して速やかに撤収したように、緊急支援はあくまでも時限的なものである。災害は世界中の各地で次々に起きており、より深刻で緊急度の高いところに赴くのが彼らの使命だから、それは当然である。だからこそ、被災した人々が、長期的な、外部の力には完全には依存しない自立／自律した力を持つことが何より重要なのだ。そうした長期的な力を発揮するレジリエンスがアエタにはあった。

　彼らの生活の基本は、ひとつの焼畑でイモ類を植えて安定的な主食とし、同時に別の焼畑で多種多様な野菜を栽培し、その収穫物をトライスクルで町のマーケットまで運んで売り、それで得た現金で米をはじめ生活必需品や日用雑貨を買って戻ってくるというスタイルである。時にチャンスがあれば近くの町や村での賃労働につくこともあったが、カナイナヤンの植生が回復し、焼畑農耕が軌道に乗ってくると賃労働よりも焼畑を好む者が多くなった(6)。

　彼らの焼畑農耕で特徴的なのは、第1章でも指摘したように、二枚または

(6) カナイナヤン村のADAによる生活再建と並行して、途中から旧カキリガン村により近いスリ地区に戻り、その近くの山で移動焼畑農耕を主たる生業としているグループも豊かな暮らしを取り戻している。カラバオ（水牛）を使って畑作にも力を入れており、噴火前のカキリガンにおける経験が基礎となり活かされている。

スリ集落の様子。竹叢（キリン）があり、村の自然と雰囲気は噴火前のカキリガン村とよく似ている。緩やかな血縁関係で結ばれた30世帯ほどが暮らしている。豊かな家族はカラバオやオートバイを保有している。2022年8月。

カナイナヤンのパスター・カンドゥレの畑。トウモロコシ、ロコ（小芋：手前の小さな葉）、ガビ（里芋：向こうの大きな葉）、サツマイモ（蔓を植えたばかり）が混栽されている。2012年1月。

三、四枚の焼畑を開き、一枚に陸稲とトウモロコシ、もう一枚にイモ類、そしてどちらでも伐採せずに残した立木の根元に蔓が這い上がる豆類を植えることである。リードが指摘したように、同一の作物でも異なる多様な品種を植えるとともに、同じ一枚の畑に異なる数種の作物を植えることが普通である。ひとつの家族が保有する二枚または三枚の焼畑を調べると、合わせて一〇種ほどの異なる作物が植えられている。

それらは自家用としても食事のバラエティを豊かにするし、町のマーケットで売る際にも顧客の多様な好みに対応しやすい。また事前には想定できない虫害や病気、悪天候に対処するための危険分散としても効果的である。噴火のずっと以前から続いてきたアエタの基本的な生存戦略が、噴火後の生活再建の際にも保持されている。この点については、第Ⅱ部であらためて論じたい。

AETA RESILIENCE

カステリホス町のマーケットで、バナナの葉の上に焼畑で栽培した10種以上のさまざまな作物を並べて売る。2022年8月。

Chapter 4

カルメリータの人生行路

コミットメントする人類学者

私が専門とする文化人類学は、異文化のなかで長期に暮らしながら調査研究を行うこと、いわゆるフィールドワークが初めの一歩となる。わたしたちとは別の世界の成り立ち方、生活の営み方をその場に身を置いて経験し、また人々から直接に教えてもらって得た理解を民族誌として報告する。そして彼らが暮らす社会の全体像とそれを支える世界観や人間観を自らのものとし、そこから翻って自分が生きてきた文化と社会、さらには自分自身を新しい視点から理解しなおす営みである。それらを個別的な文化・社会の特殊性の理解と表現するなら、その一方でヒトとしての共通性や普遍性についても明らかにしようとする。つまり異なる文化を生きる自他の相違に着目し、互いが互いを照らし出す鏡としながら、ヒトとは何かを考える学である。

いったん比喩的に言えば、映画やテレビでカメラが対象に近づきそれを大きく映し出すクローズアップと、対象から遠く離れて全体像を一望するロングショットの両方を有効に使って、人間と社会の細部と全体を考察しようとする企てである。ただし既存の民族誌はそれが映像表現としてではなく主として文字による報告や考察である点で、映画やテレビと異なっていた。しかし本書では、写真を多用することによって言葉と文字のみによる制約を脱して、生身の人間が私たちの同時代人としてそこに生きているリアリティを掬い取るような異文化理解の民族誌を書いてみたいと考えた。同時にそれを、文化人類学の柱となっているフィールドワークという方法の可能性と問題点について素朴にしかしラディカルに考える機会としたいと思った。

本章の前半で、これまでの民族誌ではおよそ語らなかった私自身の、カキリガン村の人たちとの個人的で私的な、そして深く長く続いてきた関わりについて書くのは、そのための試みである。私のフィールドワーカーとしての道のりは紆余曲折の連続であり、途中で道草を食ったり寄り道したりしながら歩いてきた。その分かれ道での選択は、深い思慮にもとづく判断や苦悩の果ての決断というよりも、何か大きな力に押されて抵抗できず、後戻りもできずに流された結果であった。「たまたま、成り行き、巻き込まれ、そして開き直って」歩いてきた一連の経緯は、つまり村に住んで調査をする前に始まって本調査を終えた後も続いた関係を含めて、フィールドワークと呼ぶのがいちばんぴったりとくる。

1 成り行きでフィリピンへ

私が博士課程に進学したのは一九七六年四月、それに先立つ学部時代の一九七二年の九月に、戦後長く断絶していた日中間の国交が正常化した。そんな空気の中で学部では第二外国語として中国語を履修し、卒業論文（アミ族の巫覡）も修士論文（漢人の霊魂観念と死者儀礼）も主に中国語の資料を用いて台湾を事例として書いた。博士課程進学後には、台湾か中国に留学してフィールドワークをしたいと願っていた。しかし日中の国交回復が成っても中国では文化大革命の余波が続いており、留学や調査研究の門戸は閉ざされていた。大学院生が現地でフィールドワークをすることなど出来る状況ではなかった。

他方、台湾との国交は途絶し、公的な奨学金を得て留学する道はなかった。大陸へも台湾へも行けない中での次善の策、いや、切羽詰まった中でやむなくフィリピンへの留学を文字通り泥縄式に計画したのであった。

フィリピンはアジア太平洋戦争で日米の激戦地となり、派遣された六〇万人の日本軍の将兵のうち四八万人強が戦病死した。フィリピン側の被害はもっと甚大で、フィリピン政府の発表では一一〇万人が犠牲となっている。そのため反日感情が強いと聞いており、正直に言えばフィリピンは避けて通りたいと思っていた。しかし他の国々、たとえばインドネシアやマレーシア、タイなどは人類学の優秀な先輩が何人も留学やフィールドワークをしていて、遅れて入ってゆくには敷居が高いなぁと怯んでいた。

右：関東学院六浦でクラスメートだった桐谷敬三君と北海道旅行へ（1970年）。東大では初め桐谷君と一緒にサッカー部に入ったが2年の夏に退部し、その後はスキーにのめり込んだ。／上：乗鞍岳の新雪斜面を滑る（1975年）。／左：中高ではスポーツかロックがカッコ良いと思われており、私も遅ればせながら大学に入ってからギター教室に通った。教室の発表会で（1971年）。

予備調査で訪れたベンゲット州のナルンガン村。1977年4月。

そこで台湾高砂族と同じマレー・ポリネシア系のルーツをもつ北ルソン山地民の宗教文化を調査して比較研究へと発展させてゆく、という調査計画書を書いて文部省（当時）のアジア諸国派遣留学生・奨学金に応募した。運良く採用されて大喜びしたが、正直フィリピンのことは博士課程に進学してから勉強を始めたばかりだった。実を言えば、フィリピン留学は次善の策というよりは緊急避難のようなもので、いずれフィリピンでの研究が一段落したら台湾か中国に行きたいと密かに思っていた。だから、結果としてそれから四五年あまりフィリピン研究を続けてきたことは、自分でも驚きなのだ。

なぜそんなにも長くフィリピンに関わり続けたのか、それについては追々問い直すとして、ともかくフィリピンに行った当初に時間を移そう。

2　北ルソン・コルディリエラ山地での予備調査

フィリピンに留学した当初、私は北ルソンのコルディリエラ山地民（当時は少数民族と呼ばれていた）の村でフィールドワークを行いたいと計画していた。実際に予備調査ではカンカナイやイフガオ、ボントック、カリンガなどの先住民の村をいくつか短期で訪問した。

ちょうどフェルディナンド・マルコス大統領が戒厳令体制のもとで国民国家の建設と経済成長を強力に進めようとしている時代だった。どんな山奥であっても人々が外部世界の影響を拒み、山中に孤立して伝統的な暮らしを続けることが困難になりつつあった。とりわけコルディリエラ山地では、チコ川

上：予備調査で訪れたイフガオ州のバナウエ町。棚田観光の中心地であり赤い屋根の建物はバナウエ観光ホテル。／左：バナウエの棚田。右手奥にバナウエ観光ホテルの屋根が見える。1977年3月。

での巨大ダムの建設をめぐって地元住民のあいだで反対運動が起こり、それをフィリピン共産党＝新人民軍が支援して警察軍とのあいだで緊張と衝突が生じていた。

一九七七年二月から五月までの三ヶ月あまりのあいだ、私は北ルソン山地の中心地、標高一〇〇〇メートルほどの高原都市バギオに下宿住まいをして、コルディエラ山地での短期の予備調査を繰り返した。そしてフィリピン留学の際に心積もりをしていたカリンガ州で最奥地のルボ村に出かけるチャンスを得た。ルボ村からバギオに出てきて働きながら大学に通っていた若者が、結婚式を挙げるために村に帰省するので、彼に頼んで同行させてもらったのだ。早朝のバスでバギオを発ち、山岳州の中心であるボントック町まで未舗装のでこぼこ道を六〜七時間走る。そこでバスを乗り換え二時間ほど、急な山斜面に貼り付いたような狭い悪路をノロノロ走り、雨よけの屋根だけがあるティンラヤン村の停留所で下りた。さらに三〇分ほど、徒歩で斜面を谷底まで下りてチコ川の川辺の集落に着き、そこで一泊した。

翌朝は日の出とともに家を出て歩き続け、尾根を二つ越えて夕方四時過ぎにルボ村に着いた。七〜八人ほどの同行者がいて、二人の男は屋根を葺くために丸めたトタン板をかついでいた。彼らも、また年少の同行者も、バックパックひとつだけの私よりも足速に山道を上り下りした。朝食も昼食も食べず、前日に村のサリサリ・ストア（よろず屋）で買ったビニール小袋入の砂糖を、水飲み場で休憩するときに舐めて空きっ腹をごまかした。村に着いたとき、お世話になる家がヤカンで煮出し

ボントック町のほぼ全景と、山から町へ出てきた村人。1977年5月。

ルボ村に戻る村人たちの一団。2人の男は屋根をふくトタン板をまるめて担ぎ、坂道では私よりも速く歩いた。1977年5月。

上：ルボ村の全景。カリンガの集落は、家が密集して建てられている。1977年5月。
左：ルボ村を遠望する（With kind permission of Mr Francis Balgos, Pala-lagaw at https://www.pala-lagaw.com/.）

左：村の教会での結婚式。花嫁のシナイダに首飾りと腕輪の贈り物をする花婿。
下：居候をした家の前で記念写真。
1977年5月。

たカリンガ・コーヒーで歓迎してくれた。スプーンに山盛り二杯のたっぷりの砂糖を入れた濃く甘い味に、疲れが一気に緩んでいくのを感じた。

村には二週間ほど滞在したが、そこは山奥で伝統的な生活を続ける人々の地であり、まさに異文化という印象をもった。疲れが吹き飛ぶようなパワーを与えてくれた甘苦いコーヒーの味や、川で獲れた大ウナギのぶつ切り煮込みの深い味わいは今も覚えている。調査地としてとても魅力的と思い、そこでの調査を真剣に考えた。けれども結局断念したのには二つの理由がある。一つは前述した巨大ダム建設を巡る対立と治安の悪化で、ルボ村に入る数日前にも村の近くで新人民軍による警察軍への待ち伏せ攻撃があり、兵士二名が殺されていた。それに対して警察軍は掃討作戦を展開し、フィエスタ（お祭

ルボ村近くの焼畑。アエタの焼畑に比べて除草その他の維持管理をしっかりと行っている。

上：私のために正装をしてくれた長老夫婦。／右：フィエスタの日に小学校の校庭で踊る若者。1977年5月。

り）の特別な期間であったにもかかわらず、兵士が村の中にも入ってきた。村人のなかにも共産党＝新人民軍への協力者や情報提供者がいたが、村人は誰がそうだか知ってはいても決して警察軍には教えないと言っていた。

安全への懸念に加えてそこでのフィールドワークを断念したもう一つの理由は、そこがすでに人類学の調査が行われている場所だったからである。しかもスティーブ・マガムノンというルボ村出身の若者が、別の村で調査をしたアリゾナ大学の人類学者から奨学金の支援を受けてマニラの大学まで進み、その後パリのソルボンヌ大学大学院で人類学を学んでいるというのだ。村で生まれ育った者が文化人類学の専門家となったとすれば、言葉も文化も知らない自分がゼロから始めて何ができるだろうと不安になった。

墓所へ遺体を運ぶ葬列。土葬をして数年の後に遺骨を掘り出して洗骨儀礼をする。1977年5月。

さらに言えば、イエール大学の博士課程にいた日本人留学生の高木ミチコ氏が、カリンガの別の村で足掛け五年ほどにわたる長期の調査をして博士論文を執筆していた（Michiko Takaki, 1977, *Aspects of Exchange in a Kalinga Society, Northern Luzon*）。彼女はミンドロ島のハヌノー・マンギャンやコルディリエラ山地のイフガオの研究で高名なハロルド・コンクリン教授の指導を受けており、カリンガ語をほぼ完璧に話せ、カリンガの踊りも土地の娘よりも上手だったという話を何人もの村人から聞いた。それに加えて、私は寄寓した家で毎晩のように南京虫に喰われ蕁麻疹のようなアレルギー反応と微熱が出て体調不良となったことも弱気の一因だった。最後は身の安全と健康を考えてフィールドワークを断念したというのが偽らざるところなのだ。

3 カキリガン村へ

こんな風に、フィリピンに留学した当初にはアエタのことは考えもしなかった私が結局はカキリガン村を調査地に決めたのは、その頃フィリピン大学大学院言語学科で学んでいて私が交際していた山下美知子氏の個人的なネットワークがあったからだった。彼女は大学卒業後、日本のテレビ界で一世を風靡した番組『日立ドキュメンタリー・すばらしい世界旅行』の調査スタッフとして、北ルソン山岳民族編の番組制作のため一九七二年に予備調査をしたことがあった。そのとき知人の紹介で後にＥＦＭＤのディレクターとなったティマ氏とマニラで会い、氏の親戚で英語の堪能なカリンガ女性のディリアを調査助手として紹介された。ディリアと気が合い仲良く予備調査をしたが、テレビ番組の方は結局、本編の制作までは至らなかった。だがその時の二人の信頼関係がティマ夫妻に好印象を与え、カキリガンで調査することを許してもらえたのである。滞在の前半はティマ家の一室に居候をして、三度の食事も一緒にした。

これまで書いたように、調査地のカキリガン村はＥＦＭＤが造成した新村だった。ティマ氏から快諾を得たとはいえ、村人から正式に滞在を認めてもらったわけではない。ティマ氏に紹介され、村の二つのグループのリーダー（キャプテン）であるパン・メリシアとパン・ケイアンの二人には挨拶し調査許可を得たが、村人の寄合などで総意を確認したわけではない。彼ら自身も村へ移住してきたばかりで旧集落の近

右：豚の丸焼きの頭をメインとした昼のパーティーの食事の席でティマ夫妻。毎日の食事はごはんとお菜が一品で質素であった。
下：ティマ夫妻の4人の子供たち。1977年12月。

くの焼畑も維持していたので、しばしば村を留守にして山に戻っていた。

そんな状況ではあったが、アエタの言葉を学び、生業や生活の仕方、結婚や葬式などについて知りたいと村に住むことの目的を説明した。調査の具体的な内容は理解してもらえたものの、何のためにそんなことをするのとか尋ねられた。日本に戻って学校でアエタの暮らし方や習慣などを紹介するためだと説明したが、そのことの意義や何に役立つかなどは彼らにはイメージできないようだった。

フィールドワークでまず問題になるのは、言葉である。山下氏はフィリピン大学の大学院で三年近く学んでタガログ語（フィリピノ語）を習得しており、またＡＦＳ（American Field Service）の奨学生としてカリフォルニアの高校に一年間留学をしていたので英語も問題がなかった。一方、私はフィリピンに来てからの一年間タガログ語と英語を必死に学んだが、それほど流暢というわけではなく、カタコト程度の会話力だった。私が生まれ育った横須賀では、英語を話せるのは通訳か米兵相手の女性たち（パンパンやオンリー）だった。どちらも洋酒・洋モク（タバコ）・チョコレートなどを簡単に手に入れられるので地元の住民からは羨ましがられていた。が、同時にアメ公相手にチャラチャラ・ヘラヘラしやがって、と陰口をたたかれていた。それは今から思えば、そうした品々を手に入れられない悔しさの裏返しなのだが、まともな日本人ならば英語などを使わないで生きてゆくべしと子供ながらに思っていた。もちろん大学受験のためには英語の点数が重要なので、受験英語と称される文法や読解の勉強はした。

そもそもカキリガン村のアエタは英語を話さないので、村では最初から通訳は使わずタガログ語でコミュニケーションをした。アエタの青少年や若いリーダーたちはタガログ語を話せたからである。と言っても私の限られた語彙なので、初めの一ヶ月ほどは自己紹介を兼ねて各家々を回り家族写真を撮らせてもらうというのが実情だった。アエタは写真を撮られることを嫌がることはなく、それは平地キリスト教民（マジョリティのフィリピン人）の場合と同じだった。写真を撮るときは手持ちのいちばん良い服を着て身だしなみを整えた。平地民と違うのは、カメラを前に笑顔を作れず緊張気味になることだった。

もちろんデジタルカメラなどは無い時代だから、そうした写真は、一ヶ月あまりが過ぎてマニラに数日出かけ

調査を始めた頃、村人と知り合い仲良くなるために各家を訪ねて簡単な自己紹介をたどたどしいタガログ語で行い、その後に家族写真を撮らせてもらった。写真はマニラに行ったときに現像プリントして、村に戻って各家に配った。彼らは写真を撮られるのを嫌がることはなく、いちばん良い服を着て対応してくれた。しかし緊張のせいか平地人と異なり、にこやかな笑顔を作ることはなかった。

たときに現像・プリントして、村に戻ると配って回った。そうしながらあらためて家を訪ね、写真に写っている一人一人の名前を尋ねてノートに書きとめ、成員間の血縁関係を教えてもらった。毎日午前と午後それぞれ一軒の家を回り、雑談したりしながら親族関係図を作っていった。またその頃小学校の一教室を使って保育園が開かれていたので、初めのうちは保育園の教室に座って言葉を覚えようとした。そこで子供たちになつかれ、村になじんでゆくことができた。

4 「成り行きの人類学者」の負い目

こうしてカキリガン村に住み始めたわけだが、当時の私にとって、フィールドワークをする理由とは、いずれ一冊の民族誌を書きたいという、まったくの個人的なものだった。そもそも私が文化人類学を志したのは、異文化のなかで暮らしフィールドワークをすることによって、私自身が「新しく生まれ変わりたい」という願望からだった。第Ⅱ部の各章でも詳しく述べることになるが、横須賀で生まれ育ち日本語で考え日本の常識にどっぷり浸かって生きてきた自分が、文化人類学とフィールドワークによって新しく生まれ変わるきっかけを得られるのではないか。だから大学院に進学したあと、たとえ大学で研究や教育の職が得られなくとも後悔しないだろう、選り好みしなければどこかの会社に就職できるだろうと気楽に考えていた[7]。

自分自身が変わるためにフィールドワークをしたかった、などと正直に認め

(7) 実際、一度も日本に帰ることなくフィリピンで過ごした二年一〇ヶ月のあいだに、私は大きく変わった。まず体質が変わり汗かきになった。フィリピンに出かけるまでは、冷え性で冬などは足先がいつも冷たくなった。体質が変わるとともに気質も変わった。フィリピンに行く前は神経質で几帳面な性格だったと思う。特に高二、高三で大学受験を意識して一所懸命に勉強を始めてからは、机の上や本棚はいつもきっちり整理しておかないと気が済まなかった。ただし衣類や持ち物の整理整頓は苦手でいつも散らかしていて母に叱られた。食べ物や人の好き嫌いもあった。

けれどフィリピンで暮らす間に、自分の期待や心算りのとおりに人は動かず、物事は進まないことを痛感した。最初の一年をケソン市やバギオ市で暮らしているあいだ、待ち合わせの時間どおりに人は現れず、遅れて来ても「ごめんごめん、トラフィック（交通渋滞）だったから」や「突然に雨が降って動けなかった」と説明して終わりだった。カキリガンで暮

村の子供たち。男児は素っ裸で過ごす子も多くいた。1977年12月。

ときどき川にピクニックに出かけたりもして、子供たちは喜んだ。1978年1月。

幼稚園の授業風景。年長と年少の2つのグループに分けていたが、先生の目が届かないときには勝手におしゃべりしたり遊んだりしていた。1977年12月。

らすようになってからは、そもそもアエタは時計を使わずに暮らしているために、決められた時間に何かをするという習慣がなかった。またフィリピンでは地方の田舎にゆくと、村と町の中心部（役所、教会、広場、マーケット）を結ぶ交通手段である乗合ジープニーは、乗客が満席になるまで出発しなかった。村人たちが買い物や所用を終えて集まってくるおおよその時間は想定できるが、一時間ほどのずれが生じることも当たり前だった。

たが、それでは「学問」や「学術研究」と呼ばれるものとは縁遠い、個人的な趣味や修行のようなものではないかと問われても仕方あるまい。さらに言えば、現地調査やフィールドワークは文化人類学の専売特許でもない。それならなぜ文化人類学だったのか。

当時のことを思い起こすと、まず大学への入学は大阪千里丘で万国博覧会が開催された一九七〇年だった。それは一九六四年の東京オリンピックと同様、戦後日本の復興と高度経済成長を象徴する国家イベントであった。その年の七月、私は東大サッカー部の新入部員として、部が京都大学との定期戦を行うため京都に遠征してゆくのに付いてゆき、そのついでに延泊して万博見物をした。国をあげてのお祭りに野次馬気分で出かけたという次第だが、その時代は、いわゆる戦後高度経済成長の光と影がはっきりと映し出された激動の時代だった。多くの大学は学生運動の渦中にあった。その前年一九六九年一月には、東大安田講堂を占拠していた学生運動の活動家を機動隊が放水と催涙ガスを使って強制排除する二日間の攻防が、テレビで中継された。安田講堂の内部は破壊されて廃墟のようになり、その年の東大入試は中止となった。高度成長政策が一定の成果をあげつつ、それにともなう公害問題の深刻さなどが誰の目にも明らかになった。しかし今日の「地球の限界」から振り返れば、そうした「成長」の矛盾に対する根本的な問いかけはなされなかった。安田講堂の封鎖解除と万博開催は、資本主義が修正を試みつつ「新たな成長」を夢見る、能天気な時代の気分を象徴していた。

そんな時代の気分に私も染まっていたわけだ。文系で大学院に行って研究教育職に就けなくても、多少は歳を食っていようとも、何とかなるだろう。一流企業に入社して出世競争を頑張るなんてカッコ悪いな、大事なのは地位や金じゃぁないだろうと思っていた。へそまがりの性格もあっただろうが、ベトナム反戦運動やヒッピーの暮らし方、カウンター・カルチャーの影響も大きかった。満員電車にがまんして通勤するような暮らしは嫌だな、たとえそうなるにしても、その前に一度は日本を脱出したい、海外の異文化のなかで暮らしてみたいと強く思っていた。それは、戦後のアメリカの傘の下での高度経済成長を、横須賀でアメリカの軍と兵隊の存在を感じながら育ってきたこ

上：横浜市の小学校6年生のときの夏休み課題図書感想文コンクールでガガーリンの『地球は青かった』で入賞したとき、担任の下平先生とともに開港記念会館での授賞式に臨み、学校に戻って記念写真を撮る。1963年。／左：小学校3年生のときの遠足。清水は左端。1960年。

と、横浜の私立ミッション・スクールに小学校から高校まで通ったことと関係があった。横須賀では米軍基地の圧倒的な存在に反発を感じていた。いっぽう横浜の学校では、キリスト教の博愛精神とアメリカのロックとポピュラー音楽・ファッション大好きの同級生に強く影響されていた。

アメリカに対して愛憎半ばして大きく振幅する気持ちを抱えつつ、横須賀と横浜でない場所で生まれ育ったならば違う自分になっていたかもしれない、というふうに私は考えていた。子供時代に周囲にいた混血の子たちはアメリカに養子として引き取られていったのだが、アメリカに行ったら日本語を忘れ英語を話すアメリカ人になっちゃうんだろうな、と子供心に思ったりした。そのことは、なにかしら奇妙な不安と恐怖を伴っていた。それには童謡「赤

左の2人はアエタ、右の白シャツを着た2人は米兵と平地民女性との混血児のアーネルとボビー。2人は私たちが村に住み始めて間もない頃に母親とともにやってきた。母親はオロンガポ市のバーで働いていたときに米兵と懇意となって子供をもうけたが米兵は母子を残して帰国した。その後に母親がアエタの男性と結婚し、それぞれの夫がカキリガンに住む親族を頼って転入してきた。しかし2人とも半年ほどで母親とともに姿を消した。アエタの村に米兵との混血児がいることに驚いた。1978年3月。私にも小学校1年生のときには米兵との混血児がクラスメートにいた。その後もクラスは違ったが混血の同級生がいた。

い靴」が影響していただろう。「今頃は青い目になっちゃって」という歌詞と独特の短調のメロディーを、幼い頃は物悲しい恐れとして、長じてからは、「日本を離れてアメリカに行けば違う人間になれる」という可能性というような意味で、受け取るようになっていた。場所を変えれば周囲の環境も変わり、それに影響されて自分も変わり違う側面や可能性が引き出されるだろう、という根拠なき期待を持ったわけである。他人任せの、ずいぶんと脳天気な身の処し方ではあったが、アメリカへの愛憎混じった感情が、「文化」なるものに深く関わっていることは理解された。文化人類学という学問があることを知ったとき、これが自分をつくり直す鍵になると直感できたのは、こうした体験があったからだ。

もっとも、異文化を学ぶことが自文化の理解や内省、新たな気づきや批評的な視座の獲得へと直接に結びついてゆくというのは、最初は頭の中の理解であった。しかし後知恵ではあるが、フィールドワークという営みを知り自らもその真似事を始めてみて、異文化のなかに自らを置き日々の暮らしをすることは、それだけで五感を総動員した全身的でかつ知的な作業なのだとはっきりと分かった。まず周囲からの刺激や情報を感知し受容して身体的、感覚的な反応が導かれ、村人たちとさりげない世間話をすることで理解が深まる。仕事を手伝ったり——実際には足手纏いになって邪魔したりすることも少なくないが——儀礼的なことに参加したり出来事に巻き込まれたりしながら、それらを総合した洞察へと深めてゆく。さらに自他を比較することで両者の差異と共通性が明らかになる。先に、フィールドワークは人類学の専売特許ではないと書いたが、文化人類学のそれは他の学問とはかなり違う。この点に関しては、また第Ⅱ部で触れることにして、少し話を戻そう。

こうした私自身が変わりたい、今までとは違った自分になってゆきたいという願望は、日本の高度経済成長期に若者が海外貧乏旅行に出かけ始めるという時代背景と関係があったろう。その時代の気分を体現し、多くの若者たちへの先例と励ましとなった小田実の『何でも見てやろう』が出版されたのが一九六一年だった。この本は小田がフルブライト奨学金の留学生として渡米し、その勢いで欧米・アジア二二ヶ国を貧乏旅行した体験記である。今でも、ネット書店の紹介文には、「先進国の病根から後進国の凄惨な貧困まで、ハラにこたえた現実を見たまま感じたままに書いたベスト&ロングセラーの快著」とある。彼はその後、アメリカの北爆に抗議して鶴見俊輔・小林トミらとともに一九六五年にべ平連（「ベトナムに平和を！市民連合」）を組織し、それは反戦運動の牽引車のひとつとなった。

アメリカの大衆文化（音楽、映画、ファッションなど）は大好きだけどベトナムに介入して戦争をするアメリカは大嫌いというアンビバレントな自分。横須賀（基地と米兵）にある自宅と横浜にある学校（共学のミッション・スクール）で実感する違う顔をしたアメリカ、その二つを少し離れたところから見なおしてみたい。つまり前と後ろで異なる二つの顔を持つヤヌス（古代ローマの神）のようなアメリカと、その間で揺れる自分自身とを比較して三角測量をするための基準点として文化人類学の考えかたを身につけたいと思った。アメリカも日本も突き放して比較するための視点と技法を文化人類学から学びたいと願った。アメリカと日本の強力な文化的磁場（価値観や世界観）から離れ逃れるために、まずは欧米とも日本とも違う世界、つまり第三世界の首都からも遠い地域に住む周辺民族の異文化が、そのための場と機会を与えてくれると思った。それは小田実に象徴される若者たちの時代感覚や気分でもあったと思う。

マゼランの世界一周以降、とりわけ産業革命以降には欧米諸国が地球規模での経済政治軍事的な支配を強化し、いわゆる近代化を推進してきた。その結末がアメリカのベトナム介入戦争に至ったのならば、欧米の考え方や常識と、それが世界を作ってきた歴史発展経路とは違ってあり得た、あり得る発展経路の可能性の手がかりを得たい。それとともに自分自身も欧米の影響（ヘゲモニーと洗脳）から自由になりたい。こうした願望を周辺民族の異文化に対して抱いたわけだが、考えてみればずいぶんと自分勝手な動機である。ストーカーほどには悪質でないだろうが、相手のこともよく知らないままに一方的に強いあこがれと幻想を抱いてしまう初恋みたいなものと言えるかもしれない。それは先に書いたように、毛沢東の文化大革命に抱いた幻想から覚めた後の、淡くて少しばかりはシニカルな夢だったと今では自覚している。

それはともかく、以上を端的に言え

ば、私がカキリガン村に住むのは、村人たちから頼まれたり要請されたり招待されたわけではなかった。自分の勝手と都合で押しかけたのである。だから私を受け入れ調査に協力してくれる彼らには感謝とともに負い目や恩を感じていた。それで私からも彼らのためにお礼やお返しのようなことをしなければと思った。アテネオ・デ・マニラ大学に留学した当初、英語の勉強をかねてメアリー・R・ホルンスタイナー教授の学部生向けの文化人類学入門の少人数講義を受けた。その際にフィリピン社会では円滑な人間関係がきわめて重要で、それを成り立たせるための価値や社会規範として「心の内で深く感じる恩（ウータン・ナ・ルオブ）、恥（ヒヤ）、相手に合わせること（パキキサマ）」の三つがとりわけ大事であると習った。ルース・ベネディクトが『菊と刀』で論じた日本人の行動原理と似ているなと思うと同時に、カキリガン村で暮らし始めた後に思い起こし、自分もそうしなければと思った。

5 マニラへの「修学旅行」

村の人たちに何かお返しがしたい。そんな気持ちから始めたのが、外から来て学ばせてもらっている私が、逆に村の子供たちに外の世界を体験してもらうという、「修学旅行」と称した取り組みだった。

前述したように、私が初めてカキリガン村に行ったのは一九七七年六月の予備調査であり、そのときはティマ氏が家族とともに住んでいた家の一部屋に一週間ほど泊めていただいた。一〇月に再び村に戻ってフィールドワーク

を始めた後も、二〇ヶ月におよぶ滞在の前半はそこに寄寓した。その後はアエタの友人（キャプテン・パン・メリシアの弟のパン・フクリ氏）が作りかけて資金不足で放置していた家を借り受けて完成させ賃料を払って住んだ。

ティマ氏の夫人アロマさんが、EFMDが教室三つの小さな校舎を建設した小学校の校長先生だった。うち二つの教室を使って西麓ビリャール村出身のアエタ教師ロバート・コスメ氏とアロマさんの二人が五学年を二つに分けて複式授業で担当し、小さな一教室では保育園が開設されたが二年足らずで閉鎖された。四年生や五年生の生徒数は少なかった。高学年の子供たちは、カキリガンに移住してくる前に対岸のラバウ集落に住み、歩いて一時間あまりかかる平地民のアグラオ村の小学校へ通っていた。ティマ夫妻には四人の子供がいたが、皆カキリガン村の小学校に通い卒業した。サン・マルセリーノ町の知人や教師仲間は、子供の教育のためには町の小学校に入れるべきだと何度も助言をしたが、夫妻は、そんなことをしたら、自分の子には良い教育をうけさせて、アエタにはレベルの低い教育をしていると思われてしまうといって受け入れなかった。

私が住んでいた頃は村には電気が通じておらず、ティマ夫妻の家ではキャンプ用品として人気の高いコールマン・ランプを使って灯りとしていた。ティマ家での居候の後にパン・フクリ氏の借家に住み始めたとき、私たちもその真似をしてコールマン・ランプを使ってみた。十分に明るくて何の不自由もなかったが、家の外に出てみると、そこだけが異様に明るくて周囲の隣家からは中が丸見えになり、まるで照明に

右から：ロバート・コスメ先生の授業風景。／小学校の校舎。／小学校の前で子供たち。真ん中がアイリーン・ティマ。左上に立つのはイメルダ・セラーノ。1977年1月と2月。

照らされた舞台や映画館の暗闇のなかのスクリーンのようだった。私たちが自ら進んで見てちょうだいといわんばかりに、観察される側になったわけである。確かに村での生活は私が参与観察をさせてもらうと同時に、村人もさりげなく私たちの動きと振る舞いを観察して話のタネにしていた。川での水浴びの際には村の子供たちも付いてくるので半裸の身体についても彼らの話のタネになっていた。それでも自ら進んで家のなかの生活を照明の下で丸見えにしてしまうのは気が引けた。

右：1ヶ月に100ペソ（約4,000円）で借りて住んだ家。借りるに当たっては傷んだ箇所を修繕し竹壁で囲った土間を増築し、そこに竹製のテーブルと長椅子を置いて食卓兼仕事机と調理台を作った。／左：家主のパン・フクリと娘婿でパンパンガ側から婚入してきたパン・ベンドイ、その両側に息子。1978年9月。

　それでコールマン・ランプを使うのは数日で止めにして、村人と同じようにお酢やコーラの空き瓶にボロ布を入れて芯とした手製の石油ランプを使うようにした。おかげで強烈な照明を当てられた劇場舞台となることは免れたが、逆に手元の明かりとしては不十分だった。毎晩、フィールドノートを整理し日記を書く作業をしていたために気づかないうちに目が悪くなった。フィリピンに留学する前は両眼の裸視力が一・〇あったが、帰国して期限の切れた運転免許証を更新する時には〇・二と〇・三に落ちていて眼鏡条件を付けられてしまった。

　村の水道は、近くの山の湧き水をいったんその横の貯水槽に貯めてから村までビニール管で導水していた。その蛇口はEFMDのスタッフの家々のほかは、村の二箇所の共同水場だけにあった。日々の生活をするためには、水汲みをはじめ料理のための薪集めや食材とする山菜野草採り、焼き畑からサツマイモの蔓や里芋の茎葉を取ってきたり近所のアエタ家族からおすそ分けをしてもらったりした。それらの野菜をサバの水煮やトマトソース煮の缶詰と一緒に鍋に入れて一椀で一汁一菜とした。コーンビーフやミートローフの缶詰と一緒に炒めたりすることもあっ

朝食の風景。手前の背中姿の左手がカルメリータ、右手がピイチャイ。左に見える斜めの竹ハシゴを上がった高床の部屋をカーテンで2つに仕切って暮らした。土間や軒先には野生のランを吊るした。花が咲くと朝に強い芳香を放った。1977年11月。

た。乾期には毎日、雨期にも雨が降らない限りはほぼ毎日、夕方には河岸段丘の端にある村から二〇メートルほど下を流れる川まで出かけて水浴びをして、ついでに洗濯をした。

そんな暮らしぶりにはお手伝いが必要だった。けれど一人だけ雇うのでは、まるで召使いのようになって可哀想だ。それに山下氏がカキリガン・グループの言葉に関する修士論文をフィリピン大学大学院言語学科に提出するための資料を集めていた。いつもアエタの日常会話を聞いていたいという都合もあった。それで高床式の六畳一間ほどの部屋の真ん中にカーテンを吊るして左右に仕切り、村の小学校に通う数人の女子生徒と一緒に暮らし、彼女らに家事に必要な事柄を手伝ってもらった。我が家に住む中心メンバーはピイチャイとカルメリータの二人で、それ以外は

土間に置いた食卓兼作業机でオリベッティのタイプライターを使って資料の整理をする。家の軒先にも野生ランのヤシ殻植えを数個吊るした。乾期には花をつけ、朝から芳香が漂ってきた。乾期の昼下がりには40度近い猛暑となったが、空気が乾燥していたので耐え難いというほどのことはなかった。ただし頭がしびれるような疲れを覚え、昼食後に1時間ほどの昼寝をした。1979年1月。

我が家と各自の家を行ったりきたりしていた。

　そんなわけで常に三、四人が寝泊まりし、食事だけに参加する者もいたが、彼女たちは村での出来事についていろいろ教えてくれる大事な情報源になってくれた。私にとっては、いわば「少女探偵団」といった存在だった。どこそこの夫婦が喧嘩しているとか、誰と誰が相思相愛で駆け落ちしそうだとかの情報を日々の食事の際に教えてくれるのである。もっとも他方では、我々の生活についても逆に親きょうだいや友達に面白おかしく伝えていたようだ。瓶につめた梅干しをこっそり味見して、なんてまずいものを大事にとっておくのだろうかと思ったとも言う。「日本人の味覚のおかしさ」は村人にも広く知られた。

　そんな中、二ヶ月に一度ほど、休息と栄養補給、日用品の購入などのために三、四日ほどマニラに行くときには、二、三人の子供たちも遠足や修学旅行と称して一緒に連れていった。そしてティマ夫妻がケソン市のフィリピン大学近くのUPヴィレッジに賃借して甥や姪を住まわせていたアパートの一部屋に泊めてもらった。

マニラの観光地イントラムロスのフォート・サンチャゴで。フィリピンに来た私の両親に会うためマニラに出ていった時、カルブハイ（左端）とオーレリオ（右端）を同行した。1978年7月。

第一回は村の若手リーダーとして期待されていたラバウ・グループのカルブハイ・ソリア氏（キャプテン・パン・メリシアの女婿）とキリン・グループのオウレリオ・ラフット君（小学校の六年生）を同行した。二回目はパン・フクリ氏の長男エヴァリストくんを連れて行った。

6 アモック事件
サヤウの夜の騒動

少し話がそれるが、このエヴァリストくんはその後、カキリガン村のサヤウ（ダンスの夕べ）の夜にアモック（怒りが堪えきれず突然に攻撃的になること）事件を起こし村中が大騒ぎとなった。サヤウは私たちが住んでいた家の横で催され、私たちも巻き込まれてその夜は村人らとともに近くの山へと避難した。

サヤウでは、治病儀礼や社会的な集まりの際に踊られるタリペと呼ばれる伝統的な踊り（手足を激しく揺らし動かす）と違い、ラジオ・フォノ（蓄音機）でレコードを大音量で再生し、男女がペアになって踊る。レコードは平地民社会で流行した少々古い歌で恋愛をテーマにした甘い調べがほとんどだった。お金に余裕があれば町の業者からサウンドシステムを借りて大音量で音楽を流す。アエタの古い習慣に従えば、ふだんの生活で未婚の若い男女が隣り合って座って親しく話をしたり、少年が少女の身体に触れたりするだけで少女側の両親や親族の怒りを招き、結婚を迫られたり賠償を求められたりする。しかしサヤウの場では、少年が少女の身体に触れたり軽く抱いたりして踊ることが黙認されており、男女にとって

左：バンディ（婚資）として入手した蓄音機を見せてくれる。この蓄音機は後に親戚の少年の婚資の一部として用いるために手放した。蓄音機などの貴重財は婚資の授受にともないアエタ・コミュニティの内部で循環する。／右：サヤウの夕べに一張羅を着て踊る中年夫婦。

は胸躍る特別な場であった。そうした楽しいひと時が一瞬にして暗転したのであった。

ある日のサヤウの夜、エヴァリスト自身も顔見知りだったサンタフェ村の若者が二人遊びにやって来た。その彼らが、何かの拍子にアエタを小馬鹿にするようなことを言ったらしい。それを聞いたエヴァリストが興奮して激しく怒り出し、サヤウの会場（竹で柱と骨組みを作りバナナの葉で平屋根を葺いた壁のない小屋）を照らすために壁にかけてあったコールマン・ランプをボロ（鉈）で打ち壊した。一瞬に暗闇となって驚きの悲鳴がいくつもあがり、集まっていた村人たちは一斉に逃げ出した。ランプはティマ家から借りたものであった。

前述したように、私たちはパン・フクリ氏の未完成だった家を借り受けて修理完成したものに賃料を払って住んでいたわけだから、エヴァリストはいわば大家さんの息子ということになる。彼はカキリガンにいちばん近く、とはいえ歩いて二時間ほどの平地民の村サンタフェにあるハイスクールの一年生（日本の中学一年にあたる）で、村の知人の家に下宿して学校に通っていた。外部世界のことをよく知り、また平地民からの差別も経験していたようであった。無口でおとなしい分、逆に傷つきやすくストレスを内に秘めていたのかもしれない。

カキリガン村の少女たち。余所行きの服を着て、記念写真に応じてくれる。左からカルメリータ、ピイチャイ、ロリータ、マーリー、メリサ。1979年4月。

危険を感じた村人たちとともに私たちも村の裏手の小山に逃げ、山への上り口にはパン・フクリをはじめ数人の男たちが弓矢を手にして夜通しの見張りをした。翌朝に村人たちとともに私たちも同居のアエタの少女らとともに自宅に戻った。前夜からの興奮が収まらずにいたエヴァリスト君と彼の親友でイトコのエミリアノ君の二人は、「お酒なんか飲んだから、こんなことになるのよ」という山下氏の言葉に怒り出して何か言い返し、危険を感じて家から逃げ出した山下氏と私のあとを弓矢と鉈を手にして追いかけてきた。八つ当たりと言えるとばっちりを受けたわけである。そのアモック事件の経緯と背景については別稿（一九八三）で詳細に報告しているので参照していただきたい。フィールドワークにおける個人的な経験を正直に伝えようとする試みは早い時期から実践していたのである。

7 カルメリータを日本へ

話を元に戻そう。三回目のマニラへの遠足あるいは修学旅行にマニラに連れていったのがカルメリータであった。

カキリガン村の男たちの何人かは村に移住してきて早々、フィリピンの他の少数民族の様子を実際に見て知るために、北ルソン山地のカリンガの村まで見学研修旅行に出掛けていた。カキリガンへの移住の前から、男たちが親族訪問などの目的で山中の集落周囲の生活世界の外へと時々に出る機会があったのに比べると、女たちにはそうした機会が少なかった。それで三回目には男女を含めて小学校でいちばん優秀だったカルメリータとイトコのマーリー・メリシア（小学五年生）を連れてマニラに出掛けた。国道沿いの町サン・マルセリーノまでは何度も出掛けたことがあったが、彼女がマニラに行くのは初めてだった。町までは、週に二回ほど出るＥＦＭＤのシックス・バイ・トラック（米軍払い下げ）に便乗して出かけ、そこで長距離バスに乗り換えた。乗ってしばらくしたらカルメリータは青い顔となり食べ物を吐いてしまった。そしてケソン市のアパートに着くと高熱を

Carmelita Soria

カルメリータ・ソリア（1964年3月12日生れ）は、1979年3月にカキリガン小学校を卒業。カキリガンへの移住前には対岸のクゥワルテル集落（イバッド集落に隣接）に住み、近くの平地民の村の小学校に通っていた。学校行事や訪問者の歓迎会などでは、しばしば生徒代表としてあいさつをした。

右：クリスマス会で踊る小学校の女生徒。カルメリータは右から2人目。1978年12月。／下：カキリガン小学校で来賓歓迎のために歌うカルメリータ（中央）。カキリガン小ではオーレリオ・ラフット（ギターを弾く若者）と並び成績優秀者だった。1978年2月。

サンバル語についてカルメリータが山下氏の質問に答える。1979年1月。

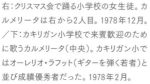

出して寝込んだ。心配して山下氏の知り合いでWHOマニラ事務所に派遣され、サン・ラザロ病院でも臨床に関わっていた尾後貫医師に連絡して、ダウンタウンのマラテ地区にある自宅までタクシーで連れてゆき診察してもらった。深刻な病気ではないでしょうとの見立てを聞いて安心した。実際、注射をして薬をもらって飲んだら翌朝には平熱に下がって元気になった。ほっと安心し、さっそくその日から三日ほどはマニラ見物を楽しんだ。その後も三〜四人のグループでさらに二回、マニラへの遠足を行った。旅の仲間が多いと子供達も安心するせいか、病気になったりすることもなかった。

　こうした経緯もあって、カルメリータは山下氏と日本の医療に全面的な信頼を持ってくれた。そして小学校を卒業したらサン・マルセリーノ町のハイスクールで勉強したいとの希望をいっそう強くした。その夢を実現し自分ひとりでも町で暮らして行けるよう、外の世界の見聞を広め自分に自信が持てるようにするため日本に行ってみたいと言い出した。当時のフィリピンの教育は小学校の六年間の後は四年間のハイスクール、そして四年間の大学という制度になっていた。カルメリータの家族はカキリガンに移住して来る前は対岸のイバッド集落に住んでおり、そのとき彼女は歩いて一時間あまり離れた平地民のアグラオ村の分校小学校に三年生まで通っていた。われわれがフィールドワークを終えて引き上げる時（一九七九年五月）が、ちょうど彼女も小学校を卒業する時期に重なった。そこで彼女を日本に一緒に連れて帰ろうということにしたのだった。

バンディ（婚資）として贈られた蓄音機でレコードを聴く少女たち。1978年3月。

　その頃フィリピンでは、日本の中年

男による買春観光が盛んになっていた。一年間で四〇万人近くの日本人がフィリピンを観光旅行等で訪問しており、その九〇%以上が中年男性であった。日本人の男性来訪者の多くはチャーター便に乗って団体旅行としてやってきた。午後の早い時間にマニラ空港に到着すると、待ち受けていたバスに乗り込んで市内観光に出かけ、夜はシアター・レストランでフィリピン舞踊を鑑賞しながら夕食を済ませる。夕食後はひと休みの後にホテルの大広間に集まり、そこで待機していた女性たちとの集団お見合いとなる。気に入った女性が見つかると彼女の名札の番号を受付に報告し、部屋に戻るとやがてその女性がやって来てドアをノックするとのことであった。いわゆる買春観光と呼ばれるもので、日本で週刊誌や新聞などで盛んに報道された。

それとともに、フィリピン側でも女性の権利保護や人権問題を扱うNGOが批判の声をあげ、街頭デモや大使館への抗議を繰り返した。それを受けて日本国内でも激しい批判や糾弾が起きた。内外の批判が一九七〇年代末頃から高まるのに応え、日本政府は一九八二年に旅行業法を改正し、旅行業者が買春等の不健全旅行等へ関与することを禁止した。すると表立ってのフィリピン買春団体旅行は激減したが、その代わりにフィリピンから「エンターテイナー」として多くの女性が日本に送られてくるようになった。日比両国の側に買春観光で大きな利益を上げるビジネスがあり、既得権益を守るために女性の送り出しへとシステムを変えたのである。ピザ店がお客が店まで来れないならば、ピザを宅配するサービスへと切り替えたのに似ていた。

そんな時に十代の少女を日本に連れてゆくのには少しばかり苦労した。一九七九年は買春観光の最盛期であり、日本でもフィリピンでも大きな社会問題となっていた。だからこれが、若い女性の人身売買（human trafficking）と疑われる恐れは十分以上にあった。しかし幸いなことに、マニラに駐在していた共同通信社の松下真支局長と時事通信社の羽生健二支局長が私の身元保証人となって推薦書を作成してくれ、そのおかげでスムースにビザの取得ができた。

ただしビザを申請する前にはカルメリータがパスポートを取得する必要があり、それには少しばかり手間取った。というのもフィリピンには役所が管理する戸籍の類いがなく、したがってパスポートの申請には、教会から洗礼を受けた際の証明書とバランガイ・キャ

松下・羽生両特派員が息子の真くんと岳人くんを連れてカキリガンまで遊びにきた時、パン・ガタイが親切に面倒を見てくれた。岩の上に立つ男（右）、二人の向こうに立つ男（下左）、ココナツの殻を割っている男（下右）がパン・ガタイ。二人の両側に座るのは彼の娘のイメルダとエレナ（下右）。1979年2月。

プテン（村長・区長に相当）による身分証明書が必要だった。カルメリータは教会で洗礼を受けていなかったので教会による書類がなかった。そこで出生証明に関しては町のお産婆さんに頼んで、確かに自分が助産して取り上げたという宣誓証明書を書いてもらった。

ちょうどタイミング良く、その年私は東大文化人類学教室の助手に採用されることが決まった。助手の採用が決まったという連絡を手紙で受けたのは一九七九年の初め、一一月に出した手紙が私の手元に届くまで一ヶ月半ほどかかった。これで食べてゆけると安心して山下氏との婚姻届をマニラ大使館に提出し、またカルメリータを連れて帰るための準備を始めた。婚姻届の保証人にも松下・羽生両氏になっていただき、お祝いの夕食をご馳走になった。蓄えがなかったために、結婚式はフィリピンでも日本でも挙げなかった。

一九七九年五月初旬にカキリガンを引き上げた。その直前、日本のゴールデン・ウィークを利用して東大理学部の尾本恵一教授がフィリピン・ネグリートに関する集団遺伝学の研究の一環として、血液サンプル採取のためにカキリガンに二日ほどやってきた。カキリガン村だけでなく、山腹の集落のグループにも私が事前に説明をして協力をお願いした。山から下りては来たものの採血を怖がったり躊躇したりする者もいたので、まず私が率先して採血することをグループごとに三回ほど繰り返した。集団遺伝学の調査とは別に、日本にもち帰った血液検体で各人の健康診断もした。多くのアエタの栄養状態は良かったが、眼病や切り傷の化膿などが何人かおり、マラリア原虫を持つものも一〇%弱いた。私の検査結果は栄養失調、貧血、低タンパク等だった。尾本教授のチームがマニラに戻る時、私たちもそのジープニーに便乗してカキリガンを引き上げた。

そして二週間ほどマニラに滞在したのち、私は六月一日の初出勤の一〇日ほど前に日本に帰国し、横須賀の両親宅に身を寄せた。学生・院生時代の貯金はほぼ皆無で、日本に戻ってからもすぐに独立して新生活を始めることができなかった。私は横須賀の両親の家に住んで住居費と食費を浮かせて月給を貯め、一〇月からは葉山に小さな一軒家を借り、家具と電化製品を買い揃えて新生活を始めた。葉山を選んだのは、その少し前に母親が軽い脳梗塞で倒れたからであった。もしまた倒れたら、すぐに駆けつけられるようにと考えた。葉山は三浦半島の西側に位置して相模湾に臨み、横須賀は東側に位置して東京湾に面している。京浜急行を利用すると家からバスか徒歩で山を下り、新逗子駅から京浜急行に乗って金沢八景で乗り換えて小一時間かかる。しかしタクシーならば逗葉新道のトンネルを抜けて船越に出て国道一六号線に入れば一五分ほどで行ける。また葉山の葉桜住宅の借家は周囲に小山が広がり、海も見えて環境がよくカルメリータにストレスがかからないと思った。

カルメリータの父親のポオラン・ソリア。頭脳明晰であるが自己主張が強く、私は少々苦手だった。しかしカルメリータの日本行きについては、娘が強く希望するならと簡単に許してくれた。カナイナヤン再定住地にて。1996年3月。

Carmelita at Kokura

上：山下氏の祖母と小倉の祇園祭見物に。1979年7月。
右：山下氏の両親とともに、自宅の庭で。1979年7月。

葉山で合流する前、カルメリータは私の帰国より二、三週間遅れて山下氏の帰国と一緒に六月中旬に来日し、彼女の両親が住んでいる福岡県京都郡豊津町の実家に行って山下氏とともに三ヶ月ほど暮らした。そこは稲作と果樹園農家が多い農村地帯にあって豊かな自然に恵まれ、カキリガンの生活環境と大きな違いはなかった。カルメリータは日本で不適応や病気になることもなく、また日本語の習得も早かった。近くの川で石の下に隠れている魚を手づかみで取る名人で、その頃はまだ田舎に住む外国人が少なかったこともあり、朝日新聞行橋支局の鈴木敏記者が彼女に興味を持って取材し、夕刊の記事にしてくれたりもした。

　カルメリータを日本に同行したのは、調査中にアエタの子どもたちをマニラに連れて行っていた「修学旅行」（遠

CARMELITA AT HAYAMA

上から：
家の前で遊びに来てくれた友人家族と一緒に。1979年10月。／食卓でくつろぐカルメリータ。／逗子湾を望める自宅近くの道路端で、近所に住む友達の娘さんとともに。1979年9月。／新宿駅東口の高層ビル街で。1979年12月。

葉山の借家の玄関で。近所の友人の子供と一緒に。持ち帰った弓矢を壁に飾っている。清水が手にするのは、手製のバイオリン。形を真似て制作され、針金の弦が張ってあるが、実際に演奏できる者はいなかった。1979年10月。

1979年(昭和54年)8月20日　月曜日　朝日新

狩猟・採取生活を離れ

比少女が〝日本の休日〟

TVのCMに夢中

近所でも評判の人気者

福岡・豊津町

フィリピン・ルソン島の未開地区で狩猟、採取の生活を続けているフィリピンの原住民族、ネグリート族の十五歳の少女が、福岡県京都郡豊津町で楽しい〝夏休み〟を送っている。フィリピン国立大大学院で、ネグリート族が使うリンバル語を研究している山下美知子さん(三〇)が、文明にふれたことのない子供を「現代の文明」に適応させるために実家に連れて来たものだが、うまく適応するだろうか、という周囲の心配をよそにテレビにかじりついてCMソングを覚え、畳の生活に溶けこみ食事の後片付けや庭の草とりを手伝ったり、近所の人たちのマスコットになっている。

山下さん宅でうちわを手に、にっこりのカルメリータ・ソリアちゃん（福岡県京都郡豊津町光富で）

山下さんは東京外語大を卒業したあとフィリピン国立大大学院で研究を続けネグリート族の社会構造を調査している東大文化人類学教室助手の夫とともに、この四月まで一年七カ月間、フィリピン北西部の草原にあるネグリート族の集落に住み込んで生活した。研究調査のかたわら〝八畳一間〟のカヤでつくった高床式住居をカーテンで二つに仕切ってネグリート族の子ども数人を預かっていっしょに寝起き、食事をともにした。

五月末に帰国するとき「子供たちに違った世界を見せ、教育しよう」とそのうちの一人、カルメリータ・ソリアちゃんを六カ月の観光ビザで同伴、豊津町光富の実家に住む母親の山下真砂子さん(五〇)に預けた。

ソリアちゃんは日本での生活の予行演習にマニラに行ったとき、バスが村の境界を越えると激しく吐いた。マニラのアパートではへんとうせんがはれただけで急に体が動かなくなった。自分の領域からはみ出して〝外の世界〟に緊張しすぎたためだった。日本では奈良や長野、東京にも観光旅行。日本語の勉強にはちょっとネをあげることもあるが、適応ぶりは順調そのもの。山下さんは家では庭の草とりや、食事の後片付けが彼女の仕事だが、真砂子さんが手伝おうとすると、「オカーサンハイイヨ」。テレビが大好き。すぐCMソングを覚えた。厳しかった顔つきもにこやかになり、近所では愛きょうがいいと評判だ。「ネグリートは受け身的な性格で自己主張が少ない。それに子供だから他の世界にもなじみやすい。同じフィリピンでも逆に上流階級からの留学生に[illegible]いようだ」と山下さん。ソリアちゃんは、あっという間のたくさんの体験に、いま頭がぼうっとしている状態なのだそうだが、途切れ途切れの日本社会の感想は「ミンナキレイナフクヲキテル。マズシイヒトイナイ」。

十一月には帰国、山下さんの援助を受け、村の子どもでは初めての高校に進む予定。「ベンキョースレバ、シゴトニモツケ、キレイナフクモキレル。ネグリートノセイカツモヨクナル」からだ。

ネグリート　山下さんによれば、フィリピンの原住民族で約二万人。後続のマレー系に追われ、おもに山中に住む。由来はアフリカのニグロと同じともいわれるが、学術的に解明されていない。カルメリータ・ソリアちゃんの集落は約二百人。主に教会の指導で陸稲の栽培を始め一応、定着した形だが、中心は移動しての焼畑農業と魚、鳥、野草などの狩猟採取。主食はイモ類、たんぱく源はカブトムシの幼虫やヘビにも頼る。たまに訪れる商人から物々交換でせっけんなどを手に入れる。

カルメリータの滞在を報道する朝日新聞西部本社版・夕刊第7面。1979年8月20日。

足）の自然な延長であった。マニラ旅行をきっかけに彼女が外の世界への関心を一層強め向学心を持ったことを私もうれしく思い、彼女には南西麓アエタ社会の若きリーダーになってほしいという期待をもった。

それはフィールドワークと称して私が招かれもしないのに彼らの村に入って暮らし、一方的に参与観察（というより覗き見）やインタビューをしていることへの負い目を払拭するためであった。たまたま彼女が小学校を卒業する時期とタイミングが合ったので、日本に連れてくる上での大きな問題や支障がないというのも理由だった。話が飛躍してしまうが、たとえばサッカーでは世界中のどこのリーグ戦でも対戦試合は常にホームとアウェーで一試合ずつ催して公平を期す。日本のプロ野球でもアメリカのＭＢＡでも、バスケットボールでも対戦型のスポーツでは、多くがそうしたホームとアウェーでの二回の試合開催という相互性を原則としている。ならばフィールドワークでも相互性の理念が根幹にあるのが望ましいと思った。

半年ほど日本に滞在した後には、帰国するカルメリータを山下氏がカキリガンまで送り届け、さらにサン・マルセリーノ町にある私立高校に入学するための手続きと段取りをした。入学金や月々の授業料、町での生活費は、私が奨学金として定期的に送金した。カルメリータには大学まで勉強を続け卒業後にはコミュニティの若きリーダーとなってほしい、できたら大学院に進学して文化人類学を学び日本研究者になってほしいというのが、私の勝手な夢であった。カルメリータは学校の成績もよく、何よりも地頭が良かったので、そうした夢もいつかは実現してくれるかもしれないとの期待を持った。

彼女は町での生活も学業も問題なく順調に進学していったが、四年生のときに大恋愛をしていっとき学業を中断し、やがて退学してしまった。その後、一年ほどしてピナトゥボ山をはさんで反対側のパンパンガ州のカパス町の郊外、キャンプ・オドニール近くで修道女が運営する女学校に編入学して卒業した。けれども卒業後は大学に進学せず、カキリガン村に戻って平地民の男性と結婚し三人の子供をもうけた。平地民の男性は一九八〇年代の半ばに、カキリガン村の近くで採掘できる軽石（ジーンズをストーン・ウォッシュするために使う）を掘り出す仕事ためにやってきてカルメリータと知り合った。カキリガンの周辺は砂まじりのローム土壌で、地表面を掘って軽石を採取して仲買人

1986年8月から1年間、私はサバティカル休暇を得てフィリピンに滞在した。研究目的は、同年2月に起きたピープル・パワー革命（20年続いたマルコス強権体制を打倒）に参加した一般市民の精神世界の解明と、その深層にあるカトリックの信仰およびアメリカ大衆文化の意味世界の理解であった。そのとき国立フィリピン大学・デリマン校のキャンパス内にあるエルネスト・コンスタンティーノ教授（言語学）の教員住宅の一室に家族3人で寄寓した。娘の美帆は教授の3人の子供と遊び、ただ一人の外国人として地元の幼稚園に通い、すぐにタガログ語を習得した。同年の12月にカキリガンを訪れた際、タガログ語で村の子どもたちと遊び、またカルメリータが美帆の世話をしてくれた。1987年1月。

左からイメルダ、カルメリータ、美帆、オーリンダ。三人とも利発で、山下氏が可愛がり仲が良かった。

に売るために、平地キリスト教民が何人か入ってきた。そのなかの若者のひとりに求愛され、私の勝手な夢と計画はあえなく頓挫したわけだ。

ピナトゥボ大噴火のとき、彼女は夫やカキリガン村の村人らとともにオロンガポ市郊外のニューカバラン小学校で避難生活を送り、翌年一月には、そこから谷を隔てて反対側の丘の上に造成されたイーラム再定住地に、政府から土地区画と家を提供されて移り住んだ。しかし一年ほど過ぎた頃、実兄のウィリーが彼女の土地と家の権利を勝手に平地民に売ってしまった。そのため一家は家を手放しイーラム再定住地に住んでいられなくなり、やむをえずヌエバ・エシハ州のマグサイサイ陸軍基地の隅に造成された再定住地に引っ越していった。その後は彼女とも連絡が取れなくなってしまった。彼女は兄の

私に同行してカルメリータとの再会を喜ぶ、エレナ、ベナス、ナニン。カルメリータと抱き合っているのが親戚で幼馴染のエレナ・ソリア。

ヌエバ・エシハ州パラヤン市の州庁舎前で待ち合わせ、カルメリータとほぼ30年ぶりの再会を果たす。再会を喜んだ後、遅い昼食を町のイナサル・レストラン（庶民的フィリピン料理店）で取る。右側奥はカルメリータの長男。自宅から十数キロ離れた州庁舎までバイクの後ろに母を乗せてきた。2020年3月15日。NGO・NEKKOのバンを運転して同行してくれた冨田一也氏が撮影。

ことをとても怒って絶縁しており、引っ越した後はイーラムにもカナイナヤンにも姿を見せなかった。

そんなことがあったが、二〇二一年になってカルメリータと連絡がつき、彼女の幼なじみらと一緒に、中部ルソンのヌエバ・エシハ州まで会いに行くことができた。約三〇年振りに再会できたのである。さらにコロナ禍がほぼ終息した二〇二二年八月、私がサンバレス州のアエタの友人たちを再訪した際には、カルメリータの方からわざわざ二〇〇キロの道のりを越えてサンバレス州カス

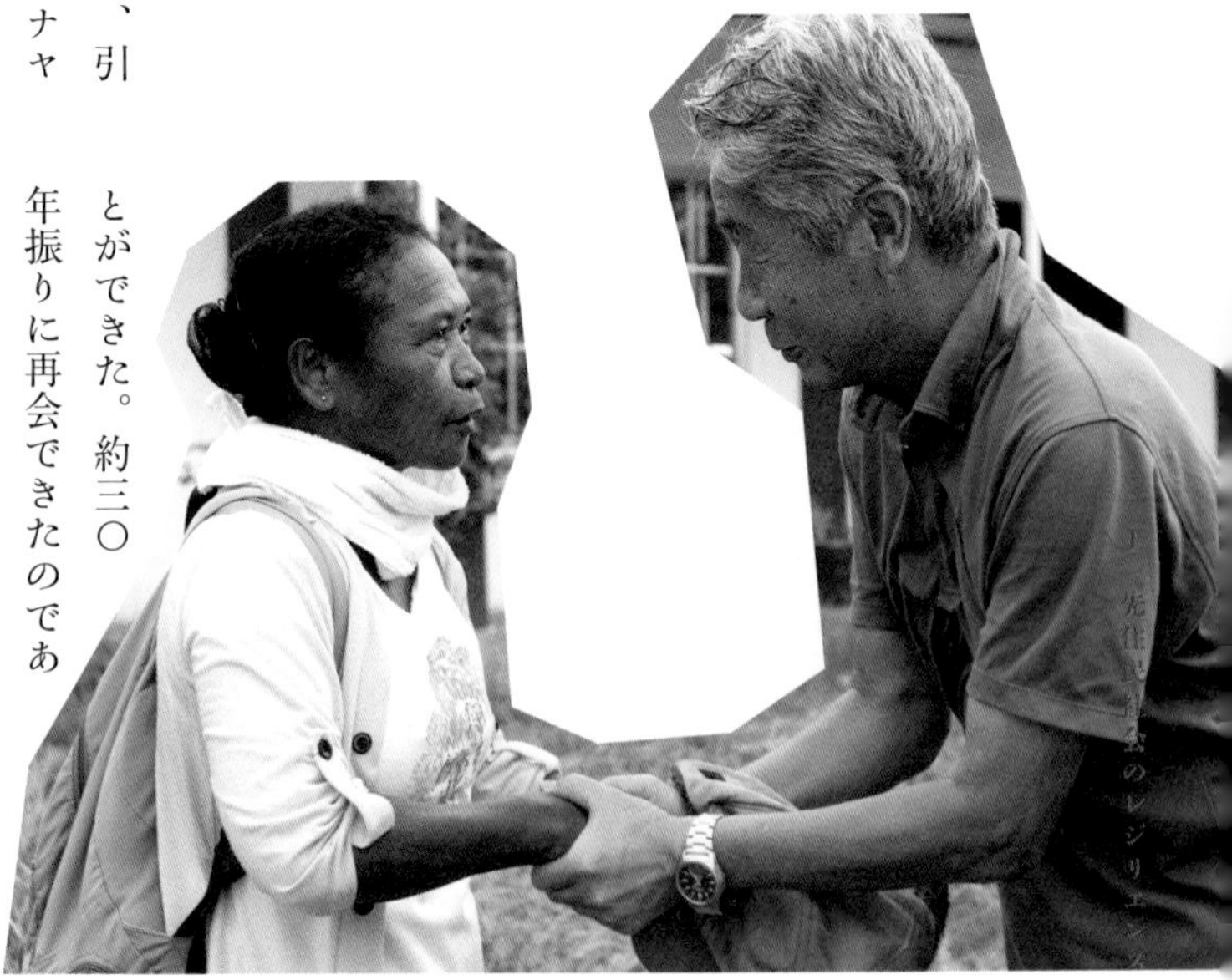

昼食後、カルメリータの自宅を訪ねて夫君に挨拶し談笑する。平地民の彼は、1980年代半ばに軽石を採掘する仕事でカキリガン村にやってきた。噴火後にはオロンガポ市郊外のイーラム再定住地に住んだが、1年ほど後に家を手放し、ヌエバ・エシハ州の再定住地へ移り住んだ。夫はパラヤン市でさまざまな賃労働を行い、カルメリータは保育園の保母や簡単な農業、編み籠づくりなどをした。2020年3月。冨田一也氏撮影。

テリホスの町まで出てきてくれた。そして私とカルメリータが来ていることを知って、実兄のウィリーも、イバッド集落（カキリガンへの移住の前に住んでいて、噴火後一〇年ほど経ってから戻っていたのだった）からカステリホス町の美容院「絆サロン」まで出てきてくれた。絆サロンというのは、日本の美容師たちのボランティア奉仕団体であるウッディ・チキンが、アエタの子供たちへの理髪と女性たちへの美容サービス活動を行いながら、アエタ女性を美容師として養成し開業できるように支援をしている美容室である。まさに「絆」という場所で私たちは再会し、兄との喧嘩別れから三〇年近くを経て怒りも

上：私との再会を喜ぶウィリー・ソリアと。2022年8月30日。冨田一也氏撮影。
下：絆サロン美容室で清水の髪をカットするエレナ。2023年2月。

消えたカルメリータは、兄との和解を果たしたのである。

8 相互性原則なき人類学への自己批判

先に相互性の原則と書いたが、その実行を試みたカルメリータについては遵守・貫徹すること、つまり彼女（または別のアエタの若者）が日本に来て暮らし調査し日本について語り書くようになるまでの夢は実現達成できなかった。本章は、その次善の策という性格をもつ。つまり調査者として彼らを一方的に見て、聞いて、書いてきた私が、逆に見られ、書かれる対象となるという逆転による起死回生策を試みようとするのが本章の目的である。とはいえ、取り上げる事例や写真の選び方、民族誌的な語り方において、編集者の鈴木哲也氏とブック・デザイナーの森華氏の全面的な協力と助言を受けながら、最終的には私が自分のセンスと好みと考えで最終稿を決定している。

それは映画制作において、役者であると同時に監督でもありカメラマンともなり、さらには出来上がったラッシュ・フィルムを切り貼りしながら繋げて一本の作品とする編集者になることにも似ている。一人で三役や四役を演じそれぞれの仕事をするという点で、フィリピンのインディペンド&オルタナティブ映画監督の父と呼ばれるキッドラット・タヒミックの制作スタイルに似ている。彼は普段の生活でいつも撮影カメラを持ち歩き、日常生活を記録する。そして時には自らがカメラを友人に託し、その前で進んで被写体と

フィリピンの国民芸術家（ナショナル・アーティスト）で自主制作映画監督・アートアクティビストとして著名なキッドラット・タヒミック。右は処女作「悪夢の香り」（1977）のワンシーン、中は「虹のアルバム」（1994）のパンフレット。左は竹製のカメラ（もどき）を手にして国際シンポなどで欧米インテリ・知識人を撮影する（撮られ客体化する）パフォーマンス。

なって自身の姿と言動を撮影してもらう。

　出来上がってくる作品は父親が子供の学校行事や旅行先で記念の映像を撮るホームムービーの趣をもちながら、キッドラット自身も写り込み主人公ともなり、特定のテーマで巧みに編集されて時代状況を語るドキュメンタリー作品となる。たとえば私が以前に拙著（清水二〇一三）のなかで紹介した「虹のアルバム」という作品がその手法を駆使した傑作である。私は一九八一年の国際交流基金主催のASEAN設立二五周年記念・アジア映画祭の歓迎レセプションパーティーで初めて彼に会い、以来四〇年にわたって彼の人生と作品の追っかけを続け、人類学者として多くの示唆と刺激を受けてきた。彼自身は自分のことを音楽ならぬ映画作りのワン・マン・バンド（ドラム・ハーモニカ・ギターなどを一人で同時に演奏する）プレーヤーだと言っているが、彼のように自分自身をさらけ出して描かれる対象（客体）となると同時に描く主体ともなる企ての民族誌というのも、本書の目的のひとつともなっている。

　本書とりわけ本章では、フィールドワークの実際を多くの写真とともに紹介しつつ、今までの拙著では書かなかった個人的なエピソードやそれらの背景をあえて披瀝してきた。私は人畜無害で人の良さそうな顔をしてカキリガン村に押しかけ、そこに住まわせてもらい、しばしば彼らの家に上がり込み、生業や生活の様子を見させてもらい、ときには盗み見とか盗み聞きのようなことも含めて、話を聞いてきた。もちろん、調査地では観察する以上に村人たちから観察され噂話のタネとされているのだが、民族誌を書くのは私であり、そこでは生身の人類学者の姿は後景に退き目立たない。それは露悪的に言えば、透明人間というよりも、夜の公園の茂みに身を隠しカップルの姿態に目をこらす覗き見オジサンの振る舞いに近いだろう。それならば今度は私のほうが覗き見や盗み見をしてもら

ってお相子としたいのだが、それでも「裸の私」（客体化された私）を見て書くのは、やはり人類学者の私（主体としての私）であるという矛盾は残る。

調査地における生活や経験、調査のコンテクスト（社会的脈絡や背景）まで詳しく書こうとする点で、人類学者の民族誌は私小説と似ているかもしれない。私小説は作者自身の生活、経験や心理状態について虚飾を加えず虚構化することなく書いた小説とされる。民族誌と小説の相違に関しては、カラハリ砂漠のブッシュマンのコミュニティで長年にわたって滞在調査を繰り返してきた菅原和孝が示唆的な考察と指摘をしている。菅原によれば、読者がその人生で出会うことがないであろう人びとの生のかたちをありありと描き出すという点で、優れた小説と良質な民族誌の間に本質的な差はない。

だが両者の間には現実世界との関わりかたにおいて、決定的な隔たりがあると菅原は言う。すなわち「民族誌とそれが記述する現地の人びとの実在との間には厳密に指標的な連鎖がある。この連鎖をつねに支えているのがフィールドワーカーの身体である。……事実性に満たされた場に人びとと直接的に共在していたことこそが、民族誌に固有な特徴の根拠となる」（菅原 二〇一三：三三八―三三九）。言い換えれば、小説がその工夫を「創作の秘密」として秘匿するのに対して、民族誌は記述の根拠を「発話原点」にまでさかのぼって逐一証拠を挙げて例証することができると指摘する。本書で自身も写り込んでいる写真を多用しているのも、その場に私も共在していたという証拠の意味合いもある。本書の試みは

人類学と競合他社・他者（私小説家、調査報道ジャーナリスト、ノンフィクション・ライター、ドキュメンタリー映像制作者など）との比較のなかで、人類学とフィールドワークの強みと可能性を発揮できることを意識したものであり、それを強く打ち出すことを念頭にここまで書いてきた。

今までの話をまとめたい。何度も繰り返すが、人類学の基本はフィールドワークであり、そこでの参与観察と文脈に即した理解が重要な柱である。ただし現場での当事者との直接的な共在に記述の根拠を持つという点で、その方法は人類学の独占ではなく霊長類学でも同様である。霊長類学では、共在と目撃の事実を写真と映像によって詳細に記録する。霊長類学に比べた人類学の参与観察は、目で観察することと写真や映像で記録することとともに、それ以上に耳で聞くこと、つまり習慣や儀礼や個々の行為やその他あらゆることについて当事者から言葉で説明してもらうことが情報収集の柱となっている。フィールドワークは、ある意味で目で観察すること以上に耳で聞く、説明してもらうことが重要である。阿川佐和子の『聞く力』（文春新書二〇一二）が説く「聞く」ための極意は、人類学でも参考となる作法である。

北ルソン・コルディエラ山地のカリンガ州ルボ村で、村の長老と記念写真。

確かに人類学者は、外国（アウェー）でのフィールドワークの際には見たことや住民から聞いた話をノートに書きとめ、母国（ホーム）に戻った後には民族誌を書くことに心血を注ぐ。フィールドでの参与観察や聞き書き、インタビュー、それらに関する彼らの説明を参考としながら、民族誌という調査地の文化をめぐるテクストを編み上げてゆく。調査許可や調査資金を得るために申請書を書くことから始まり、フィールドでの日々の参与観察の記録をノートに書き、それらをまとめて論文や民族誌を書くことに至るまで、一貫して書くことに取り憑かれている。人類学の調査と研究は「文化について書くこと」に取り憑かれているのである。そして最後に活字しにして発表する際に念頭にあるのは、フィールドで対話を続けた人々というより人類学界の内部の先行研究であり、人文諸学の関連研究であり、それらとの間テクスト世界における応酬である。フィールドにおいて対話を続けた生身の人間同士の関わりあいの記憶は薄れ、実際の関係も希薄になり、再びフィールドにもどって対話を再開し、対話とそれに触発される作業さらには個人的なコミットメントを継続してゆくことは稀である。

フィールドワークにおいてはラポール（心が通じあった信頼関係）が重視され、その入門編の学びの中でも特に強調される。が、それは現地の人たちとまずは仲良くして受け入れてもらい、友好的な関係を築きながら言葉を習得し、参与観察し色々教えてもらいながら文化と社会を理解してゆくための基本や前提で終わってしまいがちである。そうしたフィールドワークは、たとえてみれば焼畑農耕の一サイクルに似ている。ラポールのおかげで村に住み始め、村人と仲良くするのは畑を耕すようなもの、そこに種をまき、水をやり、大事に育てて収穫を待ち、終わればそれで完了して一サイクルを終える。しばし畑は放置されて雑草や叢林におおわれるようになる。アエタならば六、七年から一〇年ほどの後に同じ場所で再び農耕サイクルを始めるが、多くの人類学者は一サイクルのフィールドワークで終わることが多い。

しかも、この業界では、次は遠く離れた他所で新しい畑を開き異なる収穫物を得ること、それらを比較し考究することが望ましいとされてきた。[8] それは東西冷戦の時代までは世界が資本主義と共産主義に分断され、陣営内の各国がそれぞれの国家統一を優先していたことと無関係ではなかった。西側陣営に入った東南アジア（アセアン）諸国では国内の共産主義勢力と対決するために開発独裁と呼ばれるような強権的な政治経済体制を敷き、それをアメリカや日本が強力に支援した。そこでは各国ごとの国内事情をふまえて、政治的な統一とともに文化的には地域や民族ごとの個別性や独自性を認め尊重しそれらの多様性を包摂する国民意識と文化の創出が試みられた。文化的・民族的な多様性が国民国家の文化的な豊かさを体現するものとされたのである。(9) とりわけ首都から遠く離れた田舎や

(8) あえて業界という言葉を用いるのは、文化人類学を大学で教えて給料をもらい、学会誌に論文を載せて評価されることで比較優位の競争をしていることが、市場での評価と販路の拡大をめぐって同業他社と比較優位の競争をしている点が似ているからである。一部上場の企業の業界ならば収益（売上）や株価によって評価されるが、研究者の学会では同じディシプリンの専門家によるピアレビューが重要となる。ただし学会の外部・マーケットでの評価はほとんど意識されない。

(9) フィリピンでは、マニラ国際空港のすぐ横にナヨン・フィリピノ（フィリピン村公園）が一九七〇年に造成され、一九七二年一一月にマルコス大統領令によって正式な施設として開園した。広い敷地内ではフィリピン各地の民族の多様な住居建築と生活文化を体験できた（一九九一年に閉園）。インドネシアでも同様な施設のタマン・ミニが一九七五年に東ジャカルタに開設された。

フィリピンでは一九六八年に少数民族の文化を保全するためにパナミン（PANAMIN: Presidential Assistant on National Minorities）が組織され、一九七〇年代初めにはミンダナオ島の密林で洞窟に暮らす「石器時代人・タサダイ」に焦点を当てた一大キャンペーンが行われた。ジャーナリストのジョン・ナンスの大版の写真報告書やリンドバーグの協力支援によってタサダイは世界的に有名な民族となった。しかしマルコス大統領が戒厳令布告後に、タサダイの生活と文化を護るためにジャーナリストや研究者らが訪問することを禁じたために、その後の調査は不可能となった。

一九八六年二月のピープル・パワー革命によってマルコス政権が倒れると、すぐにジャーナリストらが現地に入って追跡調査を行い、タサダイはパナミンの設立代表者のマンザ・エリサルデがパナミンと自身の宣伝のために創り出したデッチ上げだとの報告レポートを公表した。そのレポートをめぐって、学術界でも初期の調査に深く関わり「真正と近年の変化」だと主張する国立博物館の専門家らと、「デッチ上げの偽物」だとする国立フィリピン大学の教授らとのあいだで論争が起きた。一九八六年八月には両者がフィリピン大学に集まりシンポジウムを開催したが、主張の隔たりは埋まらず、真相の解明には至らなかった（清水一九八七）。

辺境地帯では個別性と自立・自律性が比較的に保たれ、だからそうした二つの異文化（他国）を比較すれば複眼的に見ることができる。さらに自文化（自国）も入れて三つを比較する三角測量をすれば相対性や客観性が担保され立体的な視界を得ることができることになる。

　こうした認識には、終章で詳しく考えるが、レヴィ＝ストロースの有名なテーゼである「熱い社会」と「冷たい社会」という二項対立の思考法の呪縛もあったと思う。人類学が研究の対象としてきた「未開」社会や「単純」社会は静態的であり、出来事が社会構造を変化させず、逆に出来事が構造に懐柔され吸収されてしまい、社会が根本的な変化をすることなく冷蔵保存されるという歴史認識である。実際私も、博士論文（一九八七）やそれを改稿して出

版した『出来事の民族誌』（一九九〇）では、アエタ社会を「冷たい社会」ととらえ、駆け落ちや病気、開発プロジェクトの開始などの出来事がいかに既存の慣行によって懐柔され馴化されて日常性を回復し、旧来の社会が存続してゆくかという描き方をした。ピナトゥボ山のアエタ社会の場合は産業革命と工業化の影響が直接に及ぶことがなく、主たる生業が採集狩猟から焼畑農耕へ移行し始めて一〇〇年から数十年ののちの段階だったので、生産様式と生活スタイルの全面的な変容が生じていなかった、という事情もあった。

　しかし一九九〇年代に冷戦が終わり地球規模でグローバリゼーションが急速に進行する時代に入ると、ある側面では間違いなく文化の均質化が進み、しかし逆にアメリカの大衆消費文化（ポピュラー・カルチャー）の浸透に対する

反発や危機感から、固有の民族文化への愛着と称揚が生じている。私がアエタとの関わりを続ける一方で一九九八年から毎年の短期のフィールドワークを一五年ほど続けた北ルソン・コルディエラ山地のイフガオ・ハパオ村でも、二〇〇七年には三三八世帯一七五一人の村から一五〇人もの人びとが海外出稼ぎに出かけていた。その四分の三ほどは女性であり、行先は台湾（四九人）、香港（四〇人）、シンガポール（一四人）、イスラエル（一二人）、スペイン（一一人）など二七カ国におよぶ。

　イフガオではグローバル化が、そしてアエタではピナトゥボ山の大噴火が、伝統的な生活スタイルを大きく変える力となって作用してきた。かつての「冷たい社会」という静態的な理解では捉えきれないダイナミックな社会変容が生じたのである。だから同じ村や地域

右頁：ハパオ村の古い教会（右）と建て替えられた新しい教会（左）。新しい教会の建設資金は国内外の教会からの寄付による。シンガポールと香港で働く村出身者の親睦組織もそれぞれ募金を集めた。
上：教会入り口横の壁には、伝統衣装を着て踊るイフガオの浮き彫り像。正面祭壇には、伝統衣装の聖家族のステンドグラス。

を長期にわたって調査研究する定点観測が、その定点自体が大きく変容することによりかえって重要な意味を持つようになってきている。かつては費用効果や生産性の観点から、長期のフィールドワークを二度三度繰り返しても新たな資料や知見の獲得はできず、時間と労力の無駄とされた地域や民族が、逆に急速な変容過程のゆえに興味深い格別の事例となりうる時代となったわけだ。

　しかし学術的に意義があるからといって、それは人類学者が一方的に、繰り返し長い調査をすることへの正当化

や言い訳とはなりがたい。長いお付き合いをするうえでは、調査者・研究者の側が一方的に利益を享受することはできない。私がここで相互性が大事だという内容は、とても単純なことである。フィールドで聞いた声に誠実に応える姿勢を続けようということだ。フィールドで私の質問や問いかけに応えてくれた人たちが逆に私に問いかけ呼びかけているならばそれを無視せずに向き合い応えましょうということだ。その声や呼びかけは日常生活のなかの素朴な質問ということもあるし、時に援助の要請ということもあるだろう。そうしたやりとりに私は「応答」という言葉を使ってきた。それはコミュニケーションまたは対話に近いが、前者では意味が広すぎ、後者では狭すぎる。私が思い浮かべるのは、アフリカ系アメリカ人のあいだで生まれたゴスペルやブルース、ジャズなどの音楽の「コール&レスポンス」と呼ばれる掛け合いである。リーダーが主題を示し（歌い／奏で）、聴衆やコーラス隊やバンド・メンバー（ジャムセッションの場合は参加プレーヤー）がそれを受けて提示された主題とメロディーの流れに沿って新たなフレーズを加えて応え、そしてリーダーもその展開からインスピレーションを受けてさらにその先へと開かれた掛け合いが続くやりとりである。

　そして私が重要と考えているのは、そうしたやりとりのなかで、人類学者＝フィールドワーカーの側が現地から呼びかけられていることを自覚し、それに応えてゆくことである。人類学者はフィールドワークの際には、日々見たり聞いたりして調査をしている。が、それと同時に、そしてそれ以上に、さりげなく見られ、さまざまに聞かれ尋ねられている。日常生活のそうしたコミュニケーション、相互性にもとづくやりとりは、調査の外部や余剰というよりも、生活と調査が渾然一体となって進むフィールドワークの主要部分である。

　そして今日ではフィールドワークを終えてからも、人類学者はお世話になった人たちとの応答を続けるのが普通になってきている。それは確認したい事柄の質問や近況の報告かもしれない。インターネットが急速に発達した今日、メールやチャットやフェイスブックなどを使っての応答は、国内外を問わず互いに日常生活の一部となっている。そのような個人間のコミュニケーションとしての応答とともにフィールドワークの際には、病気の治療費や入院費、子供の学費、コミュニティ開発のための資金援助、その他さまざまな要請を人類学者は受ける。それらをすべて聞き入れることはできないが断固すべてを拒絶することも難しい。

私が長くフィールドワークをしてきたアエタもイフガオも、今では日本人と同様にグローバル化の進行とネオリベラル経済の浸透がもたらす影響のなかで暮らし、生活や社会の急激な変化にともなう新たな可能性や困難に直面している。ただし各々の地域や社会の発展経路の違いによって、異なった制約を受け異なった困難に立ち向かい、異なった可能性に開かれている。人工知能とインターネット技術が急激に進化している今、現地にゆかずともパソコンの画面で相手の顔を見ながら（face to face で）親しく話すことはできる。ネットから基本的な情報を得ることも可能であり、近い将来にChatGPTを活用すれば報告書まで作成してもらえるようになるかもしれない。しかしお互いが暮らしている生活の場とコンテクストの成り立ちは、目と耳で理解する以外に鼻で匂いを嗅ぎ、舌で料理を味わい、肌で風や太陽の照りつけを感じることによって初めて総体的で全体的な理解ができる。そのためにも現地に行くこと、暮らすこと、そしてフィールドワークを行うことの意味と可能性は大きいと私は固く信じている。グローバリゼーションの時代でも、生身の人間がそのなかで生きている文化（歴史発展経路）と自然（環境・風土）は、均質や同一なものへと収斂してゆくことはない。逆に個々人の生活と実存、アイデンティティそして集団のエスニシティを支えるものとして自覚され称揚されたりして、無意識のままに作用してゆくだろう。

第Ⅱ部

人類学と私たちの生き方の新しい転回／展開

フィールドと呼ばれる現場にいた「調査者」自らもさらけ出す、写真による民族誌というのが本書第I部の試みであった。そのうち後者すなわち写真を多用した民族誌というのは、たとえば国立民族学博物館の『季刊民族学』など、事例がなかったわけではない。しかし、第4章（「カルメリータの人生行路」）のように、プライベートな事柄も含め私自身をさらけ出し、アエタの人びととの深く長い関わりを書くことは、これまでの民族誌、人類学研究ではほとんど無かったことである。数少ない例外は、鈴木裕之の『恋する文化人類学者』（二〇一五）であろう。西アフリカのコート・ジヴォワールの人気歌手のニャマ・カンテとの恋愛と結婚の報告、そして民族集団や親族組織についての考察である。

また最近では「自己エスノグラフィー」（オート・エスノグラフィー）と呼ばれる試みも見られるが、現地の人びとと調査者の「応答」を赤裸々に書くという蛮勇を犯す者はいない。私があえてそこに突入していった理由について、第4章で「相互性原則なき人類学への自己批判」と書いた。が、少なくない読者、とりわけ文化人類学や地域研究を専門とする研究者からは異論が出て当然だとも思う。「自己批判」だけでは、如何にも言い訳がましいし、学問としても生産的でなく未来への展望は拓けない。文化人類学や地域研究、更に言えばフィールドワーク一般に資する語りが必要だろう。

そこで本書の後半では、地域に関わる者が、なぜ自らの身体、個人的な体験を通して「対象」を見、「対象」と関わり、巻き込み巻き込まれる中で思考してきたことを民族誌として伝えることが必要なのか、考えてみたい。文章自体は、第I部とは大きく異なる、いわば既存の学術的なスタイルにはなってしまうが、私自身を隠さず記述するという意味では、同じように率直に語るつもりである。逆説的だが、畢竟、私たちは、自分自身ではない外部の他者との交流とコミュニケーションをとおして目から鱗が落ちるのだ。教えられ、啓蒙されることによって、つまり「外部の思考＝感覚器官」を迂回することによって初めて、新しく別の視点と視野から自らを含めた人間社会の成り立ちを理解することが出来るのだということを、若干の学問史も交えて論じてみたい。本書の場合、外部の他者が西欧の哲学者や思想家、文学者ではなく、学校教育や識字とは無縁のアエタであることが特徴的である。

Chapter 5
変化と持続
——被災からの創造的復興

前章で述べたように、文化人類学のフィールドワークは異文化を生きる人々のミクロな生活世界を理解し、自文化との比較によって互いの特徴を理解するための技法といえる。確かに村や街（調査地）で長期に暮らすことで特定のコミュニティを深く理解できる。しかし小さければ数百人ほどの村、大きくて数千人や数万人の町や市でのフィールドワークによって理解したことから、その民族や他の民族を多く含む国や地域全体の成り立ち方や特徴について敷衍して言うことは簡単ではない。

かつて、およそ半世紀ほど前まで人類学者は、人口が少なく社会の構成も比較的単純な民族を調査していた。それらを小規模社会（small scale society）や単純社会（simple society）と呼び、そこにはヒトの文化と社会の重要な構成要素が凝縮されていると考えた。だから小さな村や地域の集中的な調査によって民族や社会ぜんたいの成り立ちの骨格を明らかにできるとされた。そこには民族や文化や社会の均質性や同質性という前提があった。しかしピナトゥボ南西麓のアエタにしてもＥＦＭＤの開発プロジェクトが始まったときには、水稲耕作を試み始めていたラバウと移動焼畑を生業としていたキリンの二つのグループがあった。すでにスペインの植民地支配（一六世紀後半〜一九世紀末）の末期においても、その支配・管轄下に入ったグループ（conquestados 征服民）と平地民に対して抵抗の姿勢を捨てなかったグループ（non-conquestados）の二つが区別されていた。前者は森の産物の物々交換などをとおして平地民の商人らとの接触を続け、後者は時に平地民の集落を襲ったり食料やカラバオ（水牛）などを奪ったりしたという。しかし、それ以上に平地民の側がアエタを襲って集落を破壊したりアエタの子供を捕まえて奴隷として売り払ったりしたという。つまり同じ民族集団内部でも生活スタイルや外部世界との関わり方がずいぶんと違っていた。

同様に、ピナトゥボ噴火の衝撃や影響によるアエタの変化も一様ではない。再定住地で賃労働と貨幣経済になんとか適応して暮らしている者たちもいれば、山に戻り噴火前の暮らしを続けている者たちもいる。ただし両者は分断されて別々の世界で暮らしているのではない。再定住地に生活の拠点を置く家族も時に山に戻ったり、逆に山で暮らしている家族も農産物を売ったり日用品を買ったりするために町に出ていったりする。そして全体としては噴火前さらには私がカキリガン村に住み始めた頃から顕著であった、生活様式や自己意識／世界観の多様性がいっそう拡大している。

ましてやカキリガン村を中心とする南西麓に住むアエタの事例から、今では七八億の人口を有する人類社会の全体やヒトの進化の歴史について何事かを言うことはさらに難しい。ジグソーパズルの一ピースをどれほど細密に描いても、それだけでパズルの全体像が浮かび上がるわけではない。フィールドワークによって調査地の実情が興味深い事例となって描き出せても、個別の現場の事例から広く人類社会の成り立ちや来歴について短絡的に言い切れる結論はほとんど出てこない。

しかし、だからといって諦めてはならない。本章ではピナトゥボ・アエタの事例から、長い時間軸でのヒトの進化の歴史について、また現在時点の地球の広い空間のなかで、言えそうなことや参考になりそうなことを整理して読者の皆さんと共有したい。それが文化人類学という私が専門とする学が掲げた初心であった。特定民族の個別の文化を深く理解し、それを他の個別の民族・文化と比較して差異をふまえつつ人類・ヒトとして包摂できる共通性を見出したい、その普遍的な特性を明らかにしたいという願いである。私が教養課程の一、二年生ゼミで大きな影響を受けた見田宗介先生（ペンネームは真木悠介）の言葉を借りれば「根を持つことと翼を持つこと」へのチャレンジである。そうした動的で複眼的な視点こそが中根千枝先生のオリジナリティを生み出したとの主張を、彼女の人生と業績を論じた拙稿のタイトルとして掲げ強調したこともある（清水二〇二〇c）。

現場に近寄ってミクロの、そこから離れてマクロの両方を視野に入れて考える姿勢、つまり民族・文化の個別性とヒト・人類の共通性の双方への目配りをもって現代世界の問題にアプローチする視点をジリアン・テットは「アンソロ・ビジョン（人類学的視点）」と呼び、まさにそれが人類学者の強みと存在理由であり、現代社会に欠かせないと言う。その理由は、「人類学が……他者に共感を抱き、問題に対する新たな洞察を得るための知的フレームワーク（枠組み）だからだ。人類が気候変動、パンデミック、人種差別、ソーシャルメディアの暴走、人工知能（ＡＩ）、金融の混乱、政治対立に直面する今、このフレームワークの必要性はかつてないほど高まっている（テット二〇二二：八）」と断言する。

前作『サイロ・エフェクト――高度専門化社会の罠』（二〇一六）とともに彼女の著作と発言がアメリカや日本で大きな衝撃を与えたのは、彼女自身が中央アジア・タジキスタンの辺境地域にあるイスラーム教徒の村社会で長期フィールドワークを行って博士論文・民族誌を作成したこと、その後にファイナンシャル・タイムズで働きジャーナリストとして世界の政治経済の動態を把握し分析する仕事をしてきた経験による。フィールドワークにおいて敬意と洞察にもとづく異文化理解を実践し、文化の多様性と自分とは異なる世界観についての鋭敏な感性を養ったことと、その後に現代世界の経済・金融・政治の動態を分析するジャーナリストとして活躍することとが不可分に結びついている。まさしく人類学の初心であり、持続する志である。

ピナトゥボ火山の噴火時の頃を思い起こすと、確かに災害は被災アエタたちに多大の苦難をもたらした。かけがえのない者たちを奪われ、慣れ親しんだ生活世界が崩壊したことがもたらす被奪と喪失の悲しみと苦しみは、長く癒されることはない。それらがもたらす苦痛と困窮を軽減するために、行政、ＮＧＯ、復旧・復興事業に関わるさまざまな専門家・技術者、その他の関係者は最大限の努力をすべきである。ただし被災者はいつまでも無力で可哀想な存在ではない。新しい環境に適応して生き延び、自立自存の生活を取り戻すための奮闘をとおして鍛えられ、新しい考えや知識、経験、技術などを身につけてゆく。結論を先取りして言えば、カキリガン・アエタの被災は、彼らが〈新しい人間〉となり〈新しい民族〉として生まれるための産みの苦しみであった。

その際には、自助・共助・公助などの「内助」に加えて、旧来の境界を越えた外部からの支援、すなわち「外助」および外部世界との交流が、復興の促進と新しい人間・社会の創出に大きな役割を果たした。また自然環境の激変に対して個人や集団が柔軟に対処して生き延びてゆくためには、生存条件が劣悪となった土地から逃れて別の場所に移住する選択肢も有効であった。カキリガン・グループの被災と生活再建の歩みに三〇年以上にわたって長く伴走してきた経験から迷うことなく言える。そうした彼らの生存戦略の根幹は、生産性や効率よりも生存を第一とすることである。そのために選択肢を多く温存確保して危険分散を図り、頻繁な移動と移住を組み込んだ流動性の高い生活スタイルを好む。フィリピンがスペインとアメリカに植民地化されたことによってモノカルチャー（商品作物の単作栽培）が強制的に導入され、平野部の農民が困窮化していった歴史からの意図的なスピンアウト（飛び出し、分岐、逸脱）である。噴火前のアエタの生活様式は、そうした平地民の社会文化とは大きく異なる暗黙知の伝承と共有に基づいていた。

1 サイード『オリエンタリズム』の衝撃余波を受けた私

前章では、カキリンガン村でのフィールドワークの詳細について、個人的な生活や背景にまで言及しながら報告した。こうした試みは、この一〇年ほど、日本の文化人類学者の間で関心が集まり若い研究者らがチャレンジしている「オートエスノグラフィー」という企てとも重なるように見えるだろう。日本語では「自己エスノグラフィー」と訳されたりしている。それについて沼崎一郎は「語る主体としての自己を顕在化させつつ、主観と客観、自己と他者、パーソナルなものとポリティカルなものの交差する民族誌的状況を描き出すことによって、再帰的／反省的に人類学的な考察を展開しようとする試みである」(二〇一八、「日本文化人類学会・第五二回研究大会抄録」)と説明する。本書が写真を多用し、写真や文章のなかに私自身が恥じらいもなく登場して当時の状況や時代背景について私的なことまで含めて語ってしまうスタイルは、ある種のオートエスノグラフィーとも言えるだろう。実際、本書以外にも、私はいくつかの試行錯誤を始めている。(清水二〇二〇a；二〇二二c)

沼崎も指摘するようにオートエスノグラフィーは、『文化を書く』ショック以降の人類学における再帰的／反省的転回が提起した諸問題を、最もラディカルかつパーソナルに受け止めようとする試みの一つであった。が、もう少し長い時間軸で振り返れば、それはパレスチナ系アメリカ人の英文学者エドワード・サイードによる大著『オリエンタリズム』(一九八六[一九七八])が引き起こした知的衝撃、すなわち西欧による近東・中東のイスラーム世界の宗教・文学・文化研究(オリエント学)に対する根源的で全面的な批判の余波と残響のなかにあるとみることが必要だ。

『オリエンタリズム』の中では、アメリカ人類学の大御所クリフォード・ギアツのイスラーム研究が高く評価されている。しかもこの評価はギアツ個人だけでなく、人類学がオリエンタリズムとは異なり「自己の方法を再帰的に批判的に検討する」人類学全体への好意的なコメントに続いている。（サイード一九八六：三〇〇）しかしその後サイードは、一九八七年のアメリカ人類学会の招待セッションでの講演を発展させた「被植民者たちを表象＝代弁すること」（一九九八）と題された論文のなかで、初めて正面から人類学批判を行った。すなわち人類学もまた、優越的な西欧の観察者と従属させられた非西欧の土着の人々との民族誌的な出会いを通して生まれたゆえに、その起源において力関係の不均衡を内在させ、それを構造化してきたという指摘である。

しかも人類学は、その問題を主題化して向き合うことを避け、巧妙なテクスト戦略を精緻化することに特化したり（審美眼的な反応）、行為者の実践に排他的に焦点を当てたり（還元的にプラグマティックな反応）する修正主義的な研究によって延命を図ってきたとサイードは批判する。すなわちサイードが提起した問題の根幹は、書き方や表象の仕方への批判というよりも、他者を一方的に表象してしまう（することを可能にする）力関係、それを支えている政治的な支配や抑圧の問題であった。歴史的に文化人類学では、西欧の植民地宗主国の研究者が植民地に出かけて行って、異文化をエキゾチック（で魅力的）な他者として描きだし、その後でエキゾチックではあるけれども十分に理解可能であるという考察や分析をしてきた。そしてエキゾチックな他者と宗主国の側にいる自己とのあいだの溝が広く深いほど、そして両者を橋渡しして了解させる考察や解説、分析が明快であればあるほど、高く評価されたのである。

すなわち『オリエンタリズム』が提起したのは他者＝異文化の叙述のスタイルや表象の仕方にとどまらず、その背後にある異文化＝他者との政治的・人間的な関係のあり方であった。もっと端的に言えば、西欧によるオリエントの文学や宗教の研究が、政治的な支配に支えられ、またその支配に支えられつつ同時に支配の仕組みを隠蔽したり強化したりしながら存続させてきた知的な制度に対してであった。表象テクストの内部で問題は閉じられてはおらず、むしろテクストが外部の政治的な支配の枠組みに支えられつつ補強している点で、きわめて政治的な営為であるという指弾であった。表象する側とされる側とが置かれている全体的な構造、つまり表象テクストの外部つまり世俗の実社会で制度や秩序を支えている政治的な力関係とその作用を問題化しなければならないという主張である。

そのことはまたインド東部ベンガル出身の文学理論・文芸批評・フェミニズムの思想家であるガヤトリ・スピヴァクが『サバルタンは語ることができるか』(一九九八)という端的な表現で問題化している。反語的な書名が誤解を招きやすいが、彼女が提起したのはサバルタンが語れるかどうかではない。サバルタンが語れること、そして実際に語っていることは自明である。大事なのはそれが聞かれているか、そして聞いた側がそれにしっかり応答しているかということであった。反語的な問いの形で求められていた答え(応え)は、両者の関係における対等性や応答関係の有無、そしてその内実の再検討であった。

彼女が提起したサバルタンの声が聞かれていない、応えられていないという相互性を欠く力関係の不均衡という問題は、実は日本人の人類学者としての私にも当てはまる。文化人類学の世界、すなわち欧米の知的ヘゲモニーがディシプリンと称してゲームのアリーナを設定し、そこでのルールや慣行つまり知的作業の進め方とその際の作法と道具(専門用語と概念)を決めている世界では、スピヴァクが言うサバルタンと似たような位置に日本人の私も置かれている。

しかしアホで脳天気な私は、ともすればサイードが痛烈に批判する西欧の知的世界も少しは分かる人間として、さらに無意識のうちに二流で味噌かすかもしれないが自分もまた西欧インテリの住む世界の端っこあたりに目立たないようにして身を置いていると思っていた。しかし周辺に身を置きながら、正確に言えば周辺を自覚しているからこそ逆に世界の中心部の動向や知的な流行り廃りを気にしてチラチラと横目で見ながら、その流行りに乗り遅れまいと勉強した。誠実そうな顔をしてサイードの批判を受け止め応えようとしたことさえも、文化人類学における欧米のヘゲモニーを甘受してそこでの先端的な議論を少しばかりは意識していたことに半分の理由がある。三〇代の終わり頃にはアメリカ人類学会の会員にもなり、送られてくる学会誌の目次を見て、面白そうな論考の冒頭の要約や結論に目を通したりした。

けれども桑山敬己は、『ネイティブの人類学――知の世界システムと日本』（二〇〇八）のなかで、そうしたお目出度い勘違いの誤りを的確に指摘し、目覚めよと呼びかける。少なくとも私にはその声が聞こえた。桑山は、アメリカを中心とする人類学界においては、日本人がネイティブに似ていると言う。なぜなら日本人は長らく西洋人による表象の対象であり、自らの声（つまり日本人自身による日本の表象）がアメリカの人類学界のアリーナのなかまで届くことはなかったからである。しかも一九九〇年代頃からポリティカル・コレクトネスが強く主張されるようになると、第三世界またはＡＡＬＡ（アジア・アフリカ・ラテンアメリカ）、今ではグローバル・サウスと呼ばれるような地域の人々や文化について、欧米人が断定的に述べたり分析したりすることが知的ヘゲモニーのもとでの権力行使と批判されるようになった。その点で経済成長した日本は、建前としては弱者ではないために、日本や日本人は、力関係の観点から批判されるリスクなしに一方的な表象を自由にできる好都合な分析対象となったのである。（加藤二〇一六）

桑山自身は一九八二年に渡米してカリフォルニア大学・ロサンゼルス校大学院で人類学を学んだ。一九八九年に博士号を取得した後にはアメリカの大学（ヴァージニア・コモンウェルス大学）で教え、永住権も取得した。計一一年にわたる大学キャンパスと周辺での研究・教育生活の経験をふまえて、アメリカの学会では彼もまた日本人ネイティブであることを強いられてきたことの経験を痛切な思いで振り返る。彼はアメリカのアカデミズムのなかにドップリと身を浸し、それゆえ彼自身も「日本の人類学的貢献については疎く、むしろ多くのアメリカ人が心の奥底で抱いている非西欧の学問に対する偏見をそのまま受け継いでいた」と率直に認める。しかし日本に帰国してから、人類学の知の営みにおける西欧ヘゲモニーの強さを実感し、またポスト・コロニアルの時代の新たな思潮やネイティブの権利回復運動の台頭をふまえて、「こうした時代における人類学の課題は、特定の語りに特権を認めず、描く側と描かれる側はもちろん、研究対象の文化に関心を寄せるすべての人々に『対話空間』(dialogic space)を設けることにある」と提言する。(桑山二〇〇八：ii－iii)

本書が文化人類学を学ぶ学部生や大学院生だけでなく、人文学・社会科学系の専門領域の方やさらに広く学会とは縁のないような方々にも読んでいただきたいと願いも込めて写真を多用しているのは桑山の提言に応答しようという試みだからでもある。

2 被災と転地転生
国民＝先住民の誕生

アエタにとって(山からの)避難とは、安全のために単に逃げ出すという以上のことなのです。それは、彼らの愛する大地――精神的にも彼らの生命の源であり、生命の糧であるような大地――から根こそぎ引きはがされ、苦痛に耐えながら引き離されるということなのです。アエタにとってわが家とは、村にある小屋でも、丘の斜面の焼畑にある差し掛け小屋のことでもありません。彼らのわが家とは大地に根をおろし、なだらかにうねる丘の連なりと山なみに包まれ、渓流と小川にうるおされ、雲と虹、そして太陽と星の天蓋に抱かれたすべての場所なのです。(Foundevilla 1991: 30)

すでに詳しく述べたように、山での暮らしは質素ではあったが飢えに苦しむことはなかった。マーシャル・サーリンズが『石器時代の経済学』のなかで言うところの「始原の豊かさの溢れる社会」だった。人々は少なく欲求し多くの満足を得る禅僧に通じる生活をしていた（サーリンズ一九八四：八―九）。ユヴァル・ハラリも『サピエンス全史』（二〇一六）の第三章で「採集狩猟民の豊かな暮らし」を詳述している（五九―八五頁）。アエタの生活でも森の産物（野生バナナ、野生イモ、山菜野草、木の実、蜂蜜、その他）は豊富であり、鉈（ナタ）や鍋釜などの鉄器、塩やマッチや布や衣類などの必需品は栽培バナナ、イモ、バゴイボイ（箒作りの材料となるススキに似た穂を出す草）、野生バナナの花芽、野生蘭などと交換して得ていた。時にＥＦＭＤのトラックに便乗して町の市場に出かける者たちもいたが、町の市場に着くと商人たちが寄ってきて奪い合うように産物を確保し、一方的な値付けで代金を渡されていた。商人たちに気圧されてアエタの側は言い返しや値段の交渉をほとんどできなかった。そのため多くのアエタは町には行きたがらず、ときどき麓までやってくる平地民の商人との物々交換を好んだ。そのようなアエタが、噴火からの創造的復興の中でどう変わったか。それらについては、すでにいくつかの別稿で報告しているので詳しくはそちらを参照していただくとして、簡単にまとめると以下のように言える。

1　多様性の拡大と貧富の格差

噴火前のアエタの人口統計はなく、したがっていくつかの資料で推定するほかはないが、おそらくピナトゥボ山の一帯で二万人を超えるほどの人口を擁しており、その生活様式や世界認識は多様性に富んでいた。前述したように、大きく分ければピナトゥボ山腹の標高の高い地域の集落に住み移動焼畑と採集狩猟を行って伝統的な生活を営むグループと、山裾に住み平地キリスト教民との接触をとおして定住と農耕（常畑や一部では水田）を試み始めているグループに大別できた。

噴火後の生活再建の仕方は、噴火前の集落ごとにまた家族やグループごとに大きく異なり、その生活と意識の多様性が噴火後にはさらに拡大した。そして全体としては平地民の社会経済システム、すなわち貨幣・市場経済と国民国家に包摂されていった。ピナトゥボ山麓の東側、カキリガン村とは反対側のパンパンガ州のサパ集落のアエタ被災者を調査した吉田舞は、彼らがマジョリティである平地キリスト教民の社会経済階層ピラミッドの底辺へと組み込まれてゆき困窮していること、しかも共同体としてのまとまりや靭帯が失われてしまった窮状を報告している。吉田はそうした状況を「相対的底辺化」と呼び、その原因は彼らが市場社会に翻弄されながら個人化と共同化、フィリピン社会への参加（国民）と非参加（棄民）のあいだで揺れ動き、右往左往しているからだと指摘する（吉田二〇一八：二〇〇）。

ただしピナトゥボ山のほぼ真東の麓に位置し米軍のクラーク空軍基地に近いサパン・バト村では、韓国からの大規模な観光資本が投下されてリゾートホテルとレストランが二〇一〇年代の初めに建設され、土地の貸借料を得るとともに住民に雇用機会が生まれた。ホテルの宿泊客は韓国からの団体客が多く、ピナトゥボ山頂の火口湖への悪路のジープ・ドライブやトレッキングを売り物としている。同村の村民は噴火の後にヌエバ・エシハ州パラナン市のアギナルド陸軍基地に避難して十数年を過ごしたのちに帰村した。帰村後の生活再建のために韓国のプロテスタント教会が牧師も兼ねる村長（カラトン・バクライ氏）の自宅と教会を建てたのをはじめ、全面的な支援をした。村には異なる宗派のプロテスタント系の教会が四つ建てられている。

2　EFMDによる準備

噴火の被災後に貧富の格差が顕著に拡大してきたことは西側のサンバレス州側でも言える。ただし国道の町サン・マルセリーノから入ってゆく南西麓地域では、格差拡大がある程度は抑えられた。いちばんの理由はEFMDの存在であり、ディレクターのティマ氏夫妻の尽力であった。それに対して東麓で顕著なのは、噴火前の米軍クラーク基地の存在と兵員の家族を含めた米軍との関係であった。噴火の前には将校の夫人らが期限切れのレーションや古着などを贈る慈善活動を行っていた。噴火の一年後にはフィリピン全土から米軍基地が完全に撤退したが、入れ替わるように韓国のキリスト教会の積極的な布教と生活支援の活動が始まった。カキリガン村の若者三人が韓国人牧師の励ましと支援でプロテスタント神学校で学び牧師となった。

パンパンガ州側がアメリカの軍隊と韓国の教団との関係が際立っていたのに比べると、サンバレス州側のカキリガン・グループへの支援は布教活動をまったく伴わないキリスト教系NGO（EFMD）によって行われた点が特徴的である。その資金はドイツに本部があるHEKS財団から提供された。しかも噴火による自然環境と社会経済生活の激変を想定していたかのように、それへの備えを噴火の一五年ほど前から期せずして始めていたのであった。一九七〇年代後半からEFMDが定着犂耕農業と小学校教育を二本柱とする開発プロジェクトを同村で始めていたことは、結果として平地への避難と再定住地での生活再建のための準備活動や予行演習となった。小学校はEFMDのイニシアチブで建てられたが、早々に町の教育委員会に公立として認定してもらい、運営費と二人の教師の給料が確保された。

小学校教育の影響はカキリガン村だけではなく、姻戚関係のネットワークを通して南西麓の各集落にも直接間接に届いていった。教育支援では村の小学校を卒業した後に、勉学意欲のある生徒には高校教育さらには大学教育のための奨学金を提供した。ただし奨学金で短大や職業学校さらには大学まで進もうとする生徒はカキリガン村では少なく、受給者の多くは当初は西麓のビリャヤール村やポオン・バト村などの出身者が多かった。

それでも噴火の前後の三〇年近くにわたって続けられたプログラムで毎年数名から一〇名近くの奨学生が

選ばれるなかで、カキリガン村をはじめとする南西麓の高校生はその半分以上になった。学校教育をとおして、そこでの平地民の同級生との付き合いをとおしてアエタの若者たちは平地民社会で暮らしてゆくことの訓練と準備をしていたといえるのである。

3　再定住地での組織づくりとエンパワーメント

カキリガン・グループ以外でも移住先の各地の再定住地では、噴火から数年のあいだは政府や内外のNGOなどが現地で活発な支援活動を行った。各種の生業プロジェクトが立案され、その運営のために協同組合の設立や住民の組織化が進められた。一九八六年のピープルパワー革命でマルコス政権が倒される以前には、住民の組織化は共産党＝新人民軍が地方における勢力を拡大するための基本戦略として警戒され、しばしば軍の妨害を受けた。カトリック教会の神父や熱心な信徒による「キリスト教基礎共同体」づくりも疑いの目でみられ監視され嫌がらせをされたりした。

それがマルコス政権の崩壊によって国軍の干渉がいっとき弱まり、また共産党もピープルパワー革命を導いた一九八六年二月の繰り上げ大統領選挙への不参加によってその影響力を大きく減じた。国軍と共産党の角逐が弱まっていたことと、緊急非常事態に対処するためにコラソン・アキノ政権が海外からの救援活動を歓迎したことで、内外のNGO（医療関係の団体や医師も）が割合と自由に活動する空間が大きく開かれたのである。

そうした再定住地における支援の受益者としての組織化とともに、日常生活における平地民との頻繁な接触や交流をとおして、アエタはそれぞれの小グループごとに平地民社会の周辺や底辺へとゆるやかに包摂されていった。表面的には、アエタ個々人の服装や生活スタイル、家庭の外で用いる言語などの面で、平地民的な生活スタイルの受容が進んだ。子供たちは学校教育をとおしてフィリピノ語を学びフィリピン国民としての意識を育んだ。大人たちもまた、自分たちがフィリピン人であるからフィリピン政府が助けてくれるということを理解していった。

それと同時に、政府やNGOをはじめ支援してくれる者たちの庇護的な温情も、逆に露骨に差別する者たちの蔑視も、いずれもがフィリピン人マジョリティとは異なる自分たちの身体的・文化的特徴のゆえであることをアエタの人たちは自覚していた。さらに政府職員、NGOスタッフ、近隣の平地民との接触と交流・交渉をとおして、また子どもたちは学校教育によって、大人たちは主にNGOによる組織化とエンパワーメントのセミナー、識字教育などをとおして、新たな自画像と世界認識を作っていった。海外の支援団体との親善交流のためにアエタのリーダーたちが外国旅行に招かれ、報告会をしたり見聞を広めたりした経験も、フィリピン人である意識とアエタである意識を二つながら同時に強化することに大きく寄与した。

4　新しい人間の誕生——文化の意識化と先住民の自覚

そうしたアエタ被災者たちが、これからも平地民の社会のなかで生きてゆかざるを得ないと覚悟をするとき、あるいは積極的に生きてゆこうとするとき、各再定住地のリーダーたちを中心に彼らは格別な配慮と社会の底辺ではない居場所を求めて、政府の役所に陳情したり、集会などで要求したりするようになった。多くの場合、最初はNGOや各種の支援団体がアレンジしたり、示唆したり励ましたり交通費や弁当のサポートをして実現した。陳情や要求交渉の際には、フィリピンに最初に渡来し島嶼を占有した先住民の直系の子孫であることを彼らは強く主張した。その際、噴火以前にはほとんど使われることのなかった原住民（*katutubo*）と文化（*kulutura*）いう言葉を頻繁に用いた。*katutubo* には日本で一般的に用いられている「先住民」という意味はなく、その原義のニュアンスを含めて直訳すれば「その土地に生まれ育った者（「原住民」のニュアンスに近い）」になる。

そもそも彼らにとって「文化」とは、NGOのスタッフがエンパワーメントのセミナーなどで用いる、新奇であいまいで漠然とした、ともすれば空虚な概念であった。しかし、先住民としての覚醒と主張のなかで、彼ら自身によっても繰りかえし語られることによって、文化は実体化あるいは実在化し、日常的でかつ重要な語彙となっていった。とりわけ農地の貸与を要求する際には、大地こそは単に食糧を生産する手段であるにとどまらず、民族としての存続と不可分に結びついている固有の生活と文化を全面的に支える生存の基盤なのだ、と説明された。本章の冒頭で紹介したポオン・バト村のPO（住民組織）のLAKASを支援する「マリアのフランシスコ会」のシスターのエマ・フォンデビラさんが説明するとおりである。

先住民であることの自覚は、NGOが実施したエンパワーメントのセミナーやワークショップに参加した各地区のリーダーや中堅指導者たちのあいだでまず生まれ、次第に次世代の若手リーダーや若者たちへと共有されていった。また再定住地で選挙に参加することをとおして（噴火前までは山に住むアエタたちは町の役場に住民登録をしておらず選挙で投票するチャンスもなかった）、地元政治家にとってアエタが重要な票田のひとつとなり、陳情の声を聞いてもらえる可能性が格段に高まった。いっぽう子どもたちは、再定住地で学校教育を受け、国語であるフィリピノ語を習得して自在に使いこなし、フィリピン社会の一員であることの自覚を強めていった。大人たちも、日常生活の必要のために国語であり地域の共通語ともなっているフィリピノ語を次第に自ずと話せるようになった。こうして噴火の被災と生活世界の激変、そのなかでの文化の発見をとおして、先住民としてのアエタ民族という自覚と同時にフィリピン市民でもあるとの意識が新しく生まれ強化されていった。

5　生きる時空間の爆発的拡張

それと平行して、アエタ個々人の時間意識や空間概念も大きく変わっていった。噴火の前までのアエタは、主たる生業である焼畑農耕のサイクルを決める乾期と雨期に二分された一年を単位とした循環する時間のなかで生きていた。明日から先の日にちを特定する必要があるときは、短ければ今から何日先、少し長くなれば次の満月や新月の何日前とか後というように数えていた。一年や二年の近い過去ではなく、数年以上も前の遠い過去については、その頃に生じた印象的な出来事を参照しながら時点を特定していた。

アエタの歴史認識に即してみれば、出来事は時系列に沿って連鎖的に編年されているのではなく、彼らの周囲を取りまいて生活が営まれる場となる自然景観の各所が、そこで生起した忘れがたい出来ごとの現場として、見えぬ痕跡が刻み込まれた証拠となっている。噴火前までは、過去は生活世界の各所の景観のなかに潜在する共時態として存在していたのである（清水二〇一九：三三―三六）。

しかし再定住地に住み、子供たちが学校に通うようになると、親たちは子供たちの将来のために積極的に学校教育が必要だと理解し、奨学金がもらえれば高校や専門学校（理想的には大学）までゆかせようかと考え始めた。子供たちも勉強嫌いでなければ親たち以上にそう望むようになった。そうなると再定住地では、循環ではなく直進する時間とそれが将来にもたらす帰結を先取りして生活を律し組み立てるようになった。逆に先住民という自覚は、急進的なリーダーたちのなかに、元々はアエタの狩猟場であったピナトゥボ山東麓の丘陵と草原地帯をアメリカが奪ってクラーク基地としたことや、それ以前のスペインによるフィリピンの植民地化の過程で、アエタたちが次第に圧迫され、差別されてピナトゥボ山系へと退却していった歴史を強く意識させるようになった。

一方、再定住地で住民登録がなされ選挙権を獲得すると、アエタは地元政治家にとって重要な票田となり、政治家が彼らの存在を意識し、その要求に耳を貸すようになった。さらには、海外のNGOや援助機関、外国政府が積極的にアエタ被災者の支援のために介入し、緊急医療救援から生活再建、インフラ建設まで、さまざまな復旧・復興プロジェクトを実施した。平地キリスト教民の被災者と比べて質量共に格段の支援がアエタに提供された。フィリピンの政治家と同様、海外のNGOや外国政府にとっても、アエタ被災者への人道支援は、写真や動画での報告の素材として絵にしやすく、慈善や友愛の物語を作りやすい事業だった。

そうした格別の支援の受益者となった経験をとおして、彼らは、生死に関わる危機的な状況を支えてくれたのは、地方政府や中央政府とともに国内外のNGOであり、とりわけ海外のNGOや国際機関が積極的に支援をしてくれたことを実感した。噴火の前まではピナトゥボ山麓の一帯に限られて完結した生活が、平地民社会に隣接する再定住地では、公務員、商人、教師、その他さまざまなフィリピン人（平地キリスト教民）との日常的な接触、交渉、交流が格段に広がる生活へと急変した。のみならず、その生活が海外の善意の人々にもしっかりと支えられていることを実感し、国を超えたネットワークによる支援を理解していった。先に述べた時間感覚や歴史意識とともに地理感覚や空間（世界）認識も一気に拡大したのである。

3 危機を生き延びる

多角的生業によるリスク分散と最悪事態の回避

ピナトゥボ火山の大噴火による被災を契機として、アエタは居住地と生活様式、そして自己意識や世界認識を大きく変えていった。噴火の前まで彼らはピナトゥボ山麓の一帯に固有の生活世界を領有して移動焼畑農耕と補助的に採集狩猟を行って食料を確保し、自律性の高い生活世界を保持していた。しかし歴史を遡れば、今はピナトゥボ山の西側山麓の一帯、行政的に言えばサンバレス州側に住むアエタは、もともとは南シナ海に面して南北に細長い海岸線沿の平野部とりわけ河川の河口部あたりに多く住んでいた。

しかし一六世紀後半からスペインによる植民地支配が始まり、住民支配制度のエンコミエンダ制が導入されたことによる圧迫を受けて内陸部へと逃げ、平野部から山裾の丘陵部へ、さらには山中へと逃避していったと推定されている。エンコミエンダ制とは、メキシコをはじめとする中南米のスペイン領植民地において、征服支配に功績のあった個人に一定地域の現地住民を「委託する（エンコメンダール）」制度であり、その統治者（エンコメンデロ）は住民をキリスト教化する義務の見返りに、住民に貢納と賦役労働を課す権利を与えられた。

アエタたちは、マレー・ポリネシア系の住民たちがスペインによる政治支配とキリスト教を受け入れ平野部にとどまったのとは異なり、定住と貢納や賦役を嫌って元の生活領域から少しずつ内陸部へと撤退した。その過程は、尻尾を巻いて逃げ出すというのではなく、近隣に住む平地民たちとの接触や物々交換などの交流を続けながらスペイン支配と緊張関係を保ち続けるという、一種の退却戦だったと言えるであろう。そうした対峙と交渉や交流をとおして、ピナトゥボに限らずルソン島からヴィサヤ地域そしてミンダナオ島に至るまでのフィリピン全土の各地に散在するネグリート系のコミュニティは近隣の平地民の言葉を習得し、彼ら自身のオリジナルな言語を失っていった。しかし言語の受容が生ずるほどに密な接触があったにもかかわらず、現在では一括して平地キリスト教民と呼ばれるマジョリティとは異なり、カトリックの宗教文化を全面的に受け入れることはなかった。カキリガン村では近くの丘に墓地が造られ、遺体が土葬されるときに十字架を立てたりする。しかしＥＦＭＤが来るまでは、アエタで洗礼を受ける者はほとんどいなかった。

スペインによる植民地化以来のアエタの歴史を概観すれば、ピナトゥボ山のサンバレス州側では現在のボトラン町やサン・マルセリーノ町の沿岸地域の河口部あたりからブーカウ川やサント・トーマス川に沿って内陸部へ、さらにはピナトゥボ山麓近くの丘陵地帯から山腹へと移り住んでいったのだろう。外来勢力に圧迫を受けながらも、しかし屈服して支配されることなく、固有の生活領域を確保して旧来の生活を続けたのである。その頃には採集と狩猟が主たる食料の獲得手段であった。ただし一九世紀の末ころには粗放的な移動焼畑農耕を試み始めるグループもいたようだ。移動焼畑農耕を行い始めても自然環境と動植物に関する豊富な知識は保持され、必要に応じて活用されて現在に至る。そうした生き方を大林太良は食料獲得方法(手段)の「重層的並存」と呼び、東南アジア諸地域の周辺民族(山地民)に見られる特徴であると指摘した。それをアエタの側の主体性に着目して捉えれば、生存のための「生業多角化戦略」と言うことができる。

ピナトゥボ・アエタの歴史で近年の重要な出来事は、前述したように、アジア太平洋戦争の末期にクラーク空軍基地の守備隊をはじめとする西ルソンの日本軍部隊がピナトゥボ山系の一帯に逃げ込んできたことである。日本兵たちは食糧の補給がなく、やむなく焼畑のイモを掘り尽くし種芋までも奪ったために、アエタはひどい食料不足に陥った。そこでもなんとか生き延びることができたのは、山菜野草やヤマノイモ(自然薯)等の植物の採集と、シカやイノシシ、野鳥、コウモリ、昆虫、蛇などを捕獲して食べ物を確保することができたからであった。平時でもそうであったが、戦時という非常時には自然の恵みに依存して生き延びたのである。普段は食べない毒性のある芋も長時間流水にさらせば毒抜きができるので、非常時には利用された。そうした利用植物に関する豊富な知識や動物や昆虫の習性等に関する深い理解が非常に役立ち、それらは現在でも保持され、時に応じて活用されている。

またカキリガンの対岸のイバッド集落の近くのクワルテル地区は、戦争末期にピナトゥボ山中に敗走した日本兵を追跡するアメリカ軍が拠点を置き、アエタの協力を得て山狩りをした。その際に弱った日本兵を襲って殺したりしたこともあるという。私が調査をはじめてしばらくした後に、仲良くなって気心が知れた友だちから、実は戦争中に日本兵を襲って殺したことがあり、私のことを殺された親か親戚の遺骨収集か、ひょっとしたら復讐のために来たのかもと疑ったこともあったという。しかしEFMDのディレクターのティマ氏の家に住んだ私たちの様子を、さりげなくしかし気をつけてうかがっていたが、そうした気配をまったく感じなかったので安心したという。

ピナトゥボ噴火の被災による社会文化変容についていえば、移動焼畑農耕を主たる生業とする生活から、工事現場やインフォーマル・セクター、あるいは農業関係の部門における賃労働による生活へと急速に変わっていった。噴火から一年後に米軍がフィリピン全土から全面撤退し、基地が返還された影響も大きかった。クラーク空軍基地の跡地には国際空港が開設され経済特区が造られた。スービック海軍基地の跡地にも経済特区が造られ、それに隣接して海浜リゾート施設の建設も始まった。スービックでは経済特区の造成や完成後の雑仕事のために、当時のゴードン市長がアエタを優先的に雇用したことは先に述べたとおりである。

噴火直後には政府や内外のＮＧＯによる医療と食料配布を柱とする緊急の救援対策が実施されたが、半年あまりがすぎて再定住地に移り住む頃からは、食料配布とともに失業対策の公共事業（Food/Cash for Work）が幅広く実施され、賃労働による現金収入の機会の提供が数年にわたって続いた。それとともに経済的な自立のためのさまざまな生計支援プロジェクトが実施され、そのための施設の建設や運営のために雇用機会も提供された。他方で、先に述べたようにオロンガポのディック・ゴードン市長（一九八〇－一九九三）はアエタ被災者のパトロンのイメージと役割をしっかり演じた。市長職の最後にはラモス大統領からスービック経済特区庁の長官に任命され（Chairman of the Subic Bay Metropolitan Authority（一九九二－一九九八））、その職権で高等教育を受けたアエタらの採用を心がけて支援を続けた。アエタのパトロンとして良きイメージを確立し、さらには経済特区の運営でも評価されたゴードン市長は、その後にはアロヨ大統領から観光省の長官に任命され（二〇〇一－二〇〇四）、さらには上院議員を二期務めた（二〇〇四－二〇一〇、二〇一六－二〇二二）。

スービック湾のいちばん奥まったところに位置するレドンド半島には米海軍航空機の射爆演習場があったが、

基地の返還後には韓国の建設造船会社・韓進（Hanjin Heavy Industries and Construction Philippines, known as HHIC Phil）が二〇〇六年に進出してきた。その規模は世界第四位で、二〇一一年には二万一〇〇〇人の労働者を雇用した。二〇一九年に四億ドルの赤字を出して倒産したときも二万人を超える従業員を擁していた。造船所の建設と操業につれて地元のカステリホス町にはフィリピン各地からの移住者が急増した。カステリホス町にはADAの事務所があり、カキリガン・グループの生活再建の拠点「ホームベース」となったカナイナヤン村への道路の入り口でもあった。アエタの若者たちも高校や職業訓練学校を卒業していれば採用されるチャンスを得た。（韓進に関するデータはウィキペディアによる。https://en.wikipedia.org/wiki/Hanjin_Heavy_Industries_and_Construction_Philippines　二〇二三年一〇月五日閲覧）

そうした雇用により現金収入の機会を家族や親族の誰かが得られれば、その給料を多くの親類縁者が当てにした。噴火後に生まれた若者たちはさまざまな賃労働の機会を得て再定住地や町の近くに居を構え、平地民と同じような暮らしをしている。その一方で運悪く解雇されたり長期の失業状態が続いたりすると、そこに住みながら一〇〜二〇キロほど離れた故郷の集落近くの山に行って焼畑農耕をする。農作業があるときは数日のあいだ畑の近くの仮小屋で寝泊まりし、作業が終われば町の近くの家に戻ってくる。言ってみれば遠距離通勤する焼畑農民となるのである。そして山にいるときには採集を積極的に行って副食を確保し伝統的な生活をする。その生活ぶりは日本で平日は会社勤めをし、土日などに農業をする兼業農家に似ている。

以上、噴火の被災による変化をまとめれば、噴火前には焼畑農耕と採集狩猟を主たる生業としていた生活から、噴火直後には外からの救援物資に一〇〇%依存する生活へと変わった。その後の数年間は失業対策事業や自主的な賃労働へと生業を一時的に変えながら、賃労働の機会を失えば焼畑農耕や採集（ときには狩猟）を主とする山での生活へと簡単に戻っていった。噴火から数年の年月が過ぎればピナトゥボ山腹や山系一帯の植生が急速に回復して焼畑の適地が増えていったことも好都合であった。再定住地から町に出て行って働くか、反対に逆方向の山に入って焼畑農耕をするかは、雇用のチャンスをはじめとするその時々の状況に左右された。

現金収入の機会を失えば、山での焼畑農耕をセーフティーネットとして活用したのである。基本的には平地の再定住地にある家をベースとして家族（特に学齢期の子供たち）が住みながら、親は山の焼畑での作業に出掛けて作業小屋に数日の滞在をする。集落の住居と焼畑横の小屋を行ったり来たり振り子のように往復する移動は、噴火前の基本的な生活と移動のパターンと変わるところがない。むしろ、噴火後にはその基本パターンを維持しつつ、それに加えて町に出て働くという選択肢が増えたと言えるのだ。

アエタの生活様式の根幹として噴火の前にも後にも確認されたのは、移動と食料獲得手段の多様化によって危険分散を図ると同時に、その時々や場所場所の条件に応じてもっとも効果的で生産性の高い手段を活用するという生存戦略であった。それがアエタの社会と人間の新たな誕生、すなわち創造的復興を可能にした。一見するとリーダーや若者たちのふだんの服装は平地民と同様なものに変わり、生活スタイルも平地民と似てきている。しかし特別なイベントの際には、ふんどし姿で弓矢を携えて行進したり舞台に上がったりすることでフィリピン市民であると同時に先住民であることを確認しアピールする。こうした自己表象の背後には、歴史・時間意識や空間・地理認識、そして自己意識の大きな変容がある。

しかし表面的に目にする大きな変化にもかかわらず、その背後で社会の安定と持続を可能にして支え続け、アエタとしての自覚と強みを具現させてきたのが伝統的な生存戦略であった。それは、生業すなわち食料の入手方法を多種多様化して危険分散を図り、想定される最悪の事態が生じても生き延びてゆけるために最低限の食料を確保する方途を保持しつつ、他方で時には多少のリスクを覚悟して効率の良い生業を選ぶものである。その場合でも最悪の事態に対処するためのセーフティーネットとなる山での焼畑農耕と採集狩猟活動をいつでも活用できる体制を捨てることはない。ひとつの家族が町での賃労働と山での焼畑作業という選択肢をもち、子供は町での雇用、親は山での作業に就くという並存が珍しくない。この並存と両立は、先に紹介した、一枚の焼畑に稲とトウモロコシそして切り倒さずに立木の根元には蔓性の豆を植え、もう一枚には何種類かの芋や野菜を植え、同時期に多品種の作物を栽培するという移動焼畑の姿によく似ている。単一作物ではなく多様な作物を植えることで、病虫害や鳥害、大雨、暴風による作物の全滅を避けるための危険分散／回避をするのと同じ対処法である。

4 創造的復興の途
レジリエンスからトランスフォーマビリティーへ

噴火後のアエタの変容に伴走した私の調査研究は、二冊の本（二〇〇一年に英語・タガログ語版をマニラでShimizu 2001、二〇〇三年には日本語版を福岡で）を出版したことで一段落と思っていた。あとは古い友人と旧交を温めるために、一九九八年からほぼ毎年の短期滞在調査を続けてきた北ルソン・イフガオ州でのフィールドワークの帰路に時々サンバレス州に立ち寄っていた。

その際はスービック町の平地民被災者の再定住地のカマンガハン地区で貧者のための助産院の聖バルナバ・クリニックを運営する冨田江里子・一也夫妻のNGOが運営するゲストハウスに泊めていただいた。二〇〇〇年に開設して以来、冨田さんは二〇二一年までに助手のティナとともに六〇〇〇人を超える新生児を取り上げている。夜中に呼び出されても決して断らずにトライスクルで駆けつけた。一晩で二度三度と続くこともあった。特に新月や満月の前後の夜中に助産の呼び出しが多かったという（冨田江里子二〇一三参照）。また、カナイナヤン村に泊まるときには古い友人のイメルダ&ジュニア・サラサール夫妻の家やカキリガンで生まれ育ったカンドゥーレ牧師の家に居候した。そうした付き合いをとおしてアエタの友人たちの生活再建の歩みをリアルタイムで見聞してきたのであった。

しかし、イフガオでの調査がほぼ終わりかけた頃、噴火後二〇年近くを過ぎたアエタの生活再建の復興の苦闘、そして新生への歩みについてしっかりと再調査をしてみたいと思い立った。そのための科学研究費補助金の申請書を作成し提出したのは二〇一〇年の夏、採択の通知が届いたのは二〇一一年四月初めだった。東日本大震災（同年三月一一日）が起きてから一ヶ月も過ぎておらず、津波が三陸の入り江の町々を襲う衝撃的な映像が脳裏から消えていなかった。そういえば、ピナトゥボ火山大噴火の日（一九九一年六月一五日）は私の不惑の誕生日だった。それにも何か運命的なものを強く感じたが、噴火から二〇年後に彼らの変化変容を追跡調査するための科研費補助金の申請が採択されたのが東日本大震災とほぼ同時期だということにも、同様に隠された意味があると直感した。それは単にアエタの変化を記録し報告するだけでなく、アエタと東北の被災者たちが似たような運命の下にあり、だから心してアエタの経験から学びなさいという天の配慮だと思った。

東日本大震災からの復興に関して、政府が設置した「復興構想会議」では、東北をよみがえらせる方途として「創造的復興を期す」ことを理念として掲げた。それは阪神淡路大震災（一九九五年一月一七日）後に復興に携わった関係者らが掲げた理念を踏襲したものであった。ただし結果として、東北被災地の復興が当初に掲げた理念のとおりに創造的になったかどうかは疑わしい。一方アエタの場合、彼らは困難を乗り越え創造的復興を成し遂げてきたのは確かだと言うことができる。期せずして私は、その過程の同伴レポーターとなったわけである。

5 変化と持続

「変化と持続」というキーワードは、一九八六年に東京大学に提出した博士論文の題目である（『変化と持続――ピナトゥボ・アエタ社会における出来事の受容をめぐって』）。それを改稿して英訳出版した民族誌（Shimizu 1989）と日本語の改訂版（清水二〇一九［一九九〇］）の両方の副題でもある。変化と持続というテーマの背後には、日常生活社会の連続を断ち切る出来事の衝撃に当該社会がいかに対処対応するか、という問題意識が通奏低音としてある。それは本書に至るまで一貫して静かに鳴り続けていている。近年に注目されているレジリエンスへの関心である。博論を改稿して出版した拙著のアエタ民族誌のタイトルは、主題と副題を入れ替えた『出来事の民族誌――フィリピン・ネグリート社会の変化と持続』（一九九〇）であった。出来事に着目してその始まりと展開に即して、人々の反応と対処、解決と総括、さらには出来事の衝撃で動揺した生活世界の再組織化による秩序の回復のなされ方を明らかにしてゆくアプローチは、私の研究スタイルを特徴づけるものだとの評価もいただいた。

『出来事の民族誌』に続く第二作『文化のなかの政治』（一九九一）では、一九八六年二月に起きたピープルパワー革命という政治的出来事を取り上げた。続く第三作の『噴火のこだま』（二〇一二［二〇〇三］）では、環境世界を激変させアエタの生存基盤を一変させたピナトゥボ火山の大噴火の衝撃を扱った。第四作の『草の根グローバリゼーション』（二〇一三）では、北ルソン・コルディリエラ山脈イフガオ州の山奥のハパオ村の人々の暮らしに／から見る急速なグローバル化の進行という出来事を扱った。

ピナトゥボ火山の大噴火という出来事に戻ると、東日本大震災による津波被害の甚大さは、想像を絶す

コラム④　米軍を訓練したアエタたち

ピナトゥボ山の東麓に位置するサパン・バト村や近くのイナラロ村のアエタの男たちは、ベトナム戦争中の一九六〇年代後半に北ベトナムへの北爆に出撃するクラーク空軍基地のパイロットやナビゲーターのために、ピナトゥボ山中でジャングル・サバイバル訓練を行っていた。西麓側のボトラン町郊外の集落やオロンガポ市郊外のニュー・カバラ集落の男たちはスービック海軍基地の空母艦載機搭乗員らに基地内の原生林で訓練を行った。米軍が森林の保全に努めたために一九九二年の返還時にはほぼ手付かずの熱帯雨林が残されていた。いずれの基地でも訓練の内容は出撃した際に撃墜された場合の備えとして、救出の部隊が到着するまでのあいだ敵側の追っ手に見つからずに身を潜めて生き延びる方法や逃げる際の足跡の消し方、野宿の際の安全で快適な過ごし方、二つの竹片を擦り合わせて火を起こし煙を散らしながら燃やす方法、ツルから飲み水を得る方法、毒蛇に噛まれたり毒虫に刺されたりしたときの応急処置などが山中でキャンプをしながら教えられた。

るまさに驚天動地の驚愕の事態であった。大震災後の復興の過程に関心をもって見ていると、そこには震災前から人口の流出と少子高齢化が進む現実があった。それにどう対処するのかを含めて長期的に総合的に地域社会の復興を構想しないままに被災前の原状回復へ、さらには“build back better”つまり「被災前より良い段階への復興へ」が目指された。しかし土木インフラの復興整備を柱として進めることが創造的復興といえるだろうか、何かどこかおかしいなと思った。それではカナダのジャーナリスト、ナオミ・クラインが批判する「ショック・ドクトリン――惨事便乗型資本主義」（二〇一一）の筋書きに似たシナリオで現場の復興が押し流されてゆきかねないとの危惧の念を抱いた。同書は、戦争や津波、ハリケーンなどによる危機的な状況で人びとが茫然自失になっているときに、普段ならば不可能と思われる過激な市場主義経済改革を強行する「ショック療法」が不可避なものとして実施されることを糾弾している。

そしてピナトゥボで身近に見てきたアエタ被災者たちの生活再建と意識変容こそが、ささやかではあるが創造的復興の具体例ではないかと思った。もしそうならば、アエタの場合の創造的復興とは何かと自問自答した。そして、その答えは新しい人間の創造であり新しい社会の創出であることに気づいた。それゆえ先に述べたように、東日本大震災の直後に採択された科研費による共同研究の成果の本のタイトルを『新しい人間、新しい社会——復興の物語を再創造する』（清水・木村二〇一五）とした。そしてそれが可能となったのは、アエタ社会が短期的な効率の良さと生産性の高さではなく、長期的に生き延びる可能性を高める危険分散を最優先するという生存戦略によるところがきわめて大きいことを、この本の第3章で説明した。

それゆえにこれがアエタ社会のレジリエンスだということもできるだろう。レジリエンスは外圧を柔らかく受け流して倒れない、潰されないという含意をもつ。たとえば冬の雪の重さで斜めに埋もれていた若木や竹が、春に暖かくなって積雪量が減ってくると斜めや横倒しから元の状態に戻る復元対応力をイメージすれば良いだろう。弾性、復元力、回復力、再起力などと訳されることが多い。心理学では個々人のストレス対応力を意味したり、災害研究ではコミュニティの災害対応力を指したりと、広い分野で使われるようになっている。外圧を受けながら、それに正面から立ち向かうのではなく、その圧や力の方向をずらしたりして巧みにかわして我が身を守る柔軟な対応力と言えるだろう。

アエタの被災と復興、とりわけカキリガン・グループで特筆すべきことは、彼らが新しい人間となり、民族（原住民）の自覚とフィリピン市民の自覚というダブル・アイデンティティを獲得して、フィリピン社会のなかに居場所（社会・文化的生存ニッチ）を確保していったことである。そのことについて、私はかつて「産みの苦しみとしての自然災害」と捉えた。それは単にアエタ社会のレジリエンスの強さ、つまり衝撃に耐えたりかわしてやり過ごして、災害前の元の状態に戻るだけでなく、それを超えて新しい人間と新しい社会になっていったこと、別の存在様態へと変化していったことを意味する。

比喩的に言えば、オタマジャクシがカエルになり、毛虫が蝶になり、ヤゴがトンボになることに少し似ている。変態と呼ばれる形態変化である。ただし昆虫などでは幼虫から成虫へと変わった後には再び幼虫の姿態へと戻ることはない。それに対してアエタの場合は常に、いつでも前の状態に戻ることができる。重層的並存は食料獲得の手段だけではなく、社会の様態のあり方についてもいうことができる。条件に応じて発現するいくつかの生活様式と社会組織のあり方が、今ある現実の表層の下や背後に選択肢として残され保持されているのである。そのように社会が柔軟に変化する可能性は、変態可能性や変容自在性と呼ぶことができるだろう。

つまりレジリエンスを基盤として外からの圧力やストレスに柔軟に対処して現状を維持しつつ、時にそれを超えて外からのストレスが強過ぎるならばレジリエンスを発揮して元に戻るのではなく、新たな状況に柔軟に対応して自らも様態を変えてゆく。その意味では、レジリエンスとともにトランスフォーマビリティーとも呼ぶべき潜在力が重要である。さらにそれを発動させて新しい環境や状況へと適応し危機を生き延びるためには積極的で柔軟な適応力（アジャスタビリティー）が不可欠である。変容自在性と柔軟適応力がアエタ社会のいちばんの強みであることをあらためて指摘し強調したい。おそらくそれがアエタに限らずホモサピエンスであるヒトが他の霊長類とは異なって有する特筆すべき特徴であり、そこにヒトとして生き延びてゆくための未来可能性を拓いてゆく方途があるように思う。

Chapter 6 人類史への示唆

――ジェームズ・スコットの仕事を手がかりにして

今まで説明してきたように、アエタの生存戦略は生業手段（食糧獲得方法）を多種多様化して危険分散を図り、想定される最悪の事態が生じても生き延びてゆけるための最低限の食糧を確保する方途を保持しつつ、他方で食味と儀礼用のために陸稲を、現金収入を得るために商品作物を栽培する。最悪の事態に対処するためのセーフティー・ネットとなる山での焼畑農耕と採集狩猟活動をいつでも活用できる態勢を捨てることはなく、また焼畑では多種の作物を植え付けの時期を少しずつずらしながら同時に混作してきた。

これと関連してすぐに思い起こされるのは、かつて一九八〇年代に開発経済学、政治学、文化人類学、歴史学などを巻き込んで激しい議論が交わされた「スコットポプキン論争」である。大雨や洪水、日照り、虫害、鳥害、病気などによって年ごとの収穫が不安定で時には凶作や飢饉にも見舞われるという条件のもとで、最悪の場合でも死なずに生き抜くこと、そのために互いの協力と依存関係を重要視して抜け駆けや自分勝手な行動を自制する「モラル・エコノミー」か、それとも積極的にリスクを取って自己利益を最大化しようとする「合理的農民」か。東南アジアの農民の行動の動機づけと選好をめぐる激しい議論の応酬がなされた。「モラル・エコノミー」を提示した政治人類学者ジェームズ・スコットに対して（スコット 一九九九［1976］）、「合理的選択理論」に依拠してそれを批判したのは、アメリカ国務省や国防総省のコンサルタントも務めた政治学者サミュエル・ポプキンである（Popkin 1979）。合理的選択理論とは、行為者の「合理性」すなわち個人や組織は自己の効用を最大化するように行動することを大前提とする社会理論のことである。経済学の分野で発達し、そこでは消費者は予算制約のもとでみずからの効用を最大化し、企業は生産可能な範囲で利潤を最大化すると考える。生活者の立場から見れば、それが実際の社会と乖離していることは直感的に分かるだろう。私たちの生活はゼニカネだけが全てで生きているわけではない。しかし政治学や社会学にもそれに同調する研究潮流があり、今でも一部に強力な支持者がいる。

そのポプキンに対して、スコットが直接に反論をすることはなかった。が、両者が示す異なる農民像をめぐって、専門分野を超えて政治学や歴史学、農業経済学、文化人類学などの研究者たちが強い関心をいだき、それぞれに批判したり主張を展開したりした。論争の背後にはベトナム戦争があり、ベトナムや近隣諸国の農村での農民の政治経済的な意識と行動、そして行動を導き規定するモラルや原理に強い関心が向けられていたのだ。

スコットは、ほぼ一〇年ごとに研究のテーマと方法を変え、近年では国家の誕生の経緯と支配のメカニズム、そして国家による上からの監視と統治に代わるアナーキズムの可能性について研究を進め考察を深めている。政治学と人類学のアリーナに一石を投じ続けてきたスコットが七〇を越えて（今は九〇歳近いが）達した研究領域はアエタ社会を考える上で多くの示唆に富んでいる。

1　東西冷戦とベトナム戦争の影

ベトナム戦争の時代に国防長官としてアメリカの戦争戦略の立案の責任者であったロバート・マクナマラは、ポプキンが依拠する「合理的選択理論」をベトナムの戦場で応用した。彼はハーバード大学の経営大学院でMBAを取得し、自動車会社のフォードに入社してからは統計学を活用して効率化と生産性の向上を進めることで経営不振に陥っていた同社を再建した。その功績によりフォード一族以外で初めて同社の社長となった。続いてケネディ大統領に要請されてアメリカの国防長官になり（一九六一～一九六八年）、その任期の後半は、ジョンソン大統領のもとでアメリカがでっち上げたトンキン湾事件（一九六四年八月、アメリカ海軍の駆逐艦が北ベトナム沖のトンキン湾で北ベトナム海軍の哨戒艇から魚雷攻撃を受けたとする事件）を口実としてベトナム戦争に全面介入し、陸海空の最新兵器と一時は五〇万人を超える兵力を投入した。

マクナマラは国防長官を辞した後には世界銀行の総裁（一九六八～一九八一年）になっており、まさにアメリカを代表する秀才であり能吏「ベスト・アンド・ブライテスト」だとされる。が、その彼が戦略立案に関与し、大規模な戦力を動員しながらベトナム戦争に勝利することはできなかった。トンキン湾事件に始まり一九七五年のサイゴン陥落までの一〇年間のベトナム介入は大失敗に終わった。その失敗は二〇〇一年の九・一一同時テロの衝撃への対処として開始された対アフガニスタン戦争でも繰り返された。テロから一ヶ月後、首謀者のオサマ・ビン・ラディンを匿っているとの理由でアメリカはアフガニスタンへの侵攻を開始した。いつときは一〇万人の兵力を投入しながら勝つことは出来ず、二〇年におよぶ泥沼の戦争を続けた。

ベトナム戦争のときと同様にアメリカは戦争の終盤には戦闘をアフガニスタン政府軍に任せて徐々に兵力

を引き上げていった。だがタリバーン軍の侵攻が速かったため、アメリカ大使館員らの最後のグループはカーブルが陥落した二〇二一年八月一五日の当日、大使館の屋根から直接ヘリコプターに乗って退避した。空港を飛び立つ飛行機には同乗を求めるアフガニスタンの人々が追いすがり、サイゴン陥落時とまったく同じ状況と光景があった。テレビニュースでその映像を見ていて、私は強い既視感に襲われた。

さらにアフガン介入から一年半後、大量破壊兵器を理由にイラク戦争（二〇〇三年三月二〇日～二〇一一年一二月一五日）を開始し、フセイン政権を崩壊させたが、それによってＩＳ（イスラム国家）の台頭を許し中東の政治的な安定を壊した。こうした軍事介入が成功したとはとても言えない。ベトナム、アフガン、イラクで繰り返された同じ過ちの原因については、ジョン・ダワーが『戦争の文化――パールハーバー・ヒロシマ・9・11・イラク（二〇二一［二〇一〇］上下』巻）で詳細に分析している。独りよがりの思い込みにもとづいて「民主的」な政権を作ろうとしたが、「戦争の文化」が生み出した思考法によっていずれのプロジェクトも大失敗に終わったというのがその結論だ。ダワーが名付けた「戦争の文化」とは、「先制攻撃への衝動、大国意識による傲慢、希望的観測、内部の異論を排除して戦争に走るグループ思考、宗教的・人種的偏見、他者の立場に対する想像力の欠如、説明責任の無視、無差別殺戮、拷問、虐待といったものである。」（三浦陽一による監訳者あとがき、下巻三五一―三五二頁）。

アエタと私の民族誌というミクロの記述から超大国アメリカにおける戦争の文化というマクロな問題に話題が飛んでしまった。が、「スコットポプキン論争」が具体的な現場の生身の人間理解、つまり東南アジアの農民像を巡って闘わされたのと同じように、「合理的選択理論」の当否は、アエタの文化や社会とは無関係では決してない。さらに言えば、文化人類学という営みからすれば、アメリカがベトナムで敗れ、アフガニスタンで勝てず、イラクで失敗したことの背後には、異文化理解の浅薄さや自己に対する謙虚さと内省の欠如があるとのダワーの指摘は重い。そのことはアエタの社会と文化、宗教や世界観、道徳、思考法に対する私たちの態度にも当てはまるところがあるかもしれない。少なくとも彼らを「未開人」と呼ぶのは誤りである。

実を言えば、私が一九七〇年代の前半に東京大学教養学部の専門課程で文化人類学を学んでいた頃には「未開社会の世界観」と題した講義があった。英語で普通に使われていた「primitive」(初期の、原生の、本源的なというニュアンスに近い)を、日本語では「未開の」と訳していたのである。その訳語の「未だ開かれていない」には「いまだ蒙を啓かれずにいる」つまり啓蒙以前の状態という含意があった。西欧中世の一六、一七世紀にはいわゆる宗教と科学の闘争、すなわち教会の権威と教えを守ろうとする守旧派と理性的で合理的な思考で社会の進歩を図ろうとする実証派との対立があった。ただしインド北東部のアッサム高地のガロとカシの母系制をもつ二つの民族でフィールドワークをした中根千枝教授は、未開ということばを避けて、単純社会(シンプル・ソサイエティ)という用語を用いていた。それは西欧を人間社会の進化発展の頂点とする社会進化論の立場への留保であった。念頭にあったのはインドのヒンドゥー教とカースト制度や中国の宗族であり、そちらには複合社会(コンプレックス・ソサイエティ)という用語を使っていた。

それに関連していえばピナトゥボ南西麓のアエタはまさしく単純社会の典型のような社会を作り維持していた。彼らは南西麓一帯の領野を占有し、そのなかで固有の生活スタイルを保ち続けていた。しかし外部世界から孤絶して暮らしていたのではなく、彼らの近くに住んでいる、つまり国道沿いの町からは遠く離れて麓に近い地域に住む平地キリスト教徒の農民らとは、限られた規模ながら接触と交流を続けてきた。先に説明したようにその関係は基本的には友好的ではあったが、時には緊張することもあった。

私がカキリガンに住み始める前年には、山中に住むアエタがふもとの村の農民の牛を盗んだとの理由でサンタフェ村の自警団が山狩をしてキャンプ中のアエタ襲い、五、六人を殺害したことがあった。カキリガンで開発プロジェクトを始めたばかりであったEFMDディレクターのティマ氏は、この事件をマニラの警察軍(PC:Philippine Constabulary)の本部まで出向いて報告し善処を求めた。事件の解明には至らなかったが、安全対策としてPCの兵士がひとり派遣され、EFMDから住居を提供されて駐在するようになった。ティマ氏によれば、EFMDのスタッフのなかに共産党＝新人民軍に情報提供をしたり陰で協力をしたりする者がいるのではないかと疑われていたようなので、その疑いを晴らしスタッフと村の安全のために派遣を要請したという。兵士のエフレンは二年間ほどの滞在中に助産師のローズと結婚し、その後にはアメリカに移住した。

アエタと外部世界との関係について特筆に値するのは、ここまでの章でも簡単に紹介したが、ピナトゥボ山の東麓に近いアメリカ軍のクラーク空軍基地と、南東に四〇キロほど離れて位置するスービック海軍基地との特殊で親密な関係である。冷戦の終結まで両基地はアメリカのアジア太平洋地域における軍事戦略の要であった。付言すると、クラーク空軍基地からベトナム北爆のためにB52が直接に飛び立つことはなかった。マルコス大統領はベトナム戦争終結後のベトナムとの関係および東南アジアにおけるフィリピンの名誉ある地位を確保するために、フィリピンからベトナムへの直接出撃を認めなかったからである。（片山裕神戸大学名誉教授のアルモンテ将軍（国家安全保障特別顧問）へのインタビューによる。）

2 ピナトゥボ噴火とフィリピン人アイデンティティー、ナショナリズムの変化

ベトナム戦争終了後も両基地は維持され、アエタとの密接な関係は続いた。しかし一九九二年五月、米軍はクラークとスービックをはじめとしてフィリピン全土から完全に撤退した。理由のひとつはピナトゥボ火山の噴火による基地の被害が甚大で、建物をはじめとする修理修復に莫大な費用がかかること。もうひとつ

は東西冷戦が終了し、ベトナムのカムラン湾に基地を置いていたソ連海軍が撤退しソ連の脅威が大幅に減じたことだった。マルコス時代に結ばれた基地の貸与条約の期限が一九九一年で切れた後について両政府は条約の延長を交渉して合意に達していた。しかし合意の直後にピナトゥボ火山が大噴火し、基地の修復費用が高額になることと基地の軍事的必要度が下がったことから、アメリカ政府は基地貸与の見返りとしての経済軍事援助を減らした。そのことにフィリピン上院が異を唱えてフィリピン政府が結んだ条約を批准せず、結果として米軍はフィリピン全土から基地を完全撤退したのである。

それと入れ替わるようにして中国が南シナ海のほぼ全域を自国の領海と主張し、各地で環礁の埋め立て工事を始めた。フィリピンが領有権を主張するスカボロー環礁はサンバレス州から二〇〇キロほどの真西にあるが、中国が実効支配の確立をめざして圧力をかけている。ピナトゥボ山の大噴火は山麓一帯の植生に大きなダメージを与え、アエタの生存基盤を揺るがし彼らの生活と意識を変えていった。それと同様に、噴火による火山灰がクラーク基地に厚く降り積もったことで、フィリピン社会とフィリピン人意識、とりわけアイデンティティとナショナリズムのあり方が変わっていった。

フィリピンが一九四六年にアメリカから独立する際の条件のひとつが基地を置く権益を引き続き受け入れることであった。基地がすべて撤退したことにより植民地支配の呪縛が解けて自由になったフィリピンは、アジアのなかでASEANの一員として生きてゆくべきことを強く自覚するようになった。それまで、左派にとっては反米であれば愛国者になることができ、また右派にとっては東西冷戦下の避けがたい現実のなかでの頼りがいのあるパトロンとして、アメリカの存在はあまりに大きかった。実はその構図は、日本でも同様であったろうが、実質的な支配者とみなして反発し抵抗するにしろ、パトロンとして恭順し受益するにしろ、アメリカを抜きにしては自己を定位することも正当化することも困難であった。しかしピナトゥボ山の大噴火という自然災害が決定的な転機となり、一九八六年のピープル・パワー革命がもたらした新生フィリピンが真の独立国家への道を模索し、自立した国民・国家としての新たな自画像を描くことを迫られたのである。

少々回り道をしてしまったが、ここで伝えたかったことは、アエタの人々が山のなかで自立＝自律した固有の生活世界を保持しつつ、しかし彼らを取り巻く外部世界との関係を保ち続けたこと、その外部にはクラークとスービックの両基地を媒介にしてベトナムさらには世界大の政治状況までも含んでいたことはあらためて確認しておきたい。

3　ジェームズ・スコットの仕事から

スコットの仕事に戻ろう。先に紹介した『モーラル・エコノミー——東南アジアの農民叛乱と生存維持』（一九九九［1976］）は、もっぱら文献に依拠した考察であった。その後、彼は西マレーシアの稲作農村（セデク村）に二年近く住んで、長期のフィールドワークを行った。いわゆる「緑の革命」プロジェクトによって高収量品種米とトラクターやコンバインなどの農業機械が導入された影響（水牛を使った犂耕や収穫時に雇用されていた農業賃労働者が雇用機会と収入を失った）とそれが引き起こした社会変容について考察したのだ。小農や農業賃労働者たちの生活世界のなかに身を置き、地主や富裕農への日常的な抵抗（噂話、悪口、手抜き仕事、ボイコット、屋根へ石投げ、トラクターの放火等）による階級闘争について詳細な調査を行い、『弱者の武器』（*Weapons of the Weak*, 1985）と題して出版した。そして全体の結論に相当する第八章「ヘゲモニーと認識——イデオロギー闘争の日常的形態」で、まず農業賃労働者や貧農は地主や富裕農民との力関係を正しく認識していること、彼らは決して無知蒙昧で非合理な人間ではないことを強調する。そしてヘゲモニーと虚偽意識による目眩ましによってではなく、圧倒的な力関係の下での赤裸々な暴力による支配が現実であることを理解し甘受しつつ、しかし行為者が特定されて弾圧や排除をされることがないような形で、ささやかながらも物理的な階級闘争を実践していることを明らかにした。

一般に今日の世界では、選挙制度による政権交代を可能にする代議制度が普及している。つまり階級による闘争は議会選挙という装置を使ってなされるようになっている。しかし有権者の大多数を占める労働者階級が、なぜ自分たちの利益のためになる代議員を選ばないのかという問いのもとに、その理由やメカニズムを解明しようとしたのは、イタリアの思想家アントニオ・グラムシであった。彼はファシズム下のイタリアで国会議員を務め、しかし不逮捕特権にもかかわらずファシスト政権によって投獄され獄死したが、獄中で執筆した「ノート」で展開したさまざまな思想概念は、後世に大きな影響を及ぼし、「カルチュラル・スタディーズ」や「サバルタン・スタディーズ」などにまで大きな影響を与えた。

スコットもその影響を受けた一人だが、グラムシの考え方を発展させたのが「インフラポリティックス」である。インフラは日本語では普通「社会基盤」と訳されるが、「インフラポリティクス」は社会の基層や基底にあって、建前で動く表層の公的政治に対抗する弱者や貧者の政治的言動を意味する。たとえば地主や支配者に対する悪意を込めたあだ名、皮肉の毒を効かせたユーモアやゴシップ、噂話、井戸端会議、雇われ仕事の手抜き作業、密猟、等々、既存のヘゲモニーやイニシアティブを拒否したり否定するような言動である。公然と行えば地主や支配者から暴行や嫌がらせを受ける不服従や異議申立てを、目立たぬようにしかし本人の耳に入れば批判の矢が胸に突き刺さるような弱者の言動。それが日常生活のなかで繰り返されてゆけば社会を動かし変えてゆくということだ。スコットは独裁的強権的な政権とその打倒を目指す左派勢力とが激しく対峙していた一九七〇～八〇年代の東南アジアでのフィールドワークで得た情報と資料を自身の知性と感性によって分析し、オリジナルな論考を展開したのである。私はそれを読んで圧倒され感服するとともに、フィールドワークをすることによって現地の人間の慣行と思考法に肉薄することが導き開示してくれる世界の深さと豊かさを実感し、フィールドワークの可能性を再認識した。

それ以後もスコットの研究と思索はラディカル（根源的で過激）に深化し、農業生産の開始と国家の誕生という人類史の決定的な出来事のインパクトとその逆説へと切り込んでいった。それはまた、国家の誕生の経緯と動力を推察することをとおして、逆に国家の監視と支配による社会秩序の維持ではない別のかたちの社会、すなわち草の根レベルでの自主的な協力と連帯による地域コミュニティー（共同体）やアソシエーション（協同組織）を強化してゆこうと願うアナキスト的歴史観と社会構想の一端の具現を、歴史や周辺社会のなかに見出そうとする仕事であった。

一九八〇年頃からほぼリアルタイムでスコットの著作に刺激と示唆を受け、その後追いをしてきた私にとってアエタの生存戦術は、国家に全面的に包摂されないために平地から山へ登った、東南アジア大陸部のゾミアと呼ばれる広大な丘陵地帯に暮らす山地少数民族のそれと相似し通底している。あるいは日本でも中世から近世にかけての「逃散」と呼ばれる農民の消極的な抵抗、しかし同時に生き延びることを最優先する点で積極的な生存戦術にも通じるところがある。スコットの研究展開に示唆を受け、あらためてアエタの歴史を変化と持続という側面から見直してみると、外部世界からの圧力を受けて幾つかの文化要素を受け入れて活用しつつ、しかし全体としての生活様態は変わらずに維持していることが特徴的であり、強みでもあることをあらためて強く思う。

スコットは、近年、国家権力と生活者コミュニティーとの緊張関係、すなわち国家の支配（具体的には主に徴税と兵役）を逃れて自律的なコミュニティーを作り維持した人々の社会について重要な著作を相次いで発表している。アエタと関係して注目すべきもので、日本語に翻訳されているものは三冊ある。そのうちの二冊はコラムで紹介するとして、最新作の『反穀物の人類史——国家誕生のディープヒストリー』（二〇一九［二〇一七］）について紹介しておきたい。

本書でスコットは、中東のチグリス・ユーフラテス河地域で約一万年前に始まった定住生活と農業の開始、そして国家の出現というメイン・ステージの舞台裏または後背地の状況を詳細な文献資料によって検討している。定住化と農業の開始から国家の成立までには四〇〇〇年もの間隔があり、その間に人口はほとんど増えていない。その長い期間にわたって「文明」世界の外側では、その囲い込みを嫌い多様な生態環境の恵みを受け、移動の自由とバラエティー豊かな食生活を好ましいと実感し選好する人々が、採集・狩猟・漁労などの多様な生業を行って生存経済を維持していたのである。

集住化はその弊害として、人間と家畜化された動物の双方に感染症の流行をもたらす。また農業による穀物生産は政治権力の基盤（保存でき、計量して徴税でき、それゆえ収奪できる富）としては最適だが、その栽培には集約的な労働投下を必要とするため、耕作者にとっては苦役となる。それでも人々が最終的には集住と農業を受け入れたのは、一方で不定期に襲う飢えや災害などを回避するため、他方で強制によるとスコットは推測する。その結果として動物のみならずヒトもまた「自己家畜化」の道を走り続けることになったのである。

その功罪についてスコットは議論を進めていないが、彼のアナキズムへの関心の裏側には国家が必要悪であることを認めつつ、そこに過剰な権力が集中することへの危惧および自由と自主自律への希求がある。国家が絶対悪であるとか国家は無用で打倒し廃棄すべきなどとは決して言っていない。むしろ少数者の権利を守るために善をなすこともできると認める。その具体例としてアメリカ公民権運動を象徴する事件の一つ「リトルロック高校事件」（一九五四年の連邦最高裁判決によって、学校教育における白人と黒人の分離は合衆国憲法修正第一四条に違反すると認められた。それに従い一九五七年、アーカンソー州のリトルロック・セントラル高校は、分離教育を廃止し融合教育を実施しようとしたが、融合教育に反対したフォーバス州知事が、黒人の登校を阻止するために州兵を派遣した。しかしアイゼンハワー大統領の命令で州兵は連邦軍に編入され、フォーバス知事の統制下から外れた州兵が白人暴徒から黒人生徒たちを守った）を紹介する。そして「国家が状況次第では解放的な役割を果たしうる」と評価している。この点はコラムでも触れたが、スコットのアナキズム論については『実践日々のアナキズム』（二〇一七）の「訳者あとがき・解題」を参照してほしい。

4 アエタの生き方

以上に紹介したスコットのアナキスト的な視点から南西麓アエタ社会を見直すと、噴火前とりわけEFMDの開発プロジェクトに応じてカキリガン村で定住的な生活を始める前までは、年毎に新しい焼畑を開くとともに拠点となる集落もまたしばしば移動させていた。病人や死者が続いて出る場合はその場所の悪霊の仕業かもしれないからと他所へ移り住んだが、それは感染症の流行を避けるための対策ともなっただろう。

近代医学では感染症の原因を病原菌やウィルスと特定して投薬によって患者の身体からの排除を試みる。対してアエタの病理学では原因を悪霊（カマナ）や善霊（アニト　焼畑の立木伐採などによって住居を壊されて怒っている）の仕業と考えて治病儀礼を行い、悪霊ならば追い払い、善霊ならば供物などを捧げて怒りを宥め許しを求める。儀礼はマガニトと呼ばれる巫者が自身の守護霊に憑依され、意識を失ったなかで守護霊そのものとして語り振る舞い、患者の身体に入り込んで病気を引き起こしている精霊と対処する。そこで原因となっている精霊と交渉し、その結果を患者自身や周りを囲んで座る親族らに説明し、親族からの質問などを精霊に伝えたりしながら、結果として病気になったのも当然と納得できる因果関係の物語を参加者らと紡ぎ出してゆく。そうした共同作業・協力ゲームによって具体的な病気の像としかるべき対処法が明らかにされてゆく点で、あたかも即興劇のようになっている（セアンスの詳細については、清水（二〇一九）の「四　病いをめぐる即興劇」一三八―一五四頁を参照。）

そもそも彼らの「伝統的」な家は、柱や床、壁などは竹を素材としており簡単に建てることができる。そのため三、四年すれば傷みがひどくなり、立て替えが必要となる。その際には元の家から数メートルほど離れた場所に立てる。また近い親族どうしが同じ集落に家を建てて住むが、家屋は密集せず互いに一〇～二〇メートルほどの間隔を空けて建てる。予備調査をした北ルソンのカリンガ族の密集村とは外観が異なり、パラパラと家が散らばっている印象である。それでも何らかの理由で緊張が生じると、ストレスに耐えてそこに住み続けることを嫌い、一方の親族グループが別の土地に移り住むことが珍しくない。移動するのは焼畑だけでなく、住居も頻繁に移動するのだ。

すなわち第1章の「コラム」で紹介したように、噴火前のアエタにとって我が家（ホーム）とは寝泊まりする個々の家ではなく、「大地に根をおろし、なだらかにうねる丘の連なりと山並みに包まれ、渓流と小川にうるおされ、雲と虹、そして太陽と星の天蓋に抱かれたすべての場所」であった。そうした母なる大地と自然環境、地勢と植生の景観、そこに棲む動植物を含んだ全体（一体的世界）が我が家であり、その一部としてアエタの存在と生活があった。そうした環境ニッチが、ゆるやかな親戚関係を認めあう親族グループの生活世界であり、グループの一員ならばそのなかで自由に焼畑を開くことができた。土地に厳密な所有権が認められているわけではなく、むしろ個人や集団のアイデンティティーと一定範囲・地区の土地とが不即不離の一体として感得されていたのである。アエタはスコットが希求するような国家なき社会を安定的に維持してきたと言うことができる。

第1章で紹介したように、アジア太平洋戦争の直後にピナトゥボ山の西麓を中心にして植物民族学の調査をしたロバート・フォックスは、アエタは多種多様な作物を植え付け、さらに各々の作物ごとにもさまざまなバラエティーを利用していることについて詳細に報告している。彼の関心は、戦争直後の食糧難の際にアエタが山菜野草などの食用植物に関する伝統知識を最大活用して生き延びることを可能にした、それらの植物の同定と利用法であった。フォックスによれば彼の調査時において、一年を通じて利用された食物全体の七〇％近くはサツマイモ（五三％）とトウモロコシ（一四％）という新大陸から導入された二種の作物だけで占めており、他は肉類（八％）や野生の植物（五％）、そのほかタロイモ、ヤムイモ、バナナ（各五％）などであった。当時、米の割合はわずか〇・五％に過ぎず、しかもそのほとんどは外部との交易によって持ち込まれた（Fox 1952: 246-247）。また各々少なく見積もってもバナナで一七種、タロイモは二二種、ヤムイモは二〇種、サツマイモは九種の異なった品種を利用していると報告している（*ibid*: 222-226）。

そうした新大陸由来の作物の活用とともに動植物に関する伝統知識も保持しており、ほとんどの成人男性は少なくとも四五〇種類の植物、七五種の鳥類、ほとんどの蛇、川魚、昆虫、動物の名前を列挙し、それぞれの特徴と特性を説明することができた。そして蟻さえも二〇種類を弁別していたという（*ibid*: 188）。こうして多種多様な作物と自然の恵みを活用することによって、アエタは安定して食料を確保することができたのである。雨期に台風の襲来や前線の停滞によって激しい雨が数日続く場合には、焼畑まで出かけてゆくことができず、その間に一時的な食料不足になることはあった。しかし凶作による飢餓が生じて生死に関わるような危機が訪れることはなかった。

一九七九年四月末にカキリガン村に来訪し、山中に残る家族も含めて一四〇例のサンプルを採血した分子人類学者の尾本恵市教授によれば、彼らのほとんどの血清タンパク量は正常値の範囲内にあった。それ以前に調査したパラワン島に住むネグリート系のバタック族で顕著に見られた貧血や栄養不良はほとんど見られなかったという。さらには、カキリガン村の開発プロジェクトとは無関係に山中にとどまり焼畑を中心とした多様な生業を行っていたグループ（主にマアグアグ集落の人々）を一九八〇年代の初頭に調査した生態人類学のペーター・ブロシウスも、その結論として「調査地域内のネグリートが栄養的に自給自足している程度は驚くべきものである。……自給自足は将来にわたってほとんど無期限に維持することができるであろう。それが彼らの強さ、独立、そして存続の源泉である。彼らの前途にある日々は決して限られてはいない」(Brosius 1983: 144-145) と強調している。

焼畑農耕は伐採、整地、除草などに必要な労働力投入が常畑や水田に比べて少なく、少ない労働で必要な食料を確保することができる。私がカキリガン村で暮らしているときも、村人の多くはご飯が美味しいので毎日でも食べたいが、稲は病虫害や大雨、強風、雑草などに弱いために安定した収穫が保証されない。だから従来と同じく芋やトウモロコシを焼畑で栽培し生活の柱としているとのことであった。不安定な収穫に対処してリスクの分散を図るために、食料を得る方法を多角化し(農耕、採集、狩猟)、主たる生業である焼畑に植える作物も多様な種類を植えるだけでなく、同一作物でもバラエティーの多様化を図ることを生存戦略の基本としていたわけである。

あらためて振り返れば、アエタはピナトゥボ火山の大噴火による「世界の終わり」と続く苦難に耐えて生活の再建とコミュニティーの復興に奮闘するなかで、イギリスで始まった産業革命が地球上の諸社会を工業化と賃労働・貨幣経済に組み込んでいった二五〇年余の近代の歴史を、一〇年から二〇年ほどで圧縮して追体験したと言って良い。またデヴィッド・ハーヴェイ(一九九九)が近代性(モダニティ)を時間と空間の圧縮と特徴づけたひそみに倣えば、アエタの場合には歴史時間が過去と未来に引き伸ばされて認識され、地理空間の認知の範囲が町や州や国を超え海外へも広がっていったという点で、時空間意識の爆発的な拡張が生じたと言うことができる。

さらにはヒトが一万年ほど前に採集狩猟から農耕へと生業を転換させていったのに比べれば、ピナトゥボ・アエタが生業の一部として移動焼畑農耕を始めたのはおそらくは一〇〇年ほど前であったろう。その点では、農耕の始まりにともなうヒトの社会の変容についてもまたアエタは噴火の被災の前に数十年あまりをかけて、人類史の時間から言えば凝縮して経験していた。短期間のうちにそうした変容を経験してきたアエタ社会のレジリエンスは、頻繁な移動とできるだけ多様な食料獲得手段を保持し拡大してゆくという基本的な生存戦略が生み出し可能にしてきた。

もちろん、アエタ社会がそうした生存戦略を保持し生活や生命の危機に柔軟に対応することができたのは、少なくともカキリガン・グループでは彼らの生存の基盤となる領野（地域）をピナトゥボ山の南西麓の一帯にほぼ専有していたからであった。それが可能だったのは、フィリピン政府の統治力や軍事的な強制力がさほど強くなく、首都から遠く交通アクセスのよくない辺鄙な地域がいわば「未開の地」として取り残されたからであった。そこでは「未開の民」が中央政府からの介入や干渉を受けずに自律・自立的に生きることが可能であった。一六世紀後半に植民地支配を始めたスペインも、それに代わって二〇世紀前半に植民地統治をしたアメリカも、フィリピン国土の隅々まで監視と支配を貫徹できたわけではなかった。

スペイン時代は政庁やカテドラル（司教座聖堂）が置かれたマニラのイントラムロス（城壁に囲まれた数キロ四方の町）の外の世界では、各地方の主要な町の教会を中心にカトリックの宗教的な権威によって住民支配が行われた。一八六九年にスエズ運河が開通してヨーロッパとの通商が盛んになる以前には、スペイン本国から帆船で大西洋を越え、メキシコ中部高原を横断し、さらに太平洋を航海する長旅をしてフィリピンまで来て暮らすスペイン人は、政庁の役人や軍人、カトリックの宗教者、一攫千金を夢見る者たちなどに限られ、その人口は一〇〇〇人に満たなかった。積極的な植民地支配・経営が始まるのは二〇世紀に入ってアメリカが宗主国となってからである。

その始まりはアメリカが一九世紀末にキューバの独立を支援して始めたスペインとの戦争（一八九八年）に勝利してスペインから二〇〇〇万ドルでフィリピンを割譲されたことであった。その頃すでにフィリピン国内では秘密革命結社のカティプーナンが対スペイン独立戦争を優勢に進め、一八九八年六月一二日に独立を宣言して第一次フィリピン共和国を樹立していた。それに対してアメリカはスペインから得た権益を確保しフィリピン革命の達成を阻むために米比戦争（一八九九〜一九〇二年）を起こした。近代的な火器を有するアメリカはアギナルド将軍＝大統領のフィリピン軍を圧倒していった。ただし国内に残る革命勢力を掃討するために、各地方の地主・エリート階級を懐柔する目的で選挙と国会の開設（一九〇七年）そして一定の自治を認めた。

それはアメリカ本国の議会政治をモデルとした植民地支配であった。他の東南アジア諸国では宗主国のイギリスやフランスが統治のために官僚制の整備と強化を進めたのとは対称的である。国家運営を支える基本骨格となる官僚制度の確立が不十分であり、その基本的な政体が第二次世界大戦後の独立の後も継承された。その結果として、国際政治学者の藤原帰一の表現を借りれば、アジアの他の国々では植民地国家が独立後も継承されたのに比べて、フィリピンでは「国家が議会の喰いものにされる（ような）……国家なき議会制とエリート支配が継承された（藤原 一九九〇：四四―四五）」のである。

このようにスペインとアメリカの植民地支配の統治の仕方はゆるく全土の津々浦々にまで及ぶものではなかった。首都から遠い地域とりわけ山岳地帯のアクセス困難な地区は支配の網から取り残されることになった。かつては未開民族や少数民族、近年では先住民と呼ばれたり自称するようになった人々は、そうした地理的・地政学的な周縁ニッチを生活圏として固有の生活と文化を維持してきたのである。たとえば私が一九八年から調査を続けている北ルソンのコルディリエラ山地のイフガオ州ハパオ村の一帯には、一九六〇年代の後半までジープやトラックが入って行ける広い道路がなかった。それゆえアジア太平洋戦争末期の一九四五年六月には日本軍総司令官の山下奉文大将が主力部隊の兵を率いて逃げ込んで最終拠点を築き、投降するまでの三ヶ月ほどを立てこもることができた（清水 二〇一三：二三九―二四二）。

ではは日本ではどうだったろう。たとえば江戸や東京からみれば遠い周辺地域にあたる北海道のアイヌの場合、河川を遡上する大量の鮭を捕獲して保存し年間の食料とすることで採集狩猟を主たる生業としながら定住性がきわめて高い暮らしを続けていた。内陸部では狩猟動物の毛皮などを交易品としても用い、日用雑貨や希少財(漆器や刀剣)を入手して豊かな生活を送っていた。海岸部ではイリコ(煎海鼠)、アワビ(串飽)、コンブ(昆布)などの海産物が重要であった。鮭や動物や海産物などを捕獲して交易を行うことに加え山菜野草の採集によってその食生活もバラエティーに富み豊かであった。アイヌの食生活を世界の他の採集狩猟民と比較すると、採集、狩猟、漁労によるものが、ほぼ三分の一づつを占めてバランスが良い点が特徴的である。リチャード・リーの報告するアフリカのサン(クン・ブッシュマン)やムプティ・ピグミーではほぼ採集(七〇%)と狩猟(三〇%)を中心とするのに比べると、漁労の割合が際立っている(遠藤一九九七)。

しかし江戸時代になり、松前藩が幕府から蝦夷地での交易独占権を与えられてから、場所請負制などを導入してアイヌからの効率的な収奪を強化していった。松前藩は本州の諸藩とは異なり寒冷地のため稲作ができないことから、アイヌとの交易を藩の主たる収入源としたのである。場所請負制とは、蝦夷地の特定地区でのアイヌとの交易権を商人に与えて経営を請け負わせ運上金を納入させる制度であり、商人はしばしば利潤追求に走り、アイヌの生活の困窮化を招いた。場所請負制は、ほぼ同じ頃にスペインがフィリピンを征服支配した当初に導入したエンコミエンダ制とよく似ている。北海道のアイヌの事例を念頭に置きながらフィリピン社会におけるアエタの歴史と社会、暮らし方をまとめると次のように言うことができる。

アエタが現在に至るまで採集狩猟と焼畑農耕を生業の一部として保持し、加えて近年では犂耕農業や賃労働などにも適応して危機を生き延びることができたいちばんの理由は、前章で指摘したトランスフォーマビリティーに加えて、彼らが行動の自由と自主性を発揮する余地(地理的空間)を確保できたからであった。そのなかでアエタは状況に応じて最適の生業(食料獲得手段)を選び活用してゆくという自主自律の判断を下すことができた。その生存戦略がピナトゥボ大噴火による被災の後にも、アエタ個々人が生き延びて生活再建をしてゆく際に十全に機能し、自身を頼みとする復興の際の自律性と誇りを下支えし、さらにコミュニティー全体に柔軟で強靭な持続性を与えてきた。多様性と「重層的並存」、そして生業多角化という伝統的な生存戦略とともに地理的・地政学的に固有の生活領域を確保維持できたことが、ピナトゥボ噴火までアエタの生活様式と社会文化を支える基盤となり、噴火の被災後にアエタが創造的復興を遂げてゆくこともまた可能にしたのである。

アエタが近年さらに現在まで採集狩猟と焼畑農耕、犂耕農業、そして賃労働などの食料獲得手段の多様性を維持することができたのは、フィリピンという国の統治制度のゆるさと強制力の弱さによるところが大きい。そのことが彼らの行動の自由と自主性を発揮する余地（地理的空間）を残し、そこではアエタが状況に応じて最適の生業を選び活用してゆくという自主と自律の生存戦略を有効に機能させることができた。その生存戦略が、ピナトゥボ大噴火による被災の後にも、アエタ個々人が生き延びて生活再建をしてゆく際に十全に機能し、自身を頼みとする復興の際の自律性と誇りを下支えし、さらにコミュニティー全体に柔軟で強靭な持続性を与えてきたのである。

百年ほど前までは採集狩猟、その後には焼畑農耕を主たる生活基盤とする彼らの生活は、サーリンズが言う禅僧の生き方に似ている。少なく欲し少ない労働で生活の糧を得て、それで生まれる多くの自由時間を精神生活の充実に用いる。具体的には集まって楽しくおしゃべりに興じたり、身近な人間だがその場にいない者の噂話をしたり悪口を言ったり、自分が他所へ出かけて見聞したこと、不思議な体験をしたこと等々を話したり聞いたりする。どのような話題であれ物語（イストリア）として語ることは彼らの余暇の楽しみ方の一つである。さらには夏に水浴びを兼ねて川にゆき魚を突いたり、決まった季節に決まった場所で手に入る季節の果実や昆虫の採集に出かけるのも、単に生きるための日々の糧を得るにとどまらない。それ以上に、われわれの感覚で言えばピクニックに近い楽しみともなっている。そうした生き方は、効率を上げ生産性を高めより多くの成果上げようとする資本主義の考え方とはまったく異なっている。モノ（商品）の生産量の多寡ではなく、個人の自由と自主そして余暇と裁量余地の大きさ言い換えれば生活の内実と質を大切にしてきた。

今までの章で紹介してきたアエタの暮らしぶりと社会・文化について私が言いたいのは、生きることの意味や内実に関してアエタは固有の価値観や世界観をもっていること。それは今までともすれば遅れた未開人として、または怠け者だからとして見過ごされてきた。しかし決してそうではない。むしろ彼らが主体的自主的にそうした暮らし方と生活スタイルを選んだことを強調したいのである。

もちろん彼らの生活が地上での楽園暮らしというわけではない。ただし彼らの生活スタイルが人間のまっとうな暮らし方のひとつなのだと言うことはできる。とりわけ人新世と呼ばれるほどの地球環境への負荷の大きさとダメージの深刻さを考え、現代社会の政治経済社会の仕組みを根本的に考えなおす取り組みの際には、ヒトの存在様態のトランスフォーマビリティーの実例として想起できるだろう。少なくとも日本で生まれ育ち社会の「常識」と「良識」を教えこまれ身につけ見過ぎ世過ぎしてきた私自身にとって、アエタの暮らし方と考え方は内省を導き自文化批評・批判を可能としてくれるモデルであった。

ただし私たち自身の暮らしを振り返ってみると、生業の重層的並存や食料獲得手段の多角化といったアエタの生存戦略は、遠い世界の異文化を生きる人たちの暮らしぶりの基本というよりも、実は私たちの実生活における不安や危機への対処策を考えるときの選択と同じ思考法なのだと気づく。たとえば定年後の生活資金のことを考えて、貯金からなにがしかの金を投資信託に回そうとするとき、リスクヘッジと分散投資という考え方が重要だということがよく言われる。どこか一社の株や債券を決め打ちして買うのではなく、異なる業種の幾つもの会社にバランスよく分散投資をしている投資信託を買ったほうが景気の変動に対処しやすく安全性がずっと高くなる。競馬でも似たような戦略が一般的で、勝つと信じた一頭の馬券に全額を注ぎ込むことはせず、いくつかの異なった組み合わせで馬券を買うのだそうだ。

アエタの生存戦略も、一見、証券会社の駆使する金融工学と比べて単純ではあるが、一貫してリスクヘッジを最優先するものである。すでに説明したように、その戦略は植民地下で導入されたプランテーションでのモノ・クロップ（単一の商品作物栽培）農業とは正反対である。しかも重要なことは、投資信託でのリスクヘッジは好況不況の波や循環が数十年で繰り返すことは想定しているが、もっと長い期間での大変動を想定してはいない。大不況さらには破局的な恐慌までも射程に入れて投資商品を作っているわけではない。資本主義のシステムではせいぜい一〇年の単位で将来を想定した対策を立てるが一〇〇年の単位では考えないのだ。しかし「想定外の事態」とされた東日本大震災が、実は歴史的には一二〇〇年ほど前に同様な規模の大地震（貞観地震）が起きていたように、本当のリスクとは、もっと期間の長く空いた大規模なものなのだ。そしてアエタの場合は、一〇〇年単位での災害に対しても生き残る術を維持することを最優先している。そのことを明確に意識しているというよりも、親から教えられた先祖伝来の知恵や技法として守り伝え、暗黙知として育んできたのである。

もちろん、たとえアエタの生き方や社会がある種の理想になりうるとしても、今の地球上に暮らす八〇億人の皆が食べてゆくためには問題外の選択肢であろう。地表に届く太陽エネルギーと利用可能な淡水などの総量によって、それぞれの土地の人口支持力（carrying capacity）が決まり、そこには限界がある。しかし、だからといって今までの近代社会の歴史発展経路の延長を、惰性や慣性によって押され流されるままで良いとはとても思えない。ここでの考察が、ヒト社会の暗い未来に抗して、その経路から少しばかりはスピンオフして別の社会を構想するための一助となることを願っている。

コラム❺ スコットの『ゾミア』と『実践、日々のアナキズム』

『ゾミア——脱国家の世界史』（二〇一三［2009］年）の原題（*The Art of Not Being Governed : An Anarchist History of Upland Southeast Asia*）を直訳すれば『支配から逃れる技法——高地東南アジアにおけるアナキストの歴史』になる。訳書でタイトルになっているゾミアは奇異な言葉であり、原書の書き出しも「ゾミアとは、……」と、その定義から始まっている。それは大陸部東南アジアの標高三〇〇メートル以上の広大な丘陵地帯を指す名称である。そこは九つの国家の周辺部にある辺境部にまたがり、近代の国民国家に完全には統合されていない人々が今も暮らす地域である。山地に生活の場をもつのは、「これまでの二〇〇〇年のあいだ、奴隷、徴兵、徴税、強制労働、伝染病、戦争といった平地での国家建設事業に伴う抑圧から逃れ（る）（ix－x頁）」ためであった。スコットによれば、国家支配の網からこぼれ落ちる（逃れ出る）ために、あえて文字や定住農耕といった文明化の利器を自ら遠ざけ、時に捨てたりもしてきたという。

この議論は、私自身が一九七〇年代の大学院の中根ゼミで原書を一章ずつ輪読したエドマンド・リーチの『高地ビルマの政治体系』の議論を想起させる。スコットも本書のなかで詳細にリーチの議論を紹介している（二二二―二二六頁）。すなわち高地ビルマでは、社会・政治組織の作り方には三つのモデル（パターン）があり、一方にシャン・モデルがある。それは世襲の首長制と体系的な徴税と労役で特徴づけられた階層構造をもつ。他方にあらゆる世襲の権威と階級格差を拒絶し、平等性と自律性が強調され村々が自律＝自立・自尊の独立した集団からなるグムラオ・モデルがある。シャンとグムラオは相対的に安定しており、その中間に不安定に揺れるグムサ体系がある。

グムサ体系では、結婚（女性のやり取り）をめぐり女性（嫁）の貰い手が贈り手よりも社会的に高い威信を得る。グムサ体系で最も上位のリネージ（氏族）の長は、シャン体系の首長のような威信と地位を求めようとする。それに対して下位のリネージが反発し、反乱や逃亡が発生してグムラオ的な平等なコミュニティへと戻ってゆく。つまりビルマ高地社会では、グムサとグムラオを理念モデルの両極として実際にはグムサ体系がそのあいだで振り子のように行きつ戻りつして揺れる。すなわち一方的な社会の階層化・複雑化へと進む動きを止めたり無効とするモメント（動力）が社会組織のなかに埋め込まれている。

『実践 日々のアナキズム』（二〇一七［二〇〇九］）は私自身が三人の共訳者の一人となり、「あとがき・解題」を書いた。タイトル（*Two Cheers for Anarchism*）を直訳すれば『アナキズムに万歳二唱』となる。両手を上げて賛成はできないけれども、つまり万歳三唱はできないが、留保つきでせめて二唱はしたい、という意味である。つまり『ゾミア』と『実践 日々のアナキズム』はアナキストとアナキズムがキーワードになっている。アナキストというと日本では、たとえば大逆事件の幸徳秋水や関東大震災直後の混乱のなかで殺害された大杉栄などを連想し無政府主義者と訳されることが多い。けれどスコットは国家や政府が絶対悪であるとか、無用の長物で廃棄すべきなどとは言わない。国家が状況次第ではマイノリティを保護したり解放したりすることもあると存在意義を認めている。スコットが徹底的に反対し批判するのは、中央集権化された権力によるトップダウンの支配と、それを可能にし正当化するための監視システムと警察制度、それと巨大開発プロジェクトである。

代わりに彼がアナキズムとして夢想するオルタナティブな社会とは、国家の監視と支配をなるべく脱して、住民のボトムアップによる自主的でゆるやかな協力関係（に支えられた柔らかな共同性）の形成とその維持存続である。そこでは個人の自由と自主・自律、そして協力と連帯、相互扶助が重要な働きをしている。それによって地域コミュニティやアソシエーションと呼べるような、硬い括りでまとめない緩やかな協働・共同態が生まれてくることを期待している。その内実は素朴で簡素ながらもアエタの社会のあり方そのものである。アエタの場合には加えて頻繁な移動がもたらす自由を彼らが好む特徴的な価値として認められる。

さらには同書の断章9「整然さの裏の無秩序・混沌」で紹介している生存のための農法の事例は、近代農法が好む耕地の整然さや斉一性の罠や危うさを指摘し再考を促す。たとえば一九世紀の熱帯西アフリカの農村では、農地は一見すると幾つもの異なる作物がまとめて乱雑に植えられていた。その「ゴチャ混ぜ耕作」は、西洋人の目には無頓着や怠慢、不注意の現れと映り、農業普及員が適切で「近代的」な農業技術を教えようと努力した。しかし三〇年間の挫折と失敗の後に、ようやくそれが地域の条件にうまく適応させたひとつの農業システムであることがわかった。同時に行う複数品種の栽培と収穫前に異なる作物を植えるリレー栽培のおかげで、土壌の侵食を防げて降雨を土壌に捉える被覆植物が一年中にわたって存在した。害虫や病気を減らすために作物はあちこちに分散して植えられた。別の事例として紹介されている中央アメリカのグァテマラの農民は、一枚の畑に在来種とヨーロッパ伝来の様々な果物の木を一〇種類ほど植え、それらの間には二種類のトウモロコシが植えられ、果樹の根元にはハヤトウリ、インゲン豆などが植えられてツルが這い上がれるようにしていた。共訳者の三人で時間をかけて読み合わせをしていているとき、それらの畑を思い浮かべながらまるでアエタと同じだとの思いを強くもった（五九–六三頁）。

そうした土着の農法に比べると、いわゆる近代の「科学的」農業の特徴（とりわけアメリカの場合）は、「資本集約的な巨大農地で、もっぱらハイブリッド種や最大限に均質的なクローンを、耕作と機械収穫が容易になるよう、直線状に単作で栽培するのを好んできた。農地の条件をできるだけ単一の栽培品種に適するようにし、また均質化するために灌水施設を作り、肥料、灌漑、殺虫剤、除草剤を大量に用いる。こうした農業の汎用モジュールはどこでも通用し、小麦、トウモロコシ、綿花、大豆といった手荒い扱いにも耐える「プロレタリア的な」作物の生産にはそれなりにうまくいく。……西洋の野菜園には多くの栽培品種があるが、多くの場合、一つの栽培品種ごと一列に植えられ、まるで軍事パレードのために整列した軍の連隊のように見える。」（五八－五九）とスコットは言うのである。

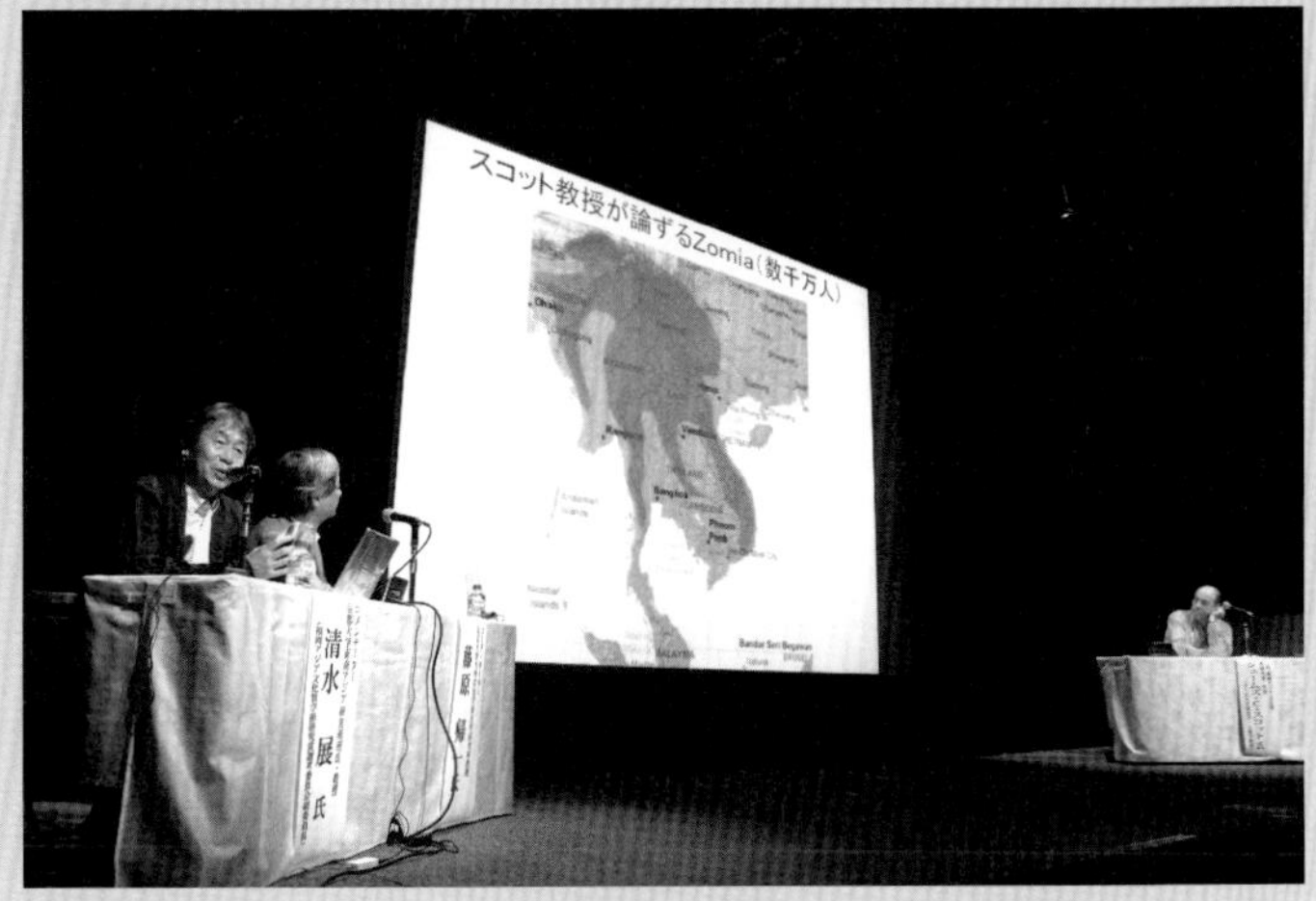

J. スコット氏が第21回福岡アジア賞・学術賞を受賞した際の市民フォーラムで、藤原帰一氏東大教授と鼎談をする。「統治する国家、支配されざる民」というテーマで前年に出版されたばかりの *The Art of not Being Governed* をめぐり、本人による解説や質疑応答を行った。同書は『ゾミア——脱国家の世界史』として、2013年にみすず書房から出版される（2010年9月21日、福岡市アジア文化賞室提供）。

Chapter 7 いま、ここ、の物語から人類の未来へ

——「鈍感な凡人」が運良く人類学者となれた意味

写真を多用することによって絵巻物や紙芝居あるいはアニメ映画のような民族誌が作れたら良いなぁ——初めに本書の構成を考えたときには、そう願った。第I部、つまりアエタの噴火前の伝統的な暮らしぶりと被災後の苦難、そして生活再建の歩みの報告をした第4章までは、その構想にほぼ沿ってスラスラと書き進めることができた。私がそこにいて同じ時間を過ごした友人や知人たち生身の人間が生きる世界を動的に活写したいという願望と勢いに任せてのことである。結果として読者の皆さんにとっても、写真と文章とが相補い、読みやすく分かりやすい物語りとなったと思う。

しかし第5章からは、当初の構想とは違って、少々小難しい話となってしまった。それは今の人類学、更に言えば今日の大学で学問をすることが持つ問題、そして私たちの社会が持つ問題と研究者の役割と貢献や関与について日頃から漠然と考えていたことが、筆の流れと勢いに乗って引き出されてきたからであった。本書を終えるに当たって、今一度、私が考えてみたかったこと、皆さんと共有したいことを振り返ってみたい。

一部は繰り返しになる記述もあるが、本書を編むことで改めて感じた、私自身のフィールドワーク観の再整理のためということで、お許しいただきたい。

1　愛着と離接、あるいは根を持つことと翼を持つこと

フィールドワークと民族誌

第4章までは、いわばジャーナリストの同行レポートや現場報道に似ているかもしれない。私が見たこと、聞いたこと、彼らの生活と社会の成り立ちをなるべく具体的に記述し説明しようとした。ただし絵に描いた餅のように、破綻のない構図の静物画を上手に描くのではなく、多少の破綻や粗さが出るとしても筆の勢いを大切にした。勢い余って勇み足となったところも幾つもあっただろう。何より気がかりだったのは、「同行レポートや現場報道」に止まって読まれてしまうかも知れないという不安だった。それは「人類社会の持続と破滅の分岐点」と言われる今の時代にあって、学問が果たしている役割は何なのかという社会からの問いかけや学問への批判に関係している。

第5章以降、フィールドワーク報告（民族誌）としての本書が、文化人類学というディシプリン（学問制度）のなかでどのような意味をもち意義があるかについて、少しばかり専門的な議論をしたのはそのためだ。社会からの問いかけや要請を意識しつつ、それに応えることを念頭に置き、意を尽くして説明しようとした。本書は人類学の教科書ではなく、学生や院生に限らずむしろ学会とは縁のないような一般の方々に読んでいただきたいので、できるだけ簡潔で明快な記述を心がけた。しかし結果として、第5章からは文体も変わってしまった。できるだけ内心と感性から素直に書きたいという意図からはずれて、急に理屈や小賢しさに流さ

れたかもしれない。

いっぽうで第4章までの物語展開のなかには、私自身が恥ずかしげもなくしゃしゃり出ている。繰り返しになるが、文化人類学は参与観察によるフィールドワークを研究方法とする点が特徴的であり学の基盤である。そして学術として客観的で科学的であることを装うために、人類学者＝フィールドワーカーはその社会の内側に身を置いて彼らの活動に参与しつつ、同時に外側からその所作を冷静に観察するという離れ業を演じることが期待されている。参与と観察のあいだを短時間で意識が揺れ動くようなことをしているのである。たとえて言えば身体という物理的な存在はフィールドにありながら、しばしば頭のなかの意識は自身を含めて成り立っている社会（コミュニティ）を外側から眺めている幽体離脱のような状態と似ている。

なんだか難しそうだが、それは修行を積んだ霊能者にしかできないというわけでもない。普通の人々も日々の暮らしのなかで普通に行っている。反省とか内省と呼ばれる自己の内心に向かう意識はもちろんだが、リアルタイムで相手と会話したり仕事をしている場でも、会話に興じて没入したり作業に没頭する一方で、時に相手の反応や対象物の出来上がり具合をみて自身の言動を修正したり計算したりすることを半ば無意識で行っている。目の前に向き合う人々へのアタッチメント（愛着）と離れて突き放すデタッチメント（離接）のあいだの往復または精神の振幅運動である。

ところが、いざフィールドワークを終えた後に民族誌を書く段になると、人類学者はアタッチメントをベースとする調査中の生身の人間の日々の生活のリアリティー、つまり好き嫌いや愛憎を含めた濃密な人間関係を脱色脱臭して、デタッチメントの視点から客観的でクールな装いをこらそうとする。その典型的な例が、長期のフィールドワークと言語習得そして参与観察という近代的な意味での文化人類学の方法を確立したと言われるブロニスワフ・マリノフスキーである。彼の『西太平洋の遠洋航海者』（一九六七［1922］）は、ニューギニア東北海上のトロブリアンド諸島の島々のあいだで行われていたクラと呼ばれる贈与交換についての民族誌だが[1]、それ以外にも、結婚と家族と性、農耕と儀礼、犯罪と慣習法などに関する六冊の民族誌を出版している。

いずれも客観的な事実を冷静に記述し分析し、そこには生身の身体と感情を有する人間マリノフスキーの片鱗も窺えない。しかし、その死後に夫人によって出版された『日記――ことばの厳密な意味において』（一九八七［1967］）には、彼の調査地での日々の生活の記録と自身の感情とが率直に書きとめられている。イギリスにいる婚約者への想いや性的妄想、自慰、現地の女性と性交渉をした後の激しい自己嫌悪、調査地の人たちへの不満や悪口、人類学者としての野心と不安、その他の激しい感情の起伏と揺れがリアルタイムで赤裸々に吐露されている。

マリノフスキーの現地調査はトロブリアンド島民への、そして島の白人コミュニティの住人へのアタッチメントとデタッチメントのあいだで不安定に行き来する。アタッチメントとデタッチメントは、言い換えれば対象との距離の近さと遠さのことであり、心理的には親密さと疎遠さのことでもある。フィールドワークが今も変わらずに重要で有効なのは、統計数字や抽象的な理論だけでは、ともすれば現場の実態から離れた空理空論になりかねないからである。逆にフィールドワークで得られる情報や資料は、仲が良く距離の近い友人からは詳細で信頼度も高いが、さほど仲が良くなければ表面的で浅くなりがちだという限界がある。

私自身がカキリガン村を毎日のようにプラプラと歩いてまわるときに必ず立ち寄り、しばしば長話や長居をする家があった。ラバウ・グループではパン＆インドン・ガタイ夫婦の家族であり、キリン・グループではパン＆インドン・ダロイ夫婦の家族であった。その流れで、両家の長女のイメルダとピイチャイは私たちの借家で一緒に暮らすことになった。逆に苦手な村人もいたが、なるべく態度や表情には出さないように心がけた。私でなくとも、調査者の個人的な好悪によって親しく付き合う者もいれば敬遠しがちな者もいるだろう。その点で人類学者の調査は無色透明で中立的にはなりえず、村のなかの派閥関係のなかのミクロ・ポリティクスに巻き込まれ左右される。

しかし幸いなことにカキリガンの場合は、焼畑作業や採集のために短期で村を離れて山中の出作り小屋に行ったり、村での人間関係のストレスが強くなり過ぎれば、他所へ簡単に引っ越したりするので、ストレスに耐え我慢して村に住むという状態にはならなかった。また親族関係の認知と付き合いが夫側と妻側の双方に広がるため、父系または母系の一方の血縁をたどって形成される単系出自集団のように成員と非成員を厳密に区別する排他的な親族集団が形成されることはなかった。結果として継続的なグループを前提とする対立（派閥）がなかった。特定集団の凝集力が弱く社会的な統合度が低い、きわめて流動的な社会であった。

そもそも私たちが暮らしているこの世界は、どこから見るか、また誰の視点で見るのかによって異なった姿形で現れる。虫の眼と鳥の眼という比喩で考えれば分かりやすいだろう。虫は、たとえばアリは地面を忙しく動き回っており、それが直接に見ている世界は地上五ミリほどの高さからの周囲の数センチか数十セン

（1）それは、島民たちが離れた島に住むパートナー（友人）のために航海して、持参した宝物を一方的に贈る行事である。宝物には赤い貝でできた首飾り（ソウラヴァ）と白い貝の腕輪（ムワリ）の二種類があり、どちらもさほど実用的な価値をもたない。贈り物を受けた側は、次は自分が航海をして相手に贈り物を届ける。首飾りと腕輪はそれぞれ動く方向が決まっており、首飾りは時計回りの方向に、腕輪は反対回りの方向に航海して島のパートナーに贈られる。しかも贈り物は航海してきた側が持参したものを一方的に贈り、その返礼は時期をあらためて航海に出かけて贈り物をする。

宝物が動ける方向は決まっているために、個々の航海では訪問する側の一方的贈与となるが、期間をおいて相手パートナーが贈り物をもって来訪することによって結果として贈与・交換が成り立つ。時間差を伴うゆえにそれは善意と友好の印しとしての贈与となる。時間差を伴わなければ、首飾りと腕輪の物々交換となり有り難みが薄れるだろう。クラの航海は首飾りか腕輪かどちらかの宝物のほか、島の特産品などをおみやげや物々交換のために運ぶので、交易や文化伝達の働きもする。結果として遠く隔たった多くの島々を、地域ごとのクラ・ネットワークが互いに重なり合いながら結ばれ、全体的なシステムを作り出すのである。

チに限られる。鳥ならば、高さ数十メートルかもっと高くから広く地上世界を見渡せる。人間が山に登れば富士山ならば三〇〇〇メートルを超え、飛行機に乗れば高度一万メートルからの広い視野が得られる。月面着陸をした宇宙飛行士の撮った写真には月平線の上に丸く小さな地球が浮かんでいた。地球と人類がいかにも脆い存在だと思えたというのが、今から五〇年以上前に最先端の科学技術を駆使して月に行き、地球全体を見た宇宙飛行士たちの感慨だったという(2)。

つまり身の置き方、視点の位置によって異なった相貌で現れる世界は、どれが真実でどれがインチキということにはならない。虫や鳥や動物とちがって、人間ならば遠近両方の視点から世界を見て考えることができる。それが人間の特徴であり強みになっている。フィールドワークをする人類学は、上の喩えでいえばアリや虫に近い目線で調査地の人々が暮らす世界を見ている。個別の民族と言語・文化について、そのなかで自己形成し生きている人々を等身大のままに深く理解しようとする。と同時に、他の人類学者たちの報告や民族誌を読み、自分の調査地の人々の文化・社会と比較して同じ点と違う点の両方を考え、さらには人類の歴史をふまえてヒトとしての共通性や一貫性、通底するものを探ろうとする。ミクロとマクロの視点を頻繁に往復しながら考え続け、個別（民族・文化）の違いと多様性をふまえたうえで、普遍を明らかにしようとしてきたのである。

本書をつくる上でも、第4章まではミクロの視点からの報告、第5章からはマクロな視点からの考察という意図を込めたのである。

2　「マリノフスキーの孫」の自己変容

応答する人類学へ

マリノフスキーに戻れば、実際の社会分析に際して、彼自身は抽象的で一般的な理論の定式化を考えていた。が、現地の生身の個々人の心理や隠れた動機の解明に関心が向かい、理論的な精緻化と洗練は十分になされなかった。そのことでマリノフスキーは、科学としての人類学の確立を目指す主流派（構造機能主義）の人類学者らから軽視されたり批判をされたりしてメインストリームとなることはなかった。しかしマリノフスキーが村のなかのテントに住み、村人たちとの愛憎いずれも濃い関係のなかで参与観察した研究スタイルは、その後アメリカで一九六〇年代のベトナム戦争を背景とする自文化批判を真摯に試みる人類学者たちの導きとなった。彼らは「マリノフスキーの子供たち（Malinowski's Children）」と呼ばれたが、そのひとりであることを自認する大杉高司には、「人類学するとはやはり現地から思考すること」（大杉二〇一五：二二二）と断言している。現地と現場から遠く離れて一気に抽象的な議論を展開するのではなく、個別と具体にこだわりながら思索を深め進めてゆくことが人類学をすることの初めの一歩となり、いつでも立ち返って考え直すための原点や基盤となる。

清水昭俊によれば、マリノフスキーはアメリカの大学へと移る前の一〇年ほどのあいだ、大規模なアフリカ・プロジェクトを主宰し、人類学を古物趣味から厳格な経験科学に変革しようとしていた。それは植民地の文化状況に関して統治政府に有用な現実的知識を提供し、現地の状況を改善することに貢献できる人類学への変革をめざす企てであったという。残念ながらこのプロジェクトは帝国主義や植民地主義との共犯関係になりがちな人類学のもっとも悪しき一例として批判されてきた。しかし清水昭俊（一九九九）は、マリノフ

（2）David Singtonによる記録映画『In the Shadow of the Moon』の中でインタビューに答える元飛行士たちは、一様にそう述べる。特に、アポロ計画がベトナム戦争と同時期のものであったという事実を背景にすると、多くは軍のパイロット、つまりアポロ計画に参加しなければベトナムで爆撃をしていたかも知れない彼らが抱いた信条の意味がよく分かる。

スキーの同時代人のなかで彼ほど厳しく植民地統治を批判した人類学者はいなかったという。マリノフスキーのように調査地の現状や問題を深く憂慮し、その改善や改良にコミットする者は、同時代の同業者やその後のメインストリームから批判される。逆に拱手傍観して冷静に分析と考察を進める理論家や正論居士は高く評価され、後進の憧れや手本となるという皮肉。

ただし一九八〇年代に推進されたポストモダン人類学批判を、おおくの点でマリノフスキーは存命中すでに提示し、かつ乗りこえていたと清水昭俊は力説する。彼のライバルであり、その後の人類学の展開に決定的な影響を与えたアルフレッド・ラドクリフ＝ブラウンの構造機能主義(3)は、そうした現実の政治や社会への実践的関与という マリノフスキーの志しを受け継いだ立場から振り返れば、客観的で疑似科学的な装いをしながら実際には旧弊な古物趣味への回帰であった。しかしラドクリフ＝ブラウンに従った構造機能主義者たちは、人類学史を一貫した発展の歴史として描くためにマリノフスキーのプロジェクトの記憶を消去したのである。とともに、それが内包していた現実にコミットして人類学を活用する可能性と方途を閉ざしてしまったのである。（清水昭俊 一九九九）

そうした歴史を振り返ると、私はたまたまピナトゥボの噴火の時にフィリピンにいて被災者のなかに友人知人や調査の協力者たちがいたことで、マリノフスキーが構想し志向しながら頓挫した人類学を、思いもよらずにトボトボと亀の歩みで後追いをしてきたわけである。後知恵で気付いたことだが、マリノフスキーの一番弟子でＬＳＥ（ロンドン・スクール・オブ・エコノミクス）の講座の教授職の跡を襲ったレイモンド・ファースは、指導教官として私が様々に学恩を受けた中根千枝先生がインドでのフィールドワークの後にイギリスに渡り、そこで人類学を学んだ恩師であった。なので私は「マリノフスキーの子供たち」の次の世代、孫かひ孫に当たると言えるかもしれない。中根先生はファースのゼミに参加した時に、すでにインド東北のアッサム高地のガロとカシの母系部族で、また西インド・ナヤール州の母系氏族の社会でフィールドワークを終えており、それで母系制社会に関する一人前の研究者として遇されたという。ご自身の経験から中根先生は、「人類学は本の勉強だけではだめで、しっかりしたフィールドワークが基本です。まず現場を見て、そこから自分の頭で考えなさい」と、私たち学生・院生に常々言われた。そのことが私にとっては大きな励ましとなり、自分もフィールドワークをしっかりすれば、人類学者になれるのかなぁと漠とした希望を持てた理由になった。

先にも書いたが、私は、横須賀の米軍基地の近くにある引揚者用の寮で、文字通りアメリカの影のもと様々な影響を受けて育った。中学時代のフォークソングから、高校時代のロックとハリウッド映画、その背後にあるベトナム戦争と日米安保体制……アメリカに対する愛憎が幾重にも折り重なり入り混じった自分自身を理解する上で、文化の政治学（カルチュラル・スタディーズ）をフィールドワークをベースにやろうというのが、一九九一年三月末からサバティカル（研究専念休暇）でフィリピンに出かけたときの心づもりであった。

ピナトゥボ大噴火がなければマニラで映画や演劇を観て、夜はライブハウスに出かけ、さまざまなイベントに野次馬として参加して楽しむ。面白ければアーティストや関係者にインタビューしたり、資料を集めた

（3）　ラドクリフ＝ブラウンは「人類学を自然科学に基づく〝真の〟科学に変える」ことを目的に、フランスの社会学すなわちエミール・デュルケムの方法をイギリスの人類学に持ち込んだ。社会制度（政府、学校制度、家族構造など）を身体の器官になぞらえ社会秩序を維持するための鍵とみなし、慣習が社会の全体的な安定を維持する上でどのように役立っているかを様々な社会を比較することで検証しようとした。つまり人間社会に規則性を見出し、それによって社会生活に関する真に科学的な知識を構築しようとしたのであるが、社会状況の抽象化が社会的現実を細部まで反映しているという仮定は、明らかに現実とは乖離する。構造機能主義の分析は結局のところ、想像に基づいて（しかも西欧の植民地主義的な視点で諸社会を見て）行われている、と言ってよく、徹底した抽象化に基づく民族比較の手法は、人類学のみならず、社会科学全般が、実際に「いま、ここに生きる」人びとと生身で関わる道を閉ざした。

りして深掘りをしてゆく。そんな調査＝生活を夢見ていた。

フィリピンは二〇世紀初頭からアメリカの植民地支配を受け、アメリカの圧倒的な影響力の下で近代化を進めた。映画産業が早くから発達し、アジアにおいてはボクシングとバスケットボール、ジャズとポピュラー音楽の先進国であり、戦後の日本にとっては遠いアメリカを代替してくれる近い国にいる先達であった。だから文化と政治のグローバルな状況とアメリカのヘゲモニー（覇権・影響力）を考えるためにはフィリピンが最適であると思った。今思えば、実に軽いものだった。ピナトゥボ噴火後にボランティア・ワーカーとなって以降の活動とその後の研究スタイル（「応答する人類学」などを唱えて真面目で誠実そうに見えるだろう）は、噴火前の我が身の趣味と楽しさみを兼ねた当初の調査研究の計画とは大違いであった。巡り合わせと出会い頭の衝撃に吹き飛ばされ、状況の変化に応じて内面から変わる君子豹変ができないまでも、せめて表面的には変化に合わせて対応しようと「小人革面」をしたわけである。

すでに説明したように、そもそも私が中国でも台湾でもなく、博士課程になってからフィリピンでのフィールドワークを考えたことや、実際にフィリピンに留学した後になって北ルソン・コルディエラ山脈のカリンガやイフガオでなく、西ルソンのピナトゥボでの調査に計画変更したことも、すべて成り行き任せであった。巡り合わせと偶然の出会いによって進路が決まり、歩き出した後になってから考え始め、あたかも順調で必然的な選択であり調査であったかのように後付けで説明をする。カキリガン村でのフィールドワークへの成り行きも偶然と幸運、そしてティマ夫妻やEFMDのスタッフそして村人のアエタたちの親切と協力によって調査が可能となった。フィールドワークをしっかりしたことで自分に納得し少しばかりの自信も生まれ、さらに就職することができた。ピナトゥボでのアエタとの出会いによってヨチヨチ歩きの人類学者として人生が始まり、運良く大学に職を得て世間的には一応安定した学者となることができた。そしてたまたま不惑を迎えた誕生日の当日に、ピナトゥボ火山の大噴火が起きた。その偶然を深い意味ある啓示のように受けとめた。それで災害救援と復興支援をする日本の小さなＮＧＯのボランティア・ワーカーとなった次第である。

その際、自分の論文のための資料や情報の収集のためのボランティア活動なら、それは体裁のいい火事場泥棒じゃないかと自省し、人類学的な調査を自重した。いわゆる調査をする気になったのは、噴火から三、四年が過ぎ、アエタの創造的復興を実感して気持ちが落ち着いた後からであった。噴火後の一、二年は、「民族としての存亡の危機にあります、だからアエタ被災者に格段の支援をお願いします」といい続けた。思い返すとずいぶんと悲観的だし、アエタのレジリエンスの強靭さへの理解が不十分だったと言わざるを得ない。寄付金を求めるためのキャンペーン言説であったとはいえ、まるで滅びゆく民というような大袈裟な物言いであった。

フィールドワークの経緯にはそんな裏事情があったが、出会いと成り行き、巻き込まれ、そして発言への落とし前の付け方などの理由が、私自身のその後の生活と研究スタイル一変させたのである。

3 「鈍感な凡人」でも気づいた考えた
外部感覚・思考器官としての異文化

あらためて思い起こすと、博士論文のためのフィールドワークで初めてカキリンガン村に行った時からほぼ半世紀、ピナトゥボ山の噴火から三〇年以上が経つ。初めて会ったときには素っ裸で遊んでいた子供が、何人もの孫をもつおじいさんやおばあさんになっている。そんな小さな村と村人のことを四〇年以上も追っかけ調査を続けている。なんと効率の悪い調査、研究なのかとあきれられそうである。

稲作農村の変容調査を福井清一九州大学教授とともに行った際に、農協の組織化を進める元共産党＝新人民軍司令官のダンテ・ブスカイノ氏にインタビューした。1990年8月。

しかし大事なのは調査地の大小の規模ではなく期間の長さでもない。その事例から得られた知見やアイデアが現代社会を生きる私たちにどういう示唆や意味を持つのかを考え、それが喫緊の課題やより広い問題系への対処策にいかに寄与できるかを構想するための一助とすることであろう。まずは自分の常識と偏見を一時的にカッコに入れて封じ、異文化を迂回して今までとは違った風に自文化・社会や現代世界を見なおし、もうひとつ別のオルタナティブな社会と世界を構想すること。そのための示唆や手がかりを示すことが大事である。そうした調査スタイルと研究テーマを「巻き込まれ、応答する人類学」という言葉で説明してきた。ただし今まで書き連ねてきたことは、正直に言うと後から振り返っての意味付け、後付けの説明である。実際のところ現場では、事態の深刻さの衝撃で頭はほぼ思考停止となり、感情と身体のほうが先に反応して動いていたと言って良い。

当初の研究計画を一時中断し、ボランティア・ワーカーを主として活動することにもちろん躊躇や逡巡はあった。が、現場の事態の深刻さと緊急の対応の必要性が自身の計算や不安を超えて大きかった。それにしても、アジア・ボランティアネットワーク（ＡＶＮ）という小さなＮＧＯを手伝い始めたときには、これほどまでに長い関わりになり、私自身の調査研究スタイルが変えられてゆくなどとは思いもしなかった。

そもそもＡＶＮとの関わりも偶然の賜物であった。ピナトゥボが噴火したその時、私はパナイ島アクラン州のドムガ村で村長さんの家に居候をして天水稲作農民の生活について調査をしていた。九州大学の福井清一教授との共同研究である「緑の革命とフィリピン農村の変容」に関する調査だった。前年には中部ルソンのヌエバ・エシハ州カバリエロ村で彼と一緒に村長宅に泊めてもらい三週間ほど生業と家計に関して全世帯の悉皆調査をしていた。カバリエロ村は戒厳令の発布後の「中央からの革命」の具体策として、完全な農地改革と灌漑用水路の建設、そして高収量米の二期作による緑の革命のモデル農村地区にあった。

それとの比較のために天水による一期作の農村としてドムガ村で調査をしていたのである。そこはピナトゥボ山からは四〇キロも離れていたが、噴火の降灰は二〇時間ほどかけて風に運ばれ、翌朝にはドムガ村まで飛んできた。微細な火山灰はまるで粉雪が降るようにゆっくりと舞い降り、点描画を素早く描くようにしてポツポツと地面を埋めていった。あたり一面にうっすらと積もって熱帯の雪景色と思えるような景観を呈した。もちろん、ずっと火山に近いマニラ空港には厚く積もり、空港は国際線で一週間ほど、国内線は三週間ほど閉鎖された。

空港が再開されてマニラに戻ったとき、定宿としているケソン市にある国立フィリピン大学のゲストハウスに泊まった。そして、日本から来たＡＶＮのディレクターの有光健さんが私の部屋の近くに泊まっていたのである。食堂ですぐに彼と知り合って友達となり、彼が現地にゆく車に同乗させてもらってサンバレス州各地の一時避難所を回った。彼の現地報告が映像とともにテレビ朝日の「ニュースステーション」（現在の「報道ステーション」）で紹介されたとき、キャスターの久米宏氏が「視聴者のなかにはぜひ支援をしたいから連絡先を教えてほしいと言ってこられる方が多数いらっしゃる。寄付金集めのための報道ではないので積極的にというわけではないが、お一人お一人に局の電話で対応することはできないので、今、ＡＶＮの連絡先をお教えします」と言って、ＡＶＮの口座等を案内した。たちまち数千万円の寄付が集まり、以後の活動資金となった。有光さんと会ったことと、久米氏の紹介で基金が集まったことがＡＶＮとともに数年の支援活動を続けられた理由であった。

ＡＶＮの現地ボランティアになることによって、ＡＶＮや連携する国境なき医師団の活動に同行することができた。個人で行くにはバスを使うので時間もかかり疲れるが、車に乗せてもらえることでさして苦労することなく、被災地を訪れることができた。翌年の夏休みには、AVNがボトラン町の浜辺に借りた小さな家（スタッフハウス）に私も一ヶ月ほど泊めてもらい、スタッフとともに再定住地を回り活動した。そうしたなかで現地の状況はどんどん変わり、被災者たちの暮らしぶりも少しづつ良くなっていった。それに引きずられ巻き込まれ流されるようにして私の関与も続き、結果として生活再建と復興支援のプロジェクトのボランティア・ワーカーであるとともに現場の目撃者であり同伴レポーターのような立場となっていった。その際には、現地の状況をしっかりと見ることと、友人知人たちから直接に話を聞くこと、教えてもらうことを心がけた。現場を見て、当事者の話を聞いて、そこから、はて、さて、と考え始めたのである。

そもそも地域研究にしても文化人類学にしても、参与観察を方法としているのだから、現地の出来事へ巻き込まれるのは避けようがなく、状況への関与や活動への参加は当然である。それを含めての調査であり研究なのだと今はあらためて強く思う。私自身の経験に即して言えば、要領が良く目先が利いて先々が読め、費用効果の計算ができるというのとは正反対のアプローチである。しょっちゅう寄り道するし、迷い道に入り込むし、行き止まりとなって引き返すこともある。そもそも自分の頭のなかだけでは現状認識や理解が完結しない。まずは相手をよく見て、話しを聞くことから全てが始まったのである。悪く言えば相手任せ、「他人の褌」で相撲を取ろうとすると言えるかもしれない。

人類学者や地域研究者は、日本では気がつかないことに異文化の中で暮らすことをとおして初めて気づくような、ある程度の鈍感さと、そこそこの敏感さの両方を持っている。一方で常識に囚われており周囲の者に影響されやすく、しかし他方で強い好奇心と異文化への素直な驚きも持てる、という単純さが重要なのだ。もし鋭敏な感受性をもっていれば、日本で暮らす日頃の生活のなかで親きょうだいや友達、周囲の人と自分との違いを感じ、単に好みや考え方の違いを超えて他者性や異文化ということを実感するのだろう。たとえば詩人は、普通の人とは違った感性を有し、それで世界が違ったように見えている有様を的確な言葉で語れる表現者だと思う。

残念ながら私には詩人の感性や感受性や表現力が欠けており、小説家の想像力や創造力がなく、粘り強い思考力も深い洞察力もない。ともすれば平々凡々と毎日の生活をある種の惰性で送っている。けれども言葉も違う異文化のなかで暮せば、日々が新鮮な驚きの連続となる。楽しく愉快な驚きだけではなく、味や臭いをはじめ生理的身体的な違和感や嫌悪感、人間関係における居心地の悪さなどを強く感じることもある。そうした中で暮らしているだけで、閉じた目も開けられ、寝た子が起こされ、日本とは違う常識、道徳、人間観、世界観を知り、違う世界の有り様を実感する。そこで初めて自分の頭も動き出す。愚鈍な私でも異文化の中に身を置けばいろいろ感じ、自分の頭で考え始めることができる。

言葉を変えてコンピューターの比喩を使えば、異文化でのフィールドワークとは、私ではなく他者の持つ外部感覚器官または外部思考装置を借用すること、極論すればそれに導かれ教えられることによって新しい視野と理解を手に入れようとする企てである。異文化を生きる人々は、自分では感じられないこと、見えないこと、考えられないこと、すなわち私自身の思考と感性の枠組みや限界を超えて人間の存在と世界の存立の別の形での在り様を、具体的な現実として目の前に見せ、教えてくれるのである（清水二〇二〇）。

4 長く続く応答の持つ意味

繰り返しになるが、私の調査研究の特徴の第一は一九七七年以来ダラダラと長く、四捨五入すればもはや五〇年、半世紀近い長期間であることだ。第二の特徴は、ごく小さく範囲も狭いコミュニティ、人口にして二五〇人ほどのカキリガン村とその近隣の山麓・山中に暮らしていた人々との付き合いから生まれたものだということである。費やした時間と費用を効率や生産性の観点からみれば、まったく割りに合わない研究スタイルだろう。何もかも「生産性」で評価する時代にあっては、図書館や書斎で本や論文をたくさん読み、要領よくまとめて「論文数」を増やすほうがずっと賢い振る舞いのように思えるかも知れない。が、それは間違いだ。

いわゆる「受験秀才」から研究者を志す人も少なくないが、そうした人は、たくさんの情報を整理して暗記する力には秀でている。確かに、そうした訓練や努力は、研究教育者として職を得た後も役に立つ。しかしその得意技は、たとえば人文系の分野では、下手をすればいわば「受験参考書」を使うように欧米の研究動向や知的流行をいち早く理解し、手際良く整理して紹介し、その延長上に多少の新しい知見を付け加える作業に役立つだけになりかねない。「流れに棹さす」こと、つまり流れに合わせて棹を操り船を早く進めることはできても、行き先を大きく変えることはできない。

しかしフィールドワークは受験勉強とは大違いの知の修得法である。言葉の習得から始まるという点では、まるで乳幼児の発達過程をたどるようなものと言えるかもしれない。アエタの場合には彼らの言葉の語学参考書も教科書も辞書もなかったので、耳で聞いて真似して覚えてゆくしかなかった。もっとも初めの頃は小学校に通う子供たちや若者たちが国語であるフィリピノ語を話せるので、私自身もつたないフィリピノ語を必死にしゃべって意思疎通をした。

そして異文化のなかで暮らす際には日本で身につけた知識とは違った知の体系（人間観・世界観・生業と環境世界に関する知識）を学び、それを理解しそれに合わせて振る舞い生活した。日本での家族生活や隣近所との付き合いで身につけた「常識」や振る舞い方そして学校で教えられた知識とは別の知識である。私にとってのフィールドワークの実際とは、生活することと学ぶこととが一体となって同時進行する調査もどきであったと言える。正直に言えば、調査というよりもそこで生活しているなかで身の回りに起きる出来事や彼らの仕事や集まりへの参与観察をとおして、社会の成り立ち方とそれを支える生業（生活技術）そして考え方を学んでいった。調査よりも生活することの比重がとても大きかった。

積極的な調査をしなくても、生活をしているだけでさまざまな情報がおのずと入ってきた。そうした生活と付き合いをとおして異文化理解が深まっていった。そのことがおのずと自文化からのデタッチメントを促し、アエタと日本の二つの社会・文化それぞれから一定の距離を置き、上下や優劣をつけずに見ることへと私を導いてくれた。近代の文化人類学は、先行する一九世紀後半の社会進化論（西欧中心主義）を真っ向から批判し機能主義（各文化を構成する諸要素はその文化＝社会を有機的にまとめる働きを持つと主張）と文化相対主義（人類の進化の過程における特定文化＝社会［西欧］の優越論を批判）を掲げて民族と文化の多様なあり方を紹介してきた。それは他者（異文化）を経由した内省と自己批判の技法であった。

個体発生は系統発生を繰り返すように、カキリガン村での私の生活と気づきや覚醒は、日本に戻ってからもずっと基層低音のように私の生き方を支えた。そのことについて最初のフィールドワークの報告である『出来事の民族誌』（一九九〇）のあとがきの冒頭で、私は次のように記している。

夜は早くに就寝し、夜明けとともに起き、昼食後の昼寝と夕方の水浴びを日課とした、事件が起こらない限りは単調な日々の繰り返しのなかで、日本にいる時とは全く異質な時間が流れた。無為の快感は異文化のなかで暮らす緊張感と混じり合い、精神の解放と覚醒とが同時にもたらされた。それはまさに筆者自身のための通過儀礼としての、分離と移行の期間であった。（清水二〇一九［一九九〇］：三八一）。

確かに長期間にわたって続くフィールドワークは生産性の観点からは効率が悪い。だが、そうした営みをあえて続ける者も少なくはない。実際、私の身近な友人たちのなかに、そうした者を何人も数えることができる。彼らの仕事はどれも、長期のフィールドワークに比例して異文化を生きる人々の思いや考え方などをより良く深く理解できるということを例証している。そして彼らの民族誌の厚い記述は、私たちとは違う言語文化を生きる人々の想いと暮らしを活写し、彼らに生きられている意味世界のなかへと私たちを誘ってくれる。

私自身が深く関わってきたアエタの場合、噴火の前には日本人とは大きく異なる他者として私の感覚と思考を刺激する存在であった。しかし噴火の後には、ヒトがおそらく中東のチグリス・ユーフラテス地域で農耕を開始して以来の一万年あまりの歴史を圧縮して経験した隣人となった。そして今や、グローバル化時代の国際的なネットワークのなかで生きていることを自覚し、それに対峙便乗しようとする我らの同時代人である。彼らの個人的な変身すなわち歴史意識や世界観と自己意識の変化、そしてコミュニティとしての変容の過程は、採集狩猟から粗放的な農耕をへて現在に至る一万年あまりの人類史について、またグローバル化や人新世と呼ばれる今の時代を考えるうえで貴重な示唆を与えてくれる。否、もっと言えば、彼らが私の代わりに感じ、考え、示してくれている。付き合い始めた当初のエキゾチックな他者としての魅力から、噴火の被災によって強いられた彼らの変化変身の過程の柔軟さとダイナミックさに私が強く惹かれ、導かれ教えられ、結果としての四五年のお付き合いとなっていた。

かつて人類学者の多くが調査をしたのは、いわゆるＡＡＬＡ（アジア・アフリカ・ラテンアメリカ）などの国々のさらに辺境の地に住み未開社会（primitive society）と呼ばれるコミュニティであった。それらは旧慣墨守する人々であり、それゆえレヴィ＝ストロースの言う「冷たい社会（cold society）」が十年一日のごとく続いているとみなされていた。だから、そこで長期の調査をしても新たに得られる情報の量は時間に比例して増えるわけではなく、一～二年を超えて参与観察を続けても効率が悪くなるだけと考えられた。そうであれば、一つのコミュニティで長く調査せず、新しく別の文化・コミュニティを調査研究して比較するほうが賢明である、と考えるようになる。別のコミュニティならば、新鮮な驚きと知的な興奮をともなって情報を集中的に得ることができるという訳だ。この論法でゆけば、さらにもうひとつ別のコミュニティを調査できれば望ましいが、研究者として常勤職を得てしまうと、長期の留守をすることも、また年齢的に新しい言語を習得することも難しい、ということになる。私の実感である。

実際のところ、フィールドワークとそれに続く比較と総合が文化人類学の基本的方法とされてきた背景には、レヴィ＝ストロースが言う「冷たい社会」観があった。「冷たい社会」とは、出来事が社会の構造を変えてしまうような西欧の「熱い社会」と比べて、出来事が構造に吸収され旧来の仕組みが存続する社会、つまり、変化のない同じ構造が続く社会をいう。「未開社会」へのそうした規定自体、再検討されるべきかもしれないのだが、それはともかくとして確実に言えるのは、東西冷戦が終わりグローバル化とネオリベラル経済が世界中に浸透してゆくなか、個別具体的な地域社会は今や急速な変容を経験している、ということである。同じ社会であっても一〇年単位でかなり違った社会のようになってゆく。それゆえ同一社会の定点観測という調査研究であっても、対象社会が急速に変わるゆえに、時系列のなかでの変化による比較が可能であり大きな意味を持つ。

以前から日本人研究者には特定コミュニティとの深く長い付き合いをする者が多く、欧米の人類学には少ない。その特徴は、我が身を振り返って考えると一仕事に集中専念する江戸から続く職人気質のゆえかもしれないし、視野の狭さと要領の悪さのゆえであるかもしれない。そうした不器用さは、これまでの世界の学界ではあまり評価されてこなかったというのも事実だろう。しかしグローバル化に伴う近年の急激な変容のゆえに、頑固で不器用な研究者の眼前で相手の社会と文化が大きく変わってゆくダイナミックな過程に、自らも巻き込まれながら目撃し記録し考察することが大きな意味を持つ時代が来たと、私自身が強く感じるようになってきた。

もちろん調査期間の長さが論文や民族誌の質や正しさを保証するわけではない。フィールドワークによる質的な調査は調査者の主観に左右されて客観性がなく、反証可能性に開かれておらず、だから科学ではないと批判されることも多々ある。そうした批判は、いわゆる「ディシプリン（学問領域）がしっかりしている」、言葉を替えれば、認識や方法、更に言えば研究の善し悪しの判断基準も制度化された分野の社会科学者から出されることが多い。

しかしそういう社会科学も、自然環境の実態と変動を観測機器によって調べたり、実験室で諸条件を制御管理して調べたりする理系の研究に比べれば、分析や考察の対象としたり主張の裏付けや傍証とする統計資料やデータが必ずしも一〇〇％正確というわけではない。そもそも人間や社会の振る舞いを理解する上で、自然科学的な方法が万能ではないことは、たくさんの言葉を並べずとも明らかであろう。問題は、長期のフィールドワークによる質的な調査の意義と可能性に確信を持ち、その認識論、方法論を深めていく努力をするかしないかである。

5 中村哲医師に導かれて

人類学者でなければできないこととは何か

ここで異なるディシプリンの限界をあげつらったり批判したりすることはフェアではないし生産的でもない。むしろ異なるディシプリンとの学際共同研究をすること、そうした場（アリーナ）を作ってゆくことが大事であろう。学際研究というのは、異なるディシプリンの専門家たちによる、知的異種間格闘技のアリーナと捉えることができるだろう。格闘技というと対立のイメージがあると言うのなら、サラリーマンの異業種

カマ I 堰の改修工事でパワーショベルを運転する中村哲医師。用水路と堰の設計も彼自身が行った。（2011年、PMS・ペシャワール会提供）

交流会や協力ゲームと言いかえても良い。特定の喫緊・重要課題に関して、異なるディシプリンの専門家が、それぞれのアプローチ、得意技で調査・研究に携わり、そこで得られた理解や見解を皆で共有し、批判的に検討し、建設的に総合化してゆこうとする志と実践が学際研究である。

具体的には、「群盲、ゾウをなでる（評す）」の寓話が分かりやすいかもしれない。幾人かの盲人が、それぞれゾウの鼻や耳や牙や胴や足や尾など、体の一部分だけを触り、その具体的で確かな手触りにもとづくゾウの姿をあれこれ言いあう。もちろん触った部位によりゾウの姿形はまったく異なって想像される。それぞれ自分が正しいと主張し続ける限りは対立が深まる。しかし何らかの理由でそれが同じ巨大な動物の体の一部分であることに気づくと、対立は雲散霧消し、各自の断片的な情報を総合して、正しいゾウの姿形を描き出そうとする協働作業を始めることができる。

学際研究に必要なのは、この寓話の盲人たちのように、第一に自身の手で対象をしっかり把握すること、そして第二には自身の得た情報だけで結論を急がず、同じ対象（の一側面）に触れている別の人間の理解と主張に謙虚に耳を傾けることである。すなわち学際研究の技法とは、自身のディシプリンが明らかにする具体的な細部を、異なる専門家が明らかにする細部と照らし合わせ、大きな全体像を正しく認識するための手続きであると考えることができる。その際に必要なのは、自己に対する謙虚（自身の研究では現実の総体をそのままに認識把握できないという限界の自覚）と共同研究者に対する敬意（自身の知らない世界を明らかにしてくれるという期待と敬意）である。

言葉を変えて言えば、学際研究を必要とする現実の問題群の複雑さと重層性、それゆえに全体像を一人で把握することの不可能性を自覚し、知的な協力ゲームを楽しもうという姿勢が、困難ではあるが可能性の隘路を開いてゆく基本である。もっとも、それは「言うは易く行うは難し」である。しかし人類学や地域研究には、そもそも「しっかりしたディシプリン」がないゆえに、逆に自由さと柔軟さを強みとして、眼前の問題への対処対応のために役立つものならなんでも援用し活用して、貢献する役割りを担うことができるのだと思う。

こうした確信を持ったきっかけは、むしろ、アエタが噴火被災したその救援初期の段階で、自分の出来ることが少ないと思い知ったことかも知れない。このとき思い浮かんだのが、長年パキスタンやアフガニスタンで医療を始め様々な活動を行い、人びとの健康向上に多大な貢献をして尊敬を集めた、中村哲医師のことであった。

中村医師は、アフガニスタンで行ってきた三五年近くにおよぶ活動を一〇冊ほどの著作で報告している。それは、ペシャワールの病院でのハンセン病患者の治療に始まり、その後は山間僻地での診療所の開設と医療活動、そして二〇〇〇年の大旱魃の際にはまず一六〇〇本の井戸を掘り、続いて長さ二五キロに及ぶマルワリード用水路を自力で設計し、自ら重機を運転して建設した。そのいっぽう、ソ連のアフガニスタン侵攻や九・一一同時テロの直後からのアメリカの報復攻撃をアフガニスタンの用水路工事の現場から報告し続ける。その批判の矢や礫は、ワシントンを撃ち東京を撃つ。私は、『自前の思想』（飯嶋秀治との共編、二〇二〇年）という本の中で「字義通りのフィールド＝ワーカー　中村哲」と題して中村医師の現場の哲学と実践について論じたが（清水二〇二〇b）、その草稿を書いている最中、中村医師は凶弾に倒れた。この偶然も一種の啓示であったと思う。

私がピナトゥボ噴火で被災したアエタの救援と復旧・復興支援に深く関わったのも、中村医師の無言の叱咤激励を感じていたからであった。私は医者でも看護師でも土木技師や建築家でもなく、だからアエタ被災者に直接に役に立つことはほとんどできない。しかし、字義通りのフィールドでのワーク、つまり現地で汗を流して働くことはできる。私ができたのは、支援にやって来るNGOスタッフやジャーナリストに、アエタの歴史や文化、考え方について説明したり、テント村や再定住地を案内し被災者へのインタビューの通訳をしたりして現場を見てもらい、それをふまえて支援のお願いすることであった。そしてこれは、医師や技術者ではない、人類学・地域研究をしてきた専門家だからこそ果たせた役割だった。

その役割をもう一歩進めてみよう。確かに災害時の被災者救援やその後のインフラ復旧そして生活再建などにおいては、医者や看護師、建設土木関係の技術者などの専門家や実務者、ボランティアらが直接に役立ち貢献する。しかし長期にわたる支援を効果的に続けるためには、そうした専門家のあいだの情報交換・共有と協力が不可欠である。また国内外から多数のNGOが来て同時に活動をするので、その活動の場所や受益者が重複したり、逆に漏れたりしないように調整することが必要である。そうした調整のための集いの場を作り維持してゆく際に、人類学者や地域研究者は異文化＝他者理解の訓練と経験を活かして貢献することができる。情報や資料、アイデアや意見などを交換し共有する現実の場やネット上のプラットフォームの世話人のような役割りである。

ここまで考えてきて改めて振り返ると、本書に登場した全ての人びと——アエタの友人たち、NGOのディレクターやスタッフたち、その家族、中村哲医師、また同業の研究者ら——すべてが、私にとっての外部感覚・思考器官であり、こうした人びとを通して、巻き込み巻き込まれる人類学を実践できたのだと思う。そしてできれば本書が、次世代の学知だけとどまらず、様々な分野のフィールドワーカーにとっての外部感覚・思考器官となり、具体的で実践的な関わりのために参照する一例や一助となることを願っている。それとともに、人類学と地域研究、そして私たちの生き方にも新しい転回＝展開が起きることを密かに願っている。

想定外の外部世界との出会いと伴走で得たこと

——結びに代えて

兵庫県山南町で開催された「第1回・マブハイ交流」で挨拶する清水。IKGSとADAの主要人物が写っている。左から瀬川千代子、津川兵衛神戸大学教授、村上彰IKGS理事長、マリオ・ヴィリヤ、ヴィクター・ヴィリヤ（ADA代表）、フレディー・ソリア（ADA副代表）。マブハイ交流はその後も2回開催された。1998年10月。

人口三〇〇人弱のカキリガン村の人びと、「住人たち」と論文風にはおよそ表現出来ない、人生における友人知人と四七年にわたってお付き合いを続けてきた歳月の長さを、今、あらためて強く思う。今に至るまで、彼らは私の常識や偏見の狭い枠を超えて汲めども尽きぬ刺激や示唆、アイデアとインスピレーションを与えてくれた。NGOが提供する村での定着犂耕農業にチャレンジする一方で、時には山に戻って移動焼畑農耕と採集狩猟活動を行っていた彼らの営みは、「遅れた」焼畑から「進んだ」常畑へという「進歩」や「進化」の歩みでは決してない。今風に言えばダブル・インカムあるいはセーフティー・ネットを増やすための試みだったと言える。こうした生業の重層的併存または食料獲得手段の多角化という生存戦略は、一九九一年の大噴火による被災で故郷の村を出てからも見事に活かされた。彼らはマジョリティーである平地キリスト教民の暮らす社会、すなわち国家の支配と貨幣経済そして市場と賃労働を原理とするシステムへと柔軟に適応しながら、創造的復興を成し遂げたのである。

それは何か「方針」として決定されたというよりも、親から学び伝えられた生き延びるための智慧のおかげと言うことができる。つまり、アエタが自然環境の変動や周囲の社会状況の変化に柔軟に対応できる自由自在の余地をなるべく広げ保ちながら、必要ならば従前の生存経済や生活スタイルを大きく変化させて生き延びることを、そもそもの生活の旨としてきたからであった。

アエタは、被災の後には一方でそうした暮らし方を大切に守りつつ、他方ではカトゥトゥボ（原住民）としての自覚を強めながら現代世界に参入していった。本書はそうした彼らの柔軟な対応力に感嘆し、その魅力に惹かれて追っかけを続けてきた一ファンの回想録という性格をもつ。それは時の経過とともに噴火以前の生活や文化と社会に対する理解の深まりをふまえた、私がこれまで記してきた民族誌報告の改訂版であるとともに、私自身の考え方や感じ方の変化の記録でもある。と同時に、文化人類学者として身過ぎ世過ぎしてきた人間としての率直な思いと経験の披歴でもある。とりわけサイードのオリエンタリズム批判の衝撃を受けながら、それでもなおかつフィールドワークと人類学を続けてきた私自身の応答の仕方に対する愚直な報告ともなっている。

思い返せば、私の一方的な思い込みから始まった村での生活では、その時々のリアルタイムでは気づかなかったことや誤解であったことが、後に振り返って初めて気がつき、分かり深く理解できるという経験が多々あった。彼らの社会生活や文化実践、その背後にある世界観や人間観、価値意識はフィールドワークを終えた後、時間が経過するとともに全体像がより鮮明になるなかで、個々の事柄が相互に関連しあって理解できるようになった。それを後知恵と表現しても良いが、むしろ醸造酒や発酵食品が年月とともに熟成して味わいを深くすることに似ている。本書の草稿を筆の勢いに任せて書きながらも、知らぬ間に新たな側面にも着目し言及して書き進んでいることを実感した。写真アルバムを作りたいと思って始まった本書の企てによって、忘れていた記憶が写真を手がかりとして呼び起こされ、これまで書いてきた本や論文の執筆時に描いたアエタに生きられた世界の素描とは、少しばかり違った全体像を描くことができた。とりわけピナトゥボ山大噴火によるアエタの被災と苦難、再定住地での生活再建の苦闘とフィリピン社会への適応の体験を人類史のなかで考え位置づけようとしたことによって、新たな視点の獲得と理解の広がりを得られた。

初めてカキリガン村を予備調査で訪れたときにディレクターのティマ氏から受け取ったザラ紙印刷のパンフレットには、「ジャングルから畑へ」というタイトルのもと、定住と犂耕農業および小学校教育を柱とするプロジェクトの概要が紹介されていた。それを読みながら私は、プロジェクトによって引き起こされる諸々の変化、すなわちレヴィ＝ストロースがいう「熱い歴史」の始まりを目撃できるだろうとの予想と期待に軽い興奮を覚えた。その時の誤解と興奮ゆえに、ここに住んで調査をしたいと願い、ティマ氏に相談し許可を求めた。まったく気恥ずかしい思い違いであった。が、それによって彼らに対する強い興味をかき立てられたことが本書に至る調査研究の発端となった。

カキリガン村で会った男たちはほとんどがふんどしだけの半裸で腰にボロ（山刀）をつるして歩いていた。なかには弓矢を携える者もおり、素っ裸の子供たちが何人もいた。そうした外見のゆえに私は、彼らが外界とある程度は隔絶された環境のなかで、ほとんど変わることなく固有の伝統文化と生活様式を保持してきたと考えた。半裸体を未開や停滞と無意識に結びつけるという単純な発想に陥っていたのである。したがって私の調査は、そうした先入観や誤った理解を、彼らとの日々の交流や観察から得られる新たな情報や視点によって訂正してゆく過程でもあった。

カキリガン・アエタの最初の民族誌（清水二〇一九［一九九〇］）の序論でアエタ社会の特徴について以下のように説明している。

アエタ社会は複雑な政治組織を発達させているわけではなく、また全体を統合するような指導者や意思決定の機関、あるいは強制力を発動する権力機構などを一切持っていない。諸制度を強固に組み合わせ、諸規範を人々の意識の隅々にまで浸透させることによって、彼らの社会生活を厳格に律したり安定的に維持したりしているわけではない。（四頁）

アエタ社会に関するこの理解は、今から一万年ほど前に西アジアのティグリス・ユーフラテス川の流域で国家が出現する以前、アフリカでホモ・サピエンスが登場し採集狩猟を生業として暮らしてきた二〇万年ほどの人類の歴史の大部分に共通する特徴である。本論中にも言及しコラムでも紹介したが、『モラル・エコノミー』以来『実践・日々のアナキズム』や『反穀物の人類史』に至るまでジェームズ・スコットの仕事に触発され、刺激を受け考えてきたことの多くが直接間接に本書に反映されている。そして被災後の創造的復興を含めカキリガン・アエタたちの半世紀のあいだの変身とアエタ社会の変容とを、人類史とフィリピン史のなかで考えようとした問題意識が本書の通奏低音となっている。

ただし一〇〇年ほど前までは採集狩猟を主たる生業としていたとはいえ、アエタを人類史における採集狩猟段階の生活スタイルや社会組織の作り方の典型やモデルとすることはできない。なぜなら採集狩猟による生活は自然環境から日々の食べ物を得て生きてゆくという点で、その自然環境に全面的に依存し制約を受けているからである。ホモ・サピエンスの祖先は五〜六万年前にアフリカ大陸を出てユーラシア大陸を横断し、二万年ほど前にはベーリング海を渡り、現在の北米〜中米〜南米地域へと旅して移住していった。その道中で、また移動先で熱帯〜温帯〜寒帯の異なる気候帯の現地で手に入る食料を採集捕獲し、自然環境の恵みを最大限に活用することで生き延びてきた。

だからカラハリ砂漠で暮らすクンやサン（ブッシュマンと呼ばれることが多い）と、熱帯雨林で生きるアエタはまったく異なった自然環境のなかで異なった生活の知恵と知識を蓄えてきた。同じ採集狩猟民だからといって似たような環境知識と世界認識を持っているという単純な話ではない。どの季節にどの場所でどんな山菜野草や根菜、果物、キノコが採れるか、どんな昆虫や小動物が出てくるか、それぞれの生活環境に応じてよく知っている。自然環境と動植物に関する知識と情報は詳細で膨大であり、気候や環境の変化に応じて常にアップデートされている。そして自然環境への依存と活用、働きかけの仕方は地球上の地域ごとに互いに異なり、地球全体を広く見渡せばグループごとの違いとそれゆえの多様性こそが特徴であることが分かる。そうした多様性のなかの一例に過ぎないアエタであるが、二〇世紀最大規模のピナトゥボ火山の爆発という自然災害に見舞われ、そこから立ち直り「新しい人間、新しい社会」（清水・木村編著二〇一五）として創造的復興を成し遂げたこと、というよりも新たな民族として創生してきた点が特筆に値するのである。

最後に一言。オリジナルがカラー写真の場合はそのままカラー印刷できたことにより、一九七〇年代の後半にアエタの友人知人たちと同じ村で暮らし同じ空気を吸い、同じ水道の蛇口から水を汲み、同じ川で水浴びをし、季節ごとに移り変わってゆく山菜野草を同じように副食として食べた隣人であり同時代人であるとの思いをあらためて強くした。そして彼らが異文化を生き、私とは異なった歴史と文化に支えられつつ制約も受けて今を生きる他者であると同時に、互いに意思や感情を伝えあい理解することのできる同種同類の仲間であることもあらためて強く思った。

噴火被災後の緊急救援に関わった数年間は、自分はＮＧＯのボランティアであると同時に彼らの復興の歩みに同行同伴するレポーターのよう位置づけであり役割があると思っていた。支援者であり目撃し記録し報告するという点で私は能動的な存在だと思っていた。けれども彼らが創造的復興を成し遂げ、違う場所で今を生きている私の同時代人となってゆく過程を目撃することで、彼らこそが主体的で能動的な存在であることを実感した。さらに本書の作成のために古い写真を探し選ぶ作業をとおして、彼らの歩みと私自身の関わりを振り返りまた思い起こすことによって主客が逆転し、彼らこそが私に直接間接にさまざまなことを教えてくれたことを思い知った。私が日本人として生まれ育った自分を深く理解し、また新しい自分を作りなおしてゆくために、彼らは私の導師であり支援者であり、外部に拡張された思考＝感覚器官であった（清水二〇二〇ａ）。

言うまでもないが、この外部とは単に日本で暮らす私の身体の外側にある地域や社会などを指すわけではない。私が生まれて育てられた家族や地域や学校で習得した知識や常識の体系が作りあげているのとは別の世界を意味している。そのようなものとして作られ整序され皆が当たり前と思ってそれに従って振る舞い、破綻のない生活を送れるようなアリーナ（生活世界の領野）の外側という意味である。生得的な認識と行動の枠組みの外側、別様の人間観と世界観で作られている社会と人間と言い換えることもできる。アエタとの長いお付き合いを導き支えたのは、そうした想定外の外部世界で生きる他者としての人間アエタと異文化としてのアエタ社会の魅力であった。

参考文献

阿川佐和子（二〇一二）『聞く力――心をひらく35のヒント』文春新書。

遠藤匡俊（一九九七）「高校地理教育における狩猟採集民アイヌ」『岩手大学教育学部研究年報』第五七巻一号。

大杉高（二〇一五）「「キューバ革命の緑化」とマリノフスキーの子供たち――持続可能エコロジー農業の実験から」『一橋社会科学』第七巻別冊。

加藤恵津子（二〇一六）「語られる「日本人女性」――英語圏フェミニスト人類学者が描く「女性的なる日本」」桑山敬己編『日本はどのように語られたか』昭和堂。

クライン、ナオミ（二〇一一）『ショック・ドクトリン――惨事便乗型資本主義の正体を暴く』岩波書店（Klein, Naomi [2007] *The Shock Doctrine: the Rise of Disaster Capitalism*, Metropolitan Books）。

桑山敬己（二〇〇八）『ネイティブの人類学――知の世界システムと日本』弘文堂。

サイード、エドワード（一九八六）『オリエンタリズム』平凡社（Said, Edward Wadie [1978] *Orientalism*, Pantheon Books）。

――（一九九八）「ポスト・コロニアル 被植民者たちを表象＝代弁すること 人類学の対話者」『現代思想』二六巻七号（Edward Wadie Said [1989] "Representing the Colonized: Anthropology's Interlocutors," *Critical Inquiry*, vol. 15, No. 2）。

サーリンズ、マーシャル（一九八四）［一九七二］『石器時代の経済学』法政大学出版会（Sahlins, Marshall David [1972] *Stone Age Economics*, Aldine）。

清水昭俊（一九九九）「忘却のかなたのマリノフスキー――一九三〇年代における文化接触研究」『国立民族学博物館研究報告』二三巻三号。

清水展（一九八三）「変容するネグリート社会の苦悩――ある若者のアモック事件をめぐって」『東洋文化』六三号。

――（一九八七a）『フィリピン・ネグリート社会の変化と持続』東京大学博士論文。

――（一九八七b）「石器時代人タサダイ族の真贋をめぐって」『東南アジア――歴史と文化』一六号。

――（一九九一ａ）『文化のなかの政治――フィリピン「二月革命」の物語』弘文堂。

――（一九九一ｂ）「ピナトゥボ・アエタの過去、現在、未来」『Ｆｉｌｉｐｉｃａ』三七号。

――（一九九一ｃ）「ピナトゥボ・アエタと私」『まぶはい』一八四号。

――（一九九二ａ）「ピナトゥボ・アエタの過去・現在・未来――民族存亡の危機のなかで」清水展編『ピナトゥボ大噴火の後で――生存の危機に瀕している先住民族ピナトゥボ・アエタの現状と人権』アジア人権基金。

――（一九九二ｂ）「自立した営みへの模索――ピナトゥボ・アエタの現在」『世界』四月号。

――（一九九二ｃ）「ピナトゥボ・アエタの危機」『毎日新聞』二月五日夕刊。

――（一九九二ｄ）「万物諸霊共存世界――噴火にゆらぐピナトゥボ・アエタ」『オルタ』一号。

――（一九九二ｅ）「ピナトゥボ大噴火とアエタの受難：生活文化を守るための支援を」『人口と開発』四一号。

――（一九九三）「ピナトゥボ噴火とアエタ：被災で避難生活、近代化の波に揺れる先住民族」『朝日新聞』一九九三年四月一六日夕刊。

――（二〇一三）『草の根グローバリゼーション――世界遺産棚田村の文化実践と生活戦略』京都大学学術出版会。

――（二〇一九）［一九九〇］『出来事の民族誌――フィリピン・ネグリート社会の変化と持続』九州大学出版会。

――（二〇二〇ａ）「外部思考＝感覚器官としての異文化・フィールドワーク――ピナトゥボ・アエタとの四〇年の関わりで目撃した変化と持続、そして私の覚醒」『東洋文化』一〇〇号。

――（二〇二〇ｂ）「中村哲――字義通りのフィールド＝ワーカー」清水展・飯嶋秀治編『自前の思想――時代と社会に応答するフィールドワーク』京都大学学術出版会。

――（二〇二〇ｃ）「中根千枝――遠くから眺め、近寄って凝視し、比較して考える」清水展・飯島秀明編『自前の思想――時代と社会に応答するフィールドワーク』京都大学学術出版会。

――（二〇二一）［二〇〇三］『噴火のこだま――ピナトゥボ・アエタの被災と新生をめぐる文化・開発・ＮＧＯ』九州大学出版会。

――（二〇二二ａ）「危機を生き延びる――ルソン先住民アエタの柔軟適応力とピナトゥボ噴火後の創造的復興」山極壽一・稲村哲也・阿部健一・清水展編著『レジリエンス人類史』京都大学学術出版会。

――（二〇二二b）「周縁ニッチで生きぬくアエタの生存戦略――ピナトゥボ山大噴火の被災（一九九一）と先住民族への創造的復興」『年報人類学研究』（南山大学）一三号。

――（二〇二二c）「横須賀ネイティブの自文化＝自分化グラフィグラフィ 一九五一～一九九一――アメリカの影の下での自己形成・序説、または文化人類学における他者表象をめぐる内省から」『東洋文化』一〇二号。

清水展・木村周平（編著）（二〇一五）『新しい人間、新しい社会――復興の物語を再創造する』京都大学学術出版会。

菅原和孝（二〇一三）「『原野の人生』への長い道のり――フィールドワークはどんな意味で直接経験なのか〈第八回日本文化人類学会賞受賞記念論文〉」『文化人類学』七八巻三号。

――（二〇一五）『狩り狩られる経験の現象学――ブッシュマンの感応と変身』京都大学学術出版会。

スコット、ジェームズ（一九九九）『農民のモラル・エコノミー――東南アジアの農民叛乱と生存維持』筑摩書房（Scott, James C. [1976] *The Moral Economy of the Peasant: Rebellion and Subsistence in Southeast Asia*, Yale University Press）。

――（二〇一三）『ゾミア――脱国家の世界史』みすず書房（Scott, James C. [2009] *The Art of Not Being Governed: An Anarchist History of Upland Southeast Asia*, Yale University Press）。

――（二〇一七）『実践 日々のアナキズム――世界に抗う土着の秩序の作り方』岩波書店（Scott, James C. [2009] *Two Cheers for Anarchism: Six Easy Pieces on Autonomy, Dignity, and Meaningful Work and Play*, Princeton University Press）。

――（二〇一九）『反穀物の人類史――国家誕生のディープヒストリー』みすず書房（Scott, James C. [2017] *Against the Grain: A Deep History of the Earliest States*, Yale University Press）。

鈴木裕之（二〇一五）『恋する文化人類学者』世界思想社。

スピヴァク、G・C（一九九八）『サバルタンは語ることができるか』みすず書房（Spivak, Gayatri Chakravorty [1988] "Can the Subaltern speak?," In: Cary Nelson and Lawrence Grossberg (eds), *Marxism and the Interpretation of Culture*, University of Illinois Press）。

田中二郎（一九七一）『ブッシュマン――生態人類学的研究』思索社。

――（二〇一七）『アフリカ文化探検――半世紀の歴史から未来へ』京都大学学術出版会。

ダワー、ジョン（二〇二一）『戦争の文化――パールハーバー・ヒロシマ・九・一一・イラク』（上・下）岩波書店（Dower, John W. [2010] *Cultures of War: Pearl Harbor, Hiroshima, 9-11, Iraq*, W.W. Norton, New Press）。

津田守・田巻松雄（編著）（二〇〇一）『自然災害と国際協力——フィリピン・ピナトゥボ大噴火と日本』新評論。

テット、ジリアン（二〇一六）『サイロ・エフェクト——高度専門化社会の罠』文藝春秋（Tett, Gillian Romaine [2015] *The Silo Effect: The Peril of Expertise and the Promise of Breaking Down Barriers*, Simon & Shuster）。

——（二〇二二）『Anthro Vision（アンソロ・ビジョン）——人類学的思考で視るビジネスと世界』日本経済新聞出版（Tett, Gillian Romaine [2021] *Anthro-vision : a new way to see in business and life*, Avid Reader Press）。

冨田江里子（二〇一三）『フィリピンの小さな産院から』石風社。

西村まり（二〇〇一）「ＯＤＡとＮＧＯの接点」津田守・田巻松雄編著『自然災害と国際協力——フィリピン・ピナトゥボ大噴火と日本』新評論。

ハーヴェイ、デヴィッド（一九九九）『ポストモダニティの条件』青木書店（Harvey, David [1990] *The Condition of Postmodernity: An Enquiry into the Origins of Cultural Change*, Blackwell）。

浜本満（二〇〇一）『秩序の方法——ケニア海岸地方の日常生活における儀礼的実践と語り』弘文堂。

ハラリ、ユヴァル（二〇一六）『サピエンス全史・上下』河出書房新社（Harari, Yuval Noah [2014] *Sapiens: A Brief History of Humankind*, Harvill Secker）。

藤原帰一（一九九〇）「フィリピン政治と開発行政」福島光丘編『フィリピンの工業化——再建への模索』アジア経済研究所。

マリノフスキー、ブロニスワフ（一九六七）『西太平洋の遠洋航海者』泉靖一編『世界の名著（56）マリノフスキー／レヴィ＝ストロース』所収、中央公論社（Malinowski, Bronislaw [1922] *Argonauts of the Western Pacific: An Account of Native Enterprise and Adventure in the Archipelagoes of Melanesian New Guinea*, Routledge and Kegan Paul）。

——（一九八七）『マリノフスキー日記』平凡社（Malinowski, Bronisław [1967] *A Diary in the Strict Sense of the Term*, Harcourt, Brace & World）。

丸山淳子（二〇一〇）『変化を生きぬくブッシュマン——開発政策と先住民運動のはざまで』世界思想社。

吉田舞（二〇一八）『先住民の労働社会学——フィリピン市場社会の底辺を生きる』風響社。

リーチ、Ｅ・Ｒ（一九八七）『高地ビルマの政治体系』弘文堂（Leach, Edmund Ronald [1954] *Political Systems of Highland Burma: A Study of Kachin Social Structure*, Harvard University Press）。

レヴィ＝ストロース、C（一九七六）『野生の思考』みすず書房（Lévi-Strauss, Claude [1962] *La Pensée Sauvage*, Librairie Plon / [1966] *The Savage Mind*, University of Chicago Press）。

Bourdieu, Pierre（1977）*Outline of a Theory of Practice*, Cambridge: Cambridge University Press.

Brosius, Peter（1983）"The Zambales Negritos: Swidden Agriculture and Environmental Change," *Philippine Quarterly of Culture and Society*, Vol. 11, No.2.

Domingo-Perez O.P. (1680) "Relation of Zambals" in Emma & J. Robertson (eds.) *The Philippine Island*, Vol. 47, Mandaluyong: Cachos Hermanas.

Fondevilla, Emma F.（1991）*Eruption and exodus : Mt. Pinatubo and the Aytas of Zambales*, LAKAS.（ラカス（一九九三）『ピナトゥボ山と先住民族アエタ』（世界人権問題叢書６）明石書店）

Fox, Robert B.（1952）"The Pinatubo Negritos: Their Useful Plants and Material Culture," *The Philippine Journal of Science*, Vol. 81, No.3-4.

Reed, Allan（1904）"Negritos of Zambales," *Department of the Interior Ethnological Survey Publications*, Vol. II, Part I.

Popkin, Samuel L（1979）*The Rational Peasant*, Berkeley: University of California Press.

Scott, James, C.（1985）*Weapons of the Weak*, New Heaven; Yale University Press.

Shimizu, Hiromu（1989）*Pinatubo Aytas : Continuity and Change*, Quezon City; Ateneo de Manila University Press.

———（1992）"Past, Present, and Future of the Pinatubo Aetas: At the Crossroad of Socio-Cultural Disintegration," In H. Shimizu(ed) *After the Eruption: Pinatubo Aetas at the Crisis of Their Survival*, Tokyo: Foundation for Human Rights in Asia.

———（2001）*The Orphans of Pinatubo: Ayta Struggle for Existence*, Manila; Solidaridad Publishing House.

——— (2020) "Dynamic Resilience of Ayta Community: Creative Rehabilitation after Mt. Pinatubo Eruption, 1991" Yumiko NARA and Tetsuya INAMURA (eds.), *Resilience and Human History: Multidisciplinary Approaches and Challenges for a Sustainable Future*, Springer.

———（2022）"The Life and Works of Professor Chie NAKANE (1926–2021): A Tribute to Japan's Pioneer of Social Anthropology"『東洋文化』一〇二号。

Worcester, Dean（1913）*Slavery and Peonage in the Philippine Island*, Department of the Interior Government of the Philippine Islands.

謝辞

噴火の前と後のアエタの生活と文化社会の変容、それでも変わらぬアエタらしさについて写真で語るような本を作りたいと思い始めたのは、噴火から三〇年ほどが過ぎ、二〇一一年に彼らの生活と社会の変容の追跡調査をするための科学研究費補助金を得てからだった。その願いが実現に向けて一気に動き出したのは、二〇二二年の夏休みに再定住地などを訪ねて回っていたときだった。強い雨が数日降り続いて外出できずスービック町の冨田江里子さんが運営するバルナバス助産院のゲスト・ハウスに滞在していた。スキャンしてパソコンに保存してある古い写真を見直していた。カキリガンで暮らしていた頃に毎日のように立ち寄り、仲が良かったパン&インドン・ガタイ夫婦と二人の娘さんのイメルダとエレナの写真がいちばん多かった。

長雨が止んだ後、それらをパソコン画面で彼女らに見せた時、夫のパン・ガタイの若い頃の写真を見て、インドン・ガタイは目に涙を浮かべてしばし一言も喋れなかった。二人の娘さんももらい泣きしかけていた。それ以外の写真も数枚合わせてA４版の写真用紙に印刷して差し上げた。噴火によって避難センターや一時キャンプ地、再定住地などを移り住む暮らしのなかで、彼女らに限らずアエタの友人知人らは昔の写真を無くしていた。皆がカキリガン時代の写真を懐かしがり、欲しがった。当人が写っているものはプリントして差し上げた。そのときに写真集にして友人知人に配ろうと強く思った。

実際に写真を中心とした本書を作り始めてからは、編集者の鈴木哲也氏とデザイナーの森華さんから格別のご協力をいただいた。写真民族誌というアイデアが生まれてから内容やデザインについての楽しい妄想は広がっていった。しかしどのような語り口で書いたら良いのか分からなかった。踏ん切りがつかず書き出せずにいたときに、鈴木さんが「こんな感じでどうでしょう」と冒頭の数ページを書いてくれた。鈴木さんに

プリント・アウトした写真を差し上げた後の記念写真。
私の左隣にインドン・ガタイ、その横にイメルダ・サラサール、
カルメリータ・ソリア、エレナ・セラーノ、後ろにナニン。
2022年8月26日、絆サロンで。

は『レジリエンス人類史』（二〇二二）の編集のために何度も会って話をしていた。とりわけ会議の後などには酒を飲みながら気楽で忌憚のない意見のやりとりをしていた。それで私の仕事と考えの大筋を理解してくれており、それを学会員の外側の読者に向けて読み物ふうに分かりやすく魅力的にまとめてくれた。氏の草稿をほぼそのまま使わせてもらい、その文体に乗って勢いがつき私の頭のなかの妄想が具体的な文章としてスムースに形になっていった。さらに鈴木さんはその原稿を読み直し、各章ごとに重複のチェックと削除や補足の説明などを加筆してくれた。

　森華さんには共編書『自前の思想』（二〇二〇）と『レジリエンス人類史』（二〇二二）の表紙デザインと装丁をお願いし、内容を凝縮して絵にするセンスの良さと丁寧な仕事ぶりに敬服していた。『自前の思想』というタイトルは、鈴木さんも交えて三人で京大学術出版会近くの居酒屋「もぐらの宴」で飲みながら打ち合わせをしているときに彼女に決めてもらった。私が事前に用意していた幾つか

の候補について、どれも森さんは「うーん、イマイチかなぁ」と納得しなかった。そのままあれこれ楽しく話している時に突然に頭に浮かんだのが「自前の思想」だった。それを聞いて森さんが「いいですねぇ、表紙のイメージが湧いてきます」と褒めてくれた。即、その場で題名が決まり、森さんのデッサン図も頭のなかで出来あがった。

もちろん誰よりも何よりもアエタの友人知人には格別の親切と協力をいただいた。そのおかげでカキリガン村での生活と調査をすることができた。それは本書に至るまでの研究者としての長い歩みを支える基盤（知的な基礎体力）となるとともに、私が日本的な世事や些事に絡め取られずに自由に考え生きるための感性や発想の糧となった。あらためて振り返ると、子供の頃には勉強のできる子とおだてられてその気になり、長ずるに応じて優等生みたいにして身を処してきた自分が新しく生まれ変わるために、彼らはさりげなく手助けをしてくれるお産婆さん役をしてくれたのだった。

そして本書を書きながら、フィリピン留学の最初のステップである文部省の奨学金の申請に始まり博士論文の作成と出版に至るまで、鋭いコメントと暖かな励ましで指導をしてくださった中根千枝先生の学恩をあらためて思い起こした。フィールドワークを終える頃、先生は外務省から派遣されてマニラに文化講演会にいらした。当日の朝早くにカキリガン村を出てマニラに向かい午後の講演会を聴講した。その後は大使館主催のパーティー等があって忙しいからと、先生は翌日の昼に時間をとってくださり食事をしながらフィールドワークの報告をした。先生は面白がって私の話を聞かれた後に、「フィールドワークがうまくできたみたいじゃない、規模の小さな社会は全体像を把握しやすいからアエタを選んで良かったわね」と言われた。それで合格点をもらえた印象を受け、心強く思った。この調査をもとにしてしっかり研究を続けようと心に決めた。フィールドワークと先生の前向きのコメントで研究者の第一歩を踏み出し、その後も先生のご指導のおかげでここまで歩いて来れた。深く感謝し心からお礼を申し上げたい。

なお、本書を作成するための追跡調査や補充調査、編集作業のために以下の三件の日本学術振興会（ＪＳＰＳ）科学研究費補助金を利用した。

基盤研究（Ｂ）「自然災害からの創造的な復興の支援を目指す統合的な民族誌的研究」、23401042、二〇一一—二〇一五、研究代表：清水展。

基盤（Ａ）「応答の人類学——フィールド、ホーム、エデュケーションにおける学理と技法の探求」16H01968、二〇一六—二〇二一、研究代表：清水展。

新学術領域研究（研究領域提案型）「民族誌調査に基づくニッチ構築メカニズムの解明」、19H05735、二〇一九—二〇二四、研究代表：大西秀之。

この三つ以外にもフィールドワーク等のために過去三〇年ほどのあいだに、幾つもの科研費補助金をいただいている。全てを記すことができないが、それらの科研費のおかげで長期の調査を続けることができた。記して感謝したい。

二〇二四年一月

清水　展

索

引

著者紹介

清水　展（しみず ひろむ）

京都大学名誉教授、専門は文化人類学、東南アジア研究。1951年、横須賀市生まれ。東京大学助手、九州大学助教授・教授、京都大学教授、関西大学特任教授として奉職する一方、京都大学東南アジア研究所長（2010–2014）、日本文化人類学会長（2018–2020）を歴任。

『噴火のこだま』（九州大学出版会 2003/2021年）、『草の根グローバリゼーション』（京都大学学術出版会、2013年、日本文化人類学会賞、日本学士院賞）など、コミットしてゆく人類学、「応答する」人類学の実践を報告した著書多数。最新刊の本書によって、同時代を生きるための人類学・民族誌の新しいあり方を模索する。

アエタ　灰のなかの未来
大噴火と創造的復興の写真民族誌

2024年2月20日　初版第一刷発行

著　者　清水　展
発行人　足立芳弘
発行所　京都大学学術出版会
京都市左京区吉田近衛町69番地
京都大学吉田南構内（〒606-8315）
電話　075-761-6182
FAX　075-761-6190
https://www.kyoto-up.or.jp
振替　01000-8-64677

ブックデザイン　森　華
印刷・製本　亜細亜印刷株式会社

ISBN 978-4-8140-0513-0　定価はカバーに表示してあります